Dello stesso autore

Dio ci salvi dagli inglesi... o no!?
La ragazza dei passi perduti (con Giorgio Rossi)
Com'è dolce Parigi... o no!?
Gli italiani la sanno lunga... o no!?*
Papaveri & papere
I Granduchi di Soldonia
C'era una volta in Italia*
La classe non è acqua*
Oro, argento e birra*
Ci vorrebbe una Thatcher*
Il romanzo dei Windsor*
Il romanzo di Londra*
Tanto sesso, siamo inglesi!*
Intramontabile Elisabetta*
L'ultima estate di Diana*
Royal baby*
La regina imperatrice*
Elisabetta, per sempre regina*
William & Harry*
Carlo III*
La fine dell'Inghilterra*

*Disponibile anche in ebook

ANTONIO CAPRARICA

KATE E LA MALEDIZIONE DEI GALLES

Sperling & Kupfer

Alcune parti del libro sono tratte da Antonio Caprarica, *Elisabetta, per sempre regina*, Sperling & Kupfer, Milano 2021;*William & Harry*, Sperling & Kupfer, Milano 2022; *Carlo III*, Sperling & Kupfer, Milano 2023; *La fine dell'Inghilterra*, Sperling & Kupfer, Milano 2024.

Pubblicato per

Sperling & Kupfer

da Mondadori Libri S.p.A.

KATE E LA MALEDIZIONE DEI GALLES

ISBN 978-88-200-8120-1

I Edizione maggio 2025

Anno 2025-2026-2027 - Edizione 1 2 3 4 5 6 7 8 9 10

A *Iolanta*,

perché nessuna storia è come la nostra

«William è fortunato a stare con me.»

Miss Kate Middleton, 2006

«Sposare il principe William? Mi piacerebbe. Chi non vorrebbe essere una principessa?»

Britney Spears

«Mio padre mi ha sempre insegnato a trattare chiunque come un uguale. L'ho sempre fatto e sono sicura che William e Harry sono identici.»

Diana, principessa del Galles
Le Monde, 1997

Indice

Parte seconda
IL PRINCIPE E LA COMMONER

Intermezzo
LE RIPUDIATE

Parte terza
APPRENDISTA REGINA

Ai lettori

Se il titolo di questo libro può richiamare un'avventura di Indiana Jones piuttosto che una vicenda umana terribilmente vera e seria, è solo perché nella realtà storica la dignità di principessa del Galles è effettivamente circondata da un alone di malasorte. Sfido chiunque al mondo a negare che di fronte alla malattia di Kate Middleton il pensiero non sia andato all'ultima e più famosa delle donne che l'hanno preceduta nel ruolo: Diana, la suocera che Catherine (come lei vuole essere chiamata) non ha mai conosciuto, falciata da una morte assurda a soli trentasei anni. Nell'ordine di precedenza della rigida etichetta della Corte di San Giacomo, la principessa del Galles viene subito dopo la sovrana, che sia titolare (come Elisabetta II) o consorte (come Camilla). È nella posizione socialmente eccelsa di seconda lady del regno d'Inghilterra. Ma quella corona semiregale, come appare evidente dalla storia tragica che la segna, tutto è tranne che un talismano. E l'ardua prova sanitaria di Kate ne è l'ultima conferma.

È proprio questo che mi ha mosso a scrivere questo libro. La singolare catena di coincidenze che nell'arco di secoli proietta una luce sinistra su uno dei titoli più illustri dell'araldica europea. Più illustri certamente ma se è vero, come senz'altro è, che il dominio feudale dell'aristocrazia affonda le radici nell'uso spietato della forza, travestito da nobili imprese cavalleresche, allora non c'è dubbio che questo titolo è tra quelli dalle radici più insanguinate. Nessuna giustizia terrena ha mai potuto chiedere conto di tanta violenza ai conquistatori anglo-normanni, ma è impressionante l'elenco di sciagure che ha colpito attraverso i secoli gli eredi del principato strappato ai legittimi sovrani della nazione gallese.

Perciò il volume che avete tra le mani è a un tempo biografia di una regina *in the making*, ovvero la storia del processo di (tras-)formazione di Kate Middleton, prima borghese arrivata sui gradini del trono, e assieme racconto delle vicende storiche e umane (spesso drammatiche) attraverso le quali la piuma nello stemma del principe del Galles è diventata uno dei marchi identitari dell'Inghilterra ancora oggi, nel ventunesimo secolo. La luce abbagliante del trono ha conferito al titolo un'aura leggendaria di *grandeur* e di sfarzo ma non riesce a dissipare fantasmi che si agitano inquieti anche sui fondali del presente. Alcuni li incontrerete nelle prossime pagine, vittime di quelle che l'odierno razionalismo liquida, l'ho già scritto, come coincidenze. Noi non ne dubitiamo ma Shakespeare probabilmente ci ripeterebbe che «ci sono più cose in cielo e in terra, Orazio, che non ne sogni la tua filosofia»...

Il successo annunciato della cura contro il cancro lascia sperare che, a differenza di pressoché tutte le principesse del Galles che l'hanno preceduta, il racconto di Catherine possa avere un lieto fine. Come del resto è accaduto alla suocera (putativa) Camilla, proiettata dal ruolo di reietta a quello di regina. È anche vero però che lei, benché consorte dell'erede al trono, è rimasta solo duchessa di Cornovaglia: non poteva certo entrare nelle scarpe della prima indimenticabile moglie e dunque, per evidenti ragioni di opportunità politica, non è mai diventata principessa del Galles. Dati i precedenti, scommetto che non le sarà dispiaciuto.

Londra, aprile 2025

Prologo

1
La forza del destino

ANCHE i lettori meno familiari con la storia delle isole britanniche sanno che il titolo di principe del Galles viene conferito all'erede legittimo del trono: ovvero, fino all'inizio del ventunesimo secolo, il primogenito maschio del sovrano regnante e solo in sua assenza una femmina. Mai tuttavia una delle rare eredi donne è stata insignita di questa dignità, e le sole principesse del Galles che conosciamo sono tali unicamente in virtù del matrimonio. Non sappiamo se la prassi cambierà in futuro, dopo che nel 2013 il Parlamento britannico, e a seguire quelli dei Paesi (oggi quattordici) che riconoscono il re d'Inghilterra come capo di Stato, hanno riformato la legge di successione abolendo ogni differenza di genere. Al momento, com'è noto, la questione non si pone, giacché sono maschi il primo e il secondo in linea per la Corona, ovvero il principe William e il suo primogenito George. E la terza, la principessina Charlotte, pare ben felice di concentrarsi sulla sua passione per la danza anziché sulla preparazione al trono.

Benché conferito all'erede del regno, il principato del Galles non è un titolo ereditario. Tocca al monarca in carica investirne il suo successore nel momento che ritiene opportuno, politicamente o mediaticamente. Alle orecchie di noi contemporanei (forestieri) il titolo suona come uno dei tanti deliziosi anacronismi che la Corona inglese regala al mondo moderno. Non era forse gallese, stando alla leggenda, il mitico re Artù, con tutto il contorno di cavalieri senza macchia, Tavola Rotonda e Camelot? Dove fosse di preciso Camelot nessuno ovviamente può dirlo, così Elisabetta II decise di offrirne ai suoi sudditi uno splendidamente televisivo, quando nel 1969 operò l'investitura del figlio Carlo, all'epoca non ancora ventunenne. Lui in verità era stato già creato principe il 26 luglio 1958, a nemmeno dieci anni. Ma il 1° luglio 1969, benché poco convinto, dovette prestarsi alla sceneggiata concepita di comune accordo da governo e monarchia per dare un po' di spolvero a istituzioni decisamente ammaccate dalla rivolta giovanile del '68, nonché dall'inatteso riesplodere (nel senso letterale di svariate bombe carta...) del nazionalismo gallese.

Fu così che il giovane erede si ritrovò inginocchiato tra le rovine del castello di Caernarvon, trasformato in set a opera dello zio acquisito Tony Armstrong-Jones (gallese autentico e fresco conte di Snowdon), per ricevere dalle mani della madre regina in diretta tv mondovisione la coroncina di cartapesta di un principato estinto da sette secoli.

«Estinto» non è il termine corretto. È più giusto dire: annegato nel sangue. Perché questo titolo che appare oggi scolorito da un uso secolare, innocuo nella sua vuota magnificenza, più che altro il segnaposto di un futuro comunque mai scontato, rappresenta dalla prospettiva dei critici della Corona inglese l'arrogante confessione di un crimine, un involontario e perenne atto d'accusa contro l'origine e la natura della monarchia. È infatti indiscutibile, tanto per gli storici quanto per i nazionalisti locali, che il Galles sia stato la prima colonia interna del brutale imperialismo anglo-normanno agli inizi del secondo millennio. E l'appropriazione del suo titolo per l'erede al trono non fu certo un segno di omaggio ma la beffarda (e perpetua) conferma dell'occupazione.

Narra la leggenda che ai gallesi piegati dalla sua campagna di terra bruciata, Edoardo I, il più feroce dei re guerrieri Plantageneti, avesse fatto una promessa apparentemente magnanima: di dar loro un principe nato in Galles e che non parlava inglese. E prontamente investì il primogenito Edoardo, che infatti era appena venuto alla luce nella fortezza di Caernarvon ed essendo un infante non parlava per niente. La storia di questo scherzo crudele è probabilmente apocrifa, visto che la lingua di Corte dell'Inghilterra normanna era il francese. Ma la sostanza non cambia. Violenza, sangue e sfruttamento sono all'origine di un titolo che, intrecciato com'è per tanti versi – dalla moda alle guerre al gossip – alla storia inglese ed europea, non per questo smette di rappresentare in certe isolate vallate del Galles una memoria bruciante di identità espropriata. Altrettanto certo, come potrete costatare nelle prossime pagine, è che raramente ha portato bene pure a chi se ne fregia.

A cominciare, in verità, dagli ultimi principi autoctoni in pieno Medioevo. Llywelyn The Last (l'Ultimo, per l'appunto) e il fratello Dafydd ap Gruffydd tentarono di difendere strenuamente l'indipendenza del loro piccolo Paese, alla fine del tredicesimo secolo. Ma com'era inevitabile contro una potenza militare soverchiante, persero con la corona anche la testa. Esito pressoché scontato in epoche di lotta politica cruenta, e per niente inclini alla clemenza.

Lascia sconcertati però la scia di sofferenza e di lutti che segna, nell'arco dei secoli, le esistenze di molti loro successori destinati a cingere, dopo il serto del Galles, quello imperiale d'Inghilterra. La morte anzitempo, violenta o per malattia, ha fatto tra loro un raccolto generoso. E dolori di ogni genere hanno afflitto la loro vita, così come quella delle loro consorti, con una frequenza decisamente superiore alla media statistica dei comuni esseri umani. Tanto da creare il mito sinistro di una maledizione dei Galles. Come un lugubre sortilegio lanciato dai principi sconfitti contro i sanguinari conquistatori, e capace di colpire spietato generazione dopo generazione.

Naturalmente, nessun uomo o donna dei tempi moderni si sognerebbe di riconoscere, quanto meno in pubblico, l'esistenza di una simile forza oscura. I Lumi settecenteschi ci hanno liberato dalle ombre della superstizione, alle quali indubbiamente appartiene la possibilità di un maligno anatema destinato a proiettare vendetta attraverso i secoli. Possiamo permetterci il lusso di riderne, noi contemporanei vaccinati dalla Ragione. E posso assicurarvi che questo, comunque, è il sentimento di chi scrive. Gli antichi però avevano un approccio totalmente opposto, per così dire più prudente. Non stupisce, dal momento che la maledizione come rabbiosa invocazione dell'offeso a una surrogatoria vendetta divina è incisa perfino in un testo fondativo del sacro in Occidente: la Bibbia.

In quel fantastico libro di poesia che sono i Salmi, si leggono versetti che sfidano radicalmente l'immagine di Dio dell'amore offerta dall'annuncio cristiano. Sono i cosiddetti «Salmi imprecatori», da sempre in stridente contraddizione con la mansuetudine evangelica, ma diventati così imbarazzanti per la Chiesa post-conciliare da spingere papa Paolo VI nel 1971 a espungerli dalla «liturgia delle ore».

Il più famoso è il Salmo 109, trentuno versetti gonfi di un'ira e una violenza scagliate attraverso i secoli e le generazioni. La richiesta a Dio è non solo che «susciti un malvagio» contro l'empio, ma pure che «pochi siano i suoi giorni» e «i suoi figli rimangano orfani e vedova sua moglie». E se non bastasse, «vadano raminghi i suoi figli, rovistino fra le loro rovine», e una volta che gli usurai ne abbiano divorato i beni, «la sua discendenza sia votata allo sterminio, nella generazione che segue sia cancellato il suo nome».

«Dio vendicatore, Signore, Dio vendicatore, risplendi!» Così supplica l'uomo devoto in apertura di un altro Salmo, il 94, abitualmente intitolato «Inno a Dio, giusto giudice» ma spesso tradotto – in versioni meno purgate – come «Preghiera per l'esecuzione della vendetta di Dio». Giacché l'Onnipotente è certamente Colui a cui appartiene la misericordia ma pure l'Autore della giustizia retributiva, che gli uomini impropriamente chiamano vendetta ma è riparazione del torto subito dall'offeso. Non a caso il Salmo prosegue: «Alzati, giudice della terra, rendi ai superbi quello che si meritano!» La loro sorte non può essere diversa da quella dettagliata dal Salmo 83, uno dei più feroci: l'ira divina si abbatta come un vortice sui nemici d'Israele, rendendoli «come paglia che il vento disperde» e «come fuoco che incendia la macchia e come fiamma che divampa sui monti, così tu incalzali con la tua bufera e sgomentali con il tuo uragano».

Insomma le maledizioni bibliche sono «dardi intrisi della collera divina e il danno che essi causeranno sarà indicibile», scrive nel suo commento al testo lo studioso di gnosticismo Filippo Goti. Non c'è sventura che non venga invocata sul capo dei nemici, dalla peste alle stragi, dalle carestie alle bufere ai maremoti, senza escludere nemmeno l'infanticidio, come specificato nel Salmo 137, che è la lamentazione dell'esiliato nella «Babilonia devastatrice»: «Beato chi ti renderà quanto ci hai fatto, beato chi afferrerà i tuoi piccoli e li sfracellerà contro la pietra». Perché alla vendetta non basta l'annichilimento del malvagio, ma pretende di attraversare i secoli punendo della sua colpa anche i discendenti. Più o meno quello che i gallesi sconfitti invocavano sul capo dei crudeli vincitori inglesi.

Niente è più lontano dalla sensibilità moderna e dalle norme del diritto positivo, che è imperniato sulla responsabilità personale e certo non su quella di figli o nipoti. Privata del suo fondamento religioso e rituale, ai giorni nostri la maledizione non è altro – appunto – che superstizione, affare di cartomanti e ciarlatani che assicurano la liberazione dal «malocchio». Di sicuro è una suggestione che ha offerto alle cronache montagne di fandonie, potendo spesso giovarsi del fascino dell'esoterismo: come nel caso più celebre, il presunto destino di morte che avrebbe colpito tutti gli scopritori delle piramidi egizie, quando in realtà il morto fu uno solo, lord Caernarvon (sì, proprio un gallese), ucciso dalla puntura di un insetto.

Così pure una serie di fortuite sventure capitate a qualche turista che si è portato a casa come illecito ricordo un mattone, una tessera di mosaico, un frammento di terracotta dalle rovine di Pompei, ha costruito un alone di sinistra magia attorno alla città sepolta. Sebbene mai come in questo caso il timore della iattura si sia rivelato salvifico. Non per la presunta vittima dell'anatema ma per quel magnifico sito archeologico recuperato dalla cenere del Vesuvio.

«Il Malocchio difende Pompei, restituiti i pezzi rubati», titolava nel maggio 1991 *la Repubblica*, ed era tra i primi a segnalare il singolare fenomeno che certifica come la credenza nella iella non sia soltanto napoletana.

L'articolo raccontava infatti che in una sola settimana al soprintendente degli scavi pompeiani erano arrivati ben cinque plichi dalla Spagna, dall'Italia e perfino dalla Finlandia, contenenti altrettanti reperti archeologici trafugati in zona negli ultimi anni. Nei biglietti di accompagnamento i mittenti sembravano tutti condividere la convinzione che il possesso dei pezzi rubati procurasse una sorta di maledizione: «Dal momento dell'ingresso dei frammenti archeologici nella mia abitazione» scriveva uno degli anonimi pentiti «per i componenti della mia famiglia sono cominciati i guai». Per la cronaca, il fenomeno della restituzione della modesta ma (a quanto sembra) temibile refurtiva prosegue alacre anche di questi tempi. Secondo il titolo di una famosa commedia di Peppino De Filippo, «non è vero... ma ci credo».

Dubito che tra St James's Palace, Clarence House e Kensington Palace, ovvero le principali residenze degli ultimi principi del Galles, ci sia qualcuno a conoscenza della pièce teatrale del nostro grande autore. Ciononostante, l'impressionante catena di sventure, drammi e morte che accompagna da secoli la vicenda della casata non può mancare di suscitare qualche riflessione – totalmente laica – su quella «forza del destino» a cui pure Verdi dedicò una delle sue opere più mortifere. Già quel primo principe del Galles investito dal padre Edoardo in spregio all'anelito di libertà dei vinti avrebbe incontrato una fine prematura, tragica e ignominiosa. Divenuto re Edoardo II, fu deposto da un complotto dei suoi nobili con la complicità della stessa moglie Isabella di Francia, e infine ucciso in prigionia – sostiene Christopher Marlowe nel dramma omonimo –, impalato con un ferro rovente (atroce riferimento alla sua presunta omosessualità).

Dopo di lui, una morte precoce aspettava anche il nipote, quel Black Prince – il Principe Nero – che battendo due volte i francesi a Crécy e a Poitiers sarebbe diventato per sempre un eroe nazionale inglese ma non sarebbe mai salito al trono come Edoardo IV, stroncato da una misteriosa malattia nel pieno degli anni. Tragico pure il destino dell'unico figlio, diventato principe del Galles dopo la morte del padre a soli nove anni e poi ad appena dieci re Riccardo II, infine deposto a trentadue anni, nel 1399, dal cugino Enrico di Lancaster, l'usurpatore noto come Enrico IV.

La fine violenta di eredi al trono giovanissimi o fanciulli diventa quasi una regola nella feroce guerra civile tra la Rosa Bianca di York e la Rosa Rossa di Lancaster, le due casate discendenti dei Plantageneti che per buona parte del Quattrocento si disputano il trono in un groviglio inestricabile e sanguinoso di parenti assassinati: il diciottenne Edoardo di Westminster, figlio di Enrico VI, ucciso in battaglia; il dodicenne principe Edoardo, primogenito orfano del rivale Edoardo IV, fatto sparire nella Torre di Londra dallo zio usurpatore Riccardo III, rimasto a sua volta senza eredi dopo la morte del figlio decenne.

La litania di morti premature non si esaurisce con la Guerra delle due Rose ma scandisce anche il lungo elenco dei detentori del titolo nei secoli successivi, tanto che a partire dal futuro Enrico VIII nel 1502 sono ben quattro i cadetti che prendono il posto del primogenito defunto come eredi della corona e principi del Galles. L'ultimo fu Giorgio V, bisnonno dell'attuale sovrano Carlo III, che dal fratello maggiore ucciso dalla polmonite ereditò non solo il posto sul trono ma pure la fidanzata Mary di Teck. Fu per fortuna un matrimonio di successo, al contrario di quanto accaduto con Enrico VIII, che aveva sposato la fidanzata del fratello Arthur, Caterina d'Aragona, per poi divorziare scatenando lo scisma dalla Chiesa di Roma (e dopo, seguirono ben altri cinque matrimoni, per un totale di due mogli decapitate, una deceduta di morte naturale, una ripudiata e l'ultima sopravvissuta).

Non furono, comprensibilmente, vite felici nemmeno quelle delle spose di questi tragici principi. Il loro elenco è assai più breve, giacché non sempre le consorti dell'erede vennero investite del titolo o semplicemente perché contrassero il matrimonio quando il coniuge aveva già assunto la porpora reale. Sicché dal Trecento a oggi sono soltanto dieci le principesse del Galles, e con tutte loro – chi più chi meno – il fato, dopo averle rinchiuse nello sfarzo della «gabbia dorata» (parole di Diana), non ha lesinato colpi bassi e in qualche caso autentici ko.

Ciò non vuol dire, ovviamente, che è all'opera una qualche misteriosa forza soprannaturale decisa a imporre agli eredi dei conquistatori del Galles la «giustizia retributiva» invocata dai Salmi. Personalmente sono poco incline a scambiare una catena di coincidenze per un disegno provvidenziale. Non credo alla iella e men che meno alle maledizioni e ai riti apotropaici, dal cornetto al toccar ferro. Ognuno è libero di trarre le proprie conclusioni dalle vicende che animano queste pagine e riassumono, assieme a quella della prossima (al ciel piacendo) regina d'Inghilterra, le vite accidentate delle altre nove donne che si sono cimentate con un ruolo così gravato dalla storia.

Dubito che la principessa Catherine, colta e curiosa com'è, ne ignorasse le traversie (oltre alla tragedia della mancata suocera) quando ha deciso di accettare una proposta di matrimonio che è al contempo una offerta di lavoro con alta esposizione al rischio. Già per questo merita l'ammirazione che il coraggio di fronte alla malattia è solo servito ad accrescere. Il destino regale di questa giovane donna, bella e intelligente, non era inscritto nei suoi cromosomi. Come tutti sappiamo, per la prima volta nel millennio di storia monarchica inglese una borghese senza quarti di nobiltà si trova sui gradini del trono e si appresta a salirli.

Ciò che appare straordinario è che nella variegata (e chiacchierata) compagnia dei parenti acquisiti Windsor sia proprio lei a meglio incarnare, pur senza vincoli di sangue, le doti di dignità, dedizione e senso del dovere della scomparsa regina. E per di più arricchite da un'umanità evidente che Elisabetta II faticava invece a manifestare. Qualunque sia il futuro della Corona inglese, nessuno sembra oggi dubitare che dipenderà in misura decisiva dalla sorte e dalle qualità di questa giovane donna innamorata del marito, della famiglia e della vita. Che sia questo il vero significato di quella monarchia *in touch*, a contatto con i sudditi, auspicata dalla sfortunata Diana?

A quasi un anno esatto dal ricovero del gennaio 2024 alla London Clinic, Catherine ha annunciato che la sua malattia è in remissione. La guarigione è naturalmente la precondizione per il successo della sua missione di salvataggio della monarchia. Che, sempre per i giochi misteriosi del destino, ha preso le mosse proprio da quell'isola di Anglesey (o Ynys Môn nel linguaggio dei nativi) di fronte alle montagne di Snowdonia dove sette secoli fa la storia celtica del Galles finì, e quella monarchica cominciò, in un terribile bagno di sangue. La sua lunga scia vermiglia non ha mai smesso di invocare vendetta. E vale la pena, prima di tornare alla storia della principessa di oggi, prestare ascolto alle voci dei principi che arrivano da quel lontano passato.

2

Le teste sulla torre

MANCAVANO pochi giorni a Natale. Il gelo stringeva in una morsa i fianchi del monte Yr Wyddfa e gli inglesi, che lo avevano ribattezzato Snowdon nella loro lingua, ne assediavano le pendici. Adesso che gli alberi delle fitte foreste si erano spogliati delle foglie, dall'alto della montagna si scorgeva in lontananza il mare brillare come una fiammella di speranza, ma gli ultimi guerrieri di Llywelyn non si facevano illusioni. Il terreno scosceso si era fatto per il ghiaccio duro come ferro e non c'erano più nemmeno erbe selvatiche da mangiare.

L'armata di Edoardo, che aveva invaso nuovamente il Galles nell'estate 1282, aveva subito a novembre una sconfitta bruciante a Moel-y-don, sulle spiagge di Snowdonia, ma non era certo bastata a scuotere l'incrollabile determinazione del re a sottomettere il principato. Gli inglesi avevano ripreso l'offensiva anche in pieno inverno, forti della superiorità numerica e logistica. I gallesi avevano combattuto con la foga e l'eroismo del loro antenato Artù ma a poco a poco erano stati sospinti tra le foreste di Snowdonia, cuore pulsante del Cymru, come chiamano il loro Paese, e lì circondati e ridotti letteralmente alla fame.

Un combattente come Llywelyn non sarebbe morto d'inedia. Lui era l'uomo che aveva restituito ai gallesi l'orgoglio della loro identità, del loro retaggio culturale. Lui aveva costretto i boriosi sovrani Plantageneti a riconoscere il suo diritto a governare come principe sovrano la terra che aveva riunificato da un capo all'altro. Suo nonno Llywelyn Fawr (il Grande) era stato solo principe del Galles del Nord ma lui aveva conquistato il titolo di *Tywysog Cymru*, principe del Galles tutto intero, oltre che signore di Eryri, la «montagna dell'aquila» dove adesso gli inglesi erano convinti di averlo imbottigliato. Si sbagliavano.

Certo, le loro forze erano soverchianti, cinquemila fanti e soprattutto la cavalleria pesante, millecinquecento uomini, imbattibile in campo aperto. Ma gran parte di quei guerrieri obbedivano ai loro signori feudali, i *Marcher Lords* padroni delle marche di confine tra Inghilterra e Galles, nonché delle terre centrali del principato. I fratelli Edmund e Roger Mortimer, Roger l'Estrange, il gallese Gruffydd ap Gwenwynwyn. Latifondisti avidi e alleati infidi, pure verso il loro sovrano. Anch'essi erano stanchi di guerra e della tirannia di Edoardo. I loro emissari avevano raggiunto Llywelyn con la promessa che se avesse lasciato il suo rifugio in montagna, gli avrebbero prestato l'omaggio feudale e la sottomissione delle terre alla sua sovranità.

L'appuntamento era stato fissato per l'11 dicembre al ponte di Orewin sul fiume Irfon, vicino al villaggio di Cilmeri. L'armata di Llywelyn, esausta ma ancora forte di qualche migliaio di uomini, scese da nord dove si era trincerata in cima alle colline di Builth, pressoché inespugnabili se non per fame.

L'aria della mattina invernale era piena solo del suono degli zoccoli dei cavalli e del calpestio dei fanti gallesi che si avvicinavano allo schieramento nemico, sulla riva opposta del fiume Irfon. Come avevano assicurato, i Lord delle Marche erano lì ad aspettare, vigili ma in atteggiamento pacifico. Fu solo quando le avanguardie con lo stendardo del dragone si inoltrarono sul ponte che gli inglesi lanciarono il loro urlo di guerra e un nugolo di frecce e di lance si abbatté sulle schiere gallesi, senza lasciare scampo. L'omaggio promesso era solo una trappola.

I guerrieri del Cymru furono assaliti da ogni parte. Una grandine mortale di proiettili di ogni genere cadeva fitta sugli *schiltrons* gallesi.

Nonostante le pesantissime perdite, continuavano però a battersi con tutta l'energia che restava loro dopo settimane di stenti. Intorno al ponte di Orewin si consumavano feroci corpo a corpo sul terreno reso vischioso dal sangue dei caduti. I cadaveri si accatastavano a centinaia o venivano scagliati giù nelle acque rapide dell'Irfon, che presto si tinsero di rosso.

Fu un altro tradimento a decidere le sorti dello scontro. Qualcuno informò gli invasori che c'era un secondo guado del fiume più a valle, e loro non persero tempo. Quando la cavalleria anglo-normanna arrivò alle spalle delle schiere gallesi, iniziò il massacro. Il panico si impadronì dei combattenti meno esperti, che gettarono le armi e cominciarono a scappare. Molti continuarono a tenere la posizione e a battersi fino alla morte. Alla fine della giornata, più di tremila di loro giacevano sul terreno.

Nella foga della battaglia Llywelyn si ritrovò separato dal grosso delle forze, protetto solo da una ventina dei suoi sostenitori che cercavano di aprirsi la via combattendo. Si era ormai fatto il crepuscolo quando credettero di avercela fatta. Invece li aspettava un agguato vicino al bosco di Aberedw. Il principe fu circondato e atterrato con un colpo di lancia da un umile cavaliere, Stephen de Frankton. Non aveva insegne e forse i nemici non lo avevano riconosciuto, ma sentendosi morire, chiese che gli trovassero un prete per essere assolto dei suoi peccati. E disse chi era. Questo gli fu fatale.

I contorni della sua fine si confondono nel pulviscolo dei secoli. Il racconto più credibile affiora dalla testimonianza scritta dei monaci dell'Anglia orientale che erano in contatto con la figlia esiliata, Gwenllian ferch Llywelyn. Una volta rivelata la propria identità, la sorte del principe era segnata. Dieci lame di spada trafissero il suo corpo. E il cadavere fu oltraggiato con il taglio della testa, subito spedita a re Edoardo che aspettava la fine delle operazioni nel castello di Rhuddlan, sul confine del principato. Da lì il macabro pegno del trionfo fu inviato a Londra per essere mostrato in parata attraverso le strade della capitale.

La morte di Llywelyn fu il colpo finale all'indipendenza gallese, e lui entrò nella storia, e nei canti epici del suo popolo, con l'appellativo The Last, l'Utimo. L'ultimo principe dello stesso sangue delle genti che abitavano da secoli le valli ombrose, i pascoli e i boschi silenziosi racchiusi a nord dalle acque del Mare d'Irlanda, a sud dal Canale di Bristol e a ovest da quello di San Giorgio. A est solo la pianura inglese, senza nessun confine naturale. Da lì arrivavano gli invasori.

«I barbari ci spingono verso il mare, e il mare ci spinge verso i barbari. Tra questi due metodi di morte noi finiamo o massacrati o annegati.» Così recita, secondo il resoconto che ne fa il monaco Gildas un secolo dopo, il «lamento dei Britanni»: è l'appello disperato rivolto – tra il 446 e il 454 – al generale imperiale Ezio da ciò che restava della Britannia romana per ottenere assistenza militare contro le incursioni dei Pitti e degli Scoti. Quello che il moribondo impero romano d'Occidente non era certo in grado di offrire.

La soluzione escogitata dai maggiorenti britanni fu peggiore del male. Per fermare i barbari del nord dell'isola, invitarono i barbari dal continente. I mercenari Sassoni li aiutarono nell'impresa ma constatando la debolezza dei loro datori di lavoro presto si impadronirono, con la concorrenza di Angli e Juti, delle loro terre, spingendo i nativi romano-britanni verso la selvaggia frangia occidentale dell'isola. Fu allora che acquistarono il nome di *Welsh*, da *Welisc* (straniero), l'antica parola germanica che i Sassoni usavano per chiamarli. E la terra dei *Welsh* diventò il Wales, il Galles.

Lì, tra le selve inaccessibili che favorivano le tattiche di guerriglia, la resistenza di ciò che rimaneva dal collasso della Britannia romana diede vita ai primi regni «britannici» di Powys, Gwynedd, Dyfed, Gwent e Brycheiniog. I Celti piegati dai Romani quattro secoli prima riscoprivano la loro identità e la loro lingua. Tra i reucci che governano il Galles tra la fine del 400 e la metà del 500 d.C., la leggenda sceglie la figura indistinta destinata a generare l'epica cavalleresca più famosa d'Occidente.

King Arthur, ovvero re Artù, prima di diventare il soggetto preferito dei poemi dei trovatori provenzali fu quasi certamente, nella realtà storica, un membro della superstite aristocrazia romano-britannica. Potrebbe perfino essere stato Owain Ddantgwyn, un capoclan guerriero del Powys, che si era guadagnato il soprannome di Orso, e guarda caso Arth/Arthur è proprio il nome gallese del plantigrado. A lui comunque vengono attribuite numerose vittorie contro gli invasori germanici, ma verso la fine del sesto secolo i Sassoni erano di nuovo all'attacco, spingendo sempre più verso ovest i nativi. Però anche la loro resistenza era feroce, e a re Offa di Mercia sembrò conveniente limitarsi a tenerli alla larga costruendo un possente bastione di terra battuta, costeggiato da un fosso, lungo tutto il confine con il territorio dei *Welisc*. Ricoperti dalla vegetazione verde brillante della campagna inglese, i resti dell'*Offa's Dyke*, il Vallo di Offa, sono visibili anche oggi, e da allora definiscono l'area geografica del principato del Galles celtico.

Per un paio di secoli i piccoli regni indipendenti che lo costituivano riuscirono a tenere a bada i confinanti nemici, che ora dovevano anche vedersela con le continue incursioni vichinghe. Ma quando i Normanni di Guglielmo il Conquistatore – nel 1066 ad Hastings – spazzarono via il regno anglosassone, anche per i gallesi fu la fine di un'epoca. Guglielmo e i suoi successori avviarono una metodica e spietata campagna di appropriazione delle terre gallesi e di cancellazione di ogni segno di identità culturale e linguistica. Soprattutto a sud, nelle contee di Pembroke e di Glamorgan, la pulizia etnica fu così radicale, con i nativi sostituiti dai nuovi padroni normanni, che il Pembrokeshire divenne noto, e lo resta ancor oggi, come «la piccola Inghilterra al di là del Galles».

Tuttavia la parte più settentrionale e più impervia del principato, quella Snowdonia che costituiva il cuore del ristretto regno di Gwynedd, riuscì sia pure tra violenti rovesci a mantenere viva la resistenza. All'inizio del Duecento, approfittando del caos politico nell'Inghilterra squassata dalla rivolta dei baroni contro re Giovanni Senzaterra, Llywelyn Fawr guidò la riscossa cacciando gli anglo-normanni da gran parte delle terre occupate e riunendo sotto il suo stendardo la maggior parte del Galles. Suo nipote, quel Llywelyn che abbiamo già incontrato sul campo di battaglia, avrebbe proseguito l'opera costringendo re Enrico III, anche lui indebolito dalla rivolta dei baroni, a riconoscergli nel 1267 la piena sovranità sul Galles.

Ma il figlio di Enrico, Edoardo I, era di tutt'altra pasta. Destinato a diventare il guerriero più famoso del suo tempo, era curiosamente tra i grandi estimatori del mito arturiano che proprio in quegli anni conquistava come un turbine i cuori e la fantasia degli europei dalla Sicilia alla Scozia. Nell'Artù della leggenda Edoardo credeva di scorgere il suo doppio, l'eroico e benevolente sovrano di una grande Bretagna unificata e di un impero che – come un tempo quello angioino dei suoi avi Plantageneti – si estendesse pure su larga parte di Gallia, Germania e Scandinavia.

Fole, sogni ma anche utili strumenti di propaganda politica. E il progetto politico di Edoardo era chiaro: il Galles sarebbe stato il primo pezzo a cadere sul suo scacchiere di conquiste. Per duecento anni i Normanni avevano dovuto prendere atto che controllare o tentare di pacificare quel riottoso principato richiedeva immense risorse, tempo e volontà. Lui avrebbe impegnato tutto, per l'ultima e definitiva partita. Se l'Artù della realtà storica era stato un re gallese capace di piegare gli inglesi, Edoardo sarebbe stata la sua immagine speculare: un re inglese deciso a schiacciare i gallesi.

La prima campagna militare fu lanciata nel 1277. Edoardo non aspettava altro che un'occasione, e nei primi anni di quel decennio Llywelyn gliene offrì in abbondanza: invase le terre confinanti dei baroni inglesi nello Shropshire e nelle Marche, si impadronì del Glamorgan, litigò con i suoi stessi fratelli imprigionandone uno e costringendo l'altro, Dafydd, a rifugiarsi sotto la protezione del re alla Corte di Londra. Ma soprattutto rifiutò di presentarsi di fronte a Edoardo, che si considerava suo signore feudale, e di versargli l'ingente somma di 15.000 marchi d'argento stabilita negli accordi del 1267.

Così, nell'estate 1277 il Plantageneto radunò tutti suoi vassalli con un esercito impressionante di quindicimila uomini, e da Chester scese nel Galles per la strada lungo la costa. Forse più importanti ancora delle migliaia di fanti erano le squadre del genio militare che avevano l'incarico di aprire la strada, in senso letterale, all'avanzata dell'esercito. Scortati da grossi distaccamenti militari, questi uomini tagliavano larghe fette dei boschi che da secoli facevano ombra alle tradizionali vie d'accesso al Galles, e che rappresentavano con il loro intrico di vegetazione l'ambiente ideale per le tattiche di guerriglia in cui i guerrieri di Llywelyn eccellevano.

A mano a mano che avanzava in profondità nel territorio del principe, l'armata inglese riduceva sempre più le capacità di movimento del nemico e lo privava di vettovaglie. Agli inizi di settembre i «marines» di Edoardo sbarcarono sull'isola di Anglesey, il granaio del principato, e la occuparono. A Llywelyn non restava che arrendersi e il 9 novembre, nel castello costruito dai Normanni a Rhuddlan, fece atto completo di sottomissione.

Per completare l'umiliazione fu costretto a seguire il sovrano a Londra, esibito nella parata trionfale per le strade della città e infine obbligato a ripetere pubblicamente il giuramento di fedeltà. Il re gli lasciò le terre ereditarie del Gwynedd ma nient'altro. «Chi non sa che il principe del Galles è solo un piccolo vassallo del re d'Inghilterra?» annotava sprezzante il cronista dell'epoca, Matthew Paris.

Era solo l'inizio. Più di qualunque suo antenato, Edoardo era determinato a imporre al Galles leggi, costumi e amministrazione inglesi. Il risentimento dei locali cominciò a ribollire fino a esplodere in rivolta. E quella che era cominciata come una disputa territoriale si trasformò in guerra per l'identità nazionale. Ad appiccare l'incendio fu stavolta il fratello di Llywelyn, Dafydd, un tempo alleato del monarca inglese. Una settimana prima della Pasqua 1282 penetrò nottetempo con una banda di seguaci nel castello di Hawarden, tenuto dal potente Roger de Clifford, unico a essere risparmiato: accecati dall'odio, i gallesi passarono a fil di spada l'intera guarnigione e rasero al suolo la fortezza. Presto Llywelyn unì le forze con il fratello un tempo nemico, e l'intera regione si ritrovò in fiamme.

Così era cominciato lo scontro finale tra Edoardo I e l'ultimo principe di stirpe gallese, concluso come abbiamo visto con la testa mozzata di Llywelyn. Sebbene la sua morte segnasse pure la fine delle speranze del suo popolo, un pugno di irriducibili continuò a combattere al fianco del fratello Dafydd fino alla primavera 1283. Ad aprile cadde anche il loro ultimo bastione, Castell y Bere, e a giugno Dafydd fu tradito e catturato da mercenari gallesi al soldo del re inglese. A settembre fu condotto in catene a Shrewsbury per essere giudicato.

Edoardo, furioso per quello che avvertiva come il tradimento di un uomo cui aveva concesso protezione, gli inflisse il supplizio più atroce. Dafydd finì sul patibolo impiccato come un criminale comune, ma prima che morisse il boia gli squarciò il ventre con un coltello da macellaio, ne estrasse le viscere e le bruciò davanti ai suoi occhi. Poi, come prevedeva la pena per i traditori, il suo corpo fu squartato e gli arti vennero inviati a quattro città inglesi. La testa invece fu mandata a Londra. Issata in cima a una picca, fu collocata sulle mura della Torre accanto al teschio di Llywelyn, che era esposto lì da mesi e ormai spogliato di ogni fattezza dal tempo e dagli uccelli.

Riuniti nella morte, i due fratelli fissavano macabri dalle loro orbite vuote la grande città dei vincitori. Ai londinesi che incrociavano rabbrividendo quegli sguardi infernali, sembravano auspici lugubri di un futuro di sventure per il crudele Plantageneto e i suoi discendenti.

PARTE PRIMA

Il coraggio di Catherine

3
Il 22 marzo

A UN certo punto della vita di ogni essere umano arriva una data destinata a segnare per sempre un prima e un dopo. È la «giornata particolare» che ognuno di noi attraversa in un appuntamento decisivo con il fato. Può essere una data lieta, come un incontro d'amore che regala felicità al corso di un'esistenza. Può essere una data drammatica, che segna invece una sfida tra la vita e la morte, un attimo in cui tutto è in gioco e il risultato è nelle mani del caso, della genetica o della Provvidenza. Quando accade, se si è abbastanza fortunati da sopravvivere, non solo quel giorno si ricorderà per sempre ma diventerà il segreto pilastro degli anni a venire, la memoria cui attingere per confermare a sé stessi la forza nelle prove più dure. Se questo vale per tutti i mortali, per i personaggi pubblici il passaggio rappresenta in più un momento della verità. Poiché ogni sfida per loro si gioca sotto gli occhi del mondo, il modo in cui rispondono registra nella storia il loro carattere, la loro tempra morale, la capacità di imprimere nel giudizio dei contemporanei i contorni di una personalità a vario titolo esemplare.

Per Catherine, principessa del Galles, quella data è il 22 marzo dell'anno del Signore 2024. Il giorno dell'annuncio del cancro. L'immagine pallida e composta della donna che dagli schermi tv pronunciava parole fatali, senza mai cedere all'emozione – se non la voce appena incrinata in un paio di momenti –, generò un'autentica ondata di choc. E non solo nella fedele Inghilterra monarchica ma nell'intero pianeta. Fu un evento di magnitudo mediatica paragonabile a quella di ben più vaste tragedie collettive. In modo misterioso e inspiegabile l'ombra della temibile malattia che si allungava, senza fare alcuna distinzione di rango o di status, su quella giovane madre produsse un'eco di profonda partecipazione emotiva nel cuore di miliardi di spettatori in giro per il mondo. Era precisamente quel tipo di notizia che ti costringe a fermarti almeno un momento per riflettere sulla fragilità del comune destino dei figli di Eva. Nemmeno il trono è immune al male.

Oggi, a poco più di un anno da quel 22 marzo, il miracolo permanente che è la medicina contemporanea ha restituito una principessa del Galles di nuovo bella, affascinante e sorridente alla sua famiglia in primo luogo, quindi al Paese che l'attende regina, e infine alle folle planetarie di ammiratori e denigratori. Il 14 gennaio 2025 lei stessa ha potuto annunciare in un messaggio sui social firmato con la solita «C» di essere «in remissione dal cancro» e di «restare concentrata sulla ripresa».

Business as usual, direbbero gli inglesi, dopo il cessato allarme? Non proprio. In primo luogo perché la remissione significa assenza di segni che la malattia è in atto, insomma la scomparsa del tumore dopo il trattamento. Ma non è ancora (e non può esserlo) la certificazione della guarigione da una patologia così grave. E poi perché nell'*annus terribilis* dei Windsor, l'intero mondo della donna che fu Kate Middleton, ed è oggi la principessa Catherine, futura sovrana consorte d'Inghilterra, risulta terremotato. Sul piano dei sentimenti, dell'immagine, della politica.

Niente nelle consuete immagini della passeggiata dei Windsor verso la chiesetta di St Mary Magdalene a Sandringham, la mattina del 25 dicembre 2023, lasciava presagire le drammatiche notizie dei giorni che sarebbero seguiti. Per Carlo III era il secondo Natale da re ma il primo dopo l'incoronazione del 6 maggio, e sarebbe stato anche il primo da passare con la «famiglia allargata». Ai quattro fratelli Windsor con figli e nipoti (eccezionalmente riammesso anche il reprobo Andrea, e perfino la moglie divorziata Sarah Ferguson) si sarebbero infatti aggiunti – assoluta novità – anche i figli della regina Camilla, Tom e Laura Parker Bowles. Viva Elisabetta, per loro la residenza reale nel Norfolk era rigorosamente *off limits*. La regina aveva dovuto mandar giù – per ragione di Stato più che per amore materno – la seconda moglie dell'erede ma non estendeva certo la sua forzata generosità al resto della famiglia. Camilla aveva dovuto farsene una ragione e ogni santo Natale, appena consumato il rituale *Christmas pudding* a conclusione del pranzo reale, correva a raggiungere figli e nipoti nel suo *buen retiro* di Ray Mill, nel Wiltshire. Ma con mamma sul trono, tutto era cambiato e anche i Parker Bowles si erano guadagnati il biglietto d'ingresso al Natale di Sandringham.

Tom, quarantanove anni, e Laura, quarantacinque, si portavano dietro i figli adolescenti, due lui e tre lei, nonché un bel carico d'imbarazzo. I loro rapporti con i ragazzi di Carlo non erano mai stati troppo calorosi, vista la complicata situazione famigliare, e non si può dire che anche dopo le nozze dei genitori nel 2005 William nutrisse troppa simpatia per loro, particolarmente per Tom, a causa dei suoi giovanili problemi di droga e non solo. La verità è che il principe (e ancor più il fratello Harry, ma lui comunque se ne sta lontano) non gli perdonava soprattutto di essere il figlio della donna che aveva causato l'infelicità della mamma Diana. C'entra anche forse una certa dose di gelosia. Carlo, sempre così indaffarato per prestare attenzione ai suoi due eredi, sembrava invece molto disponibile e protettivo verso il figlio dell'amante, tanto da meritare le sue pubbliche dichiarazioni di affetto e riconoscenza al momento della successione al trono. Non che pure queste non fossero state accolte sarcasticamente da William, che ci vedeva l'ennesima manifestazione di opportunismo di un buono a nulla ansioso solo di sfruttare il favore materno.

Per Catherine c'era una ragione in più di risentimento, visto che i parenti di «quella donna», come per decenni la defunta regina si era ostinata a chiamare Camilla, erano accolti al desco natalizio dei reali e i suoi no. Ma i Galles conoscono bene il valore politico di presentare al mondo l'immagine di una famiglia reale unita, soprattutto dopo la rottura con Andrea e la defezione di Harry. E dunque si erano disposti, se non proprio di buon grado, comunque sorridenti alla grande riunione famigliare. In effetti i commensali del pranzo festivo non erano mai stati tanto numerosi negli ultimi anni di vita di Elisabetta, al punto che Carlo aveva dato disposizione di allestire la tavola anziché nell'abituale *dining room* nella sala da ballo, ovviamente più grande.

Tutti gli ospiti, secondo il rituale rigorosamente osservato nei lunghi decenni elisabettiani, erano arrivati il giorno della vigilia. Perché in casa Windsor è all'ora del tè del 24 dicembre che si aprono i regali di Natale raccolti nel salotto rosso, la *Red Drawing Room*. Su un grande tavolo sono disposti quelli per i bambini, su un altro quelli per gli adulti. È un momento decisamente divertente, e non solo per la chiassosa eccitazione dei piccoli. La regola non scritta vuole che ci si scambino doni di poco valore ma ispirati a quel *sense of humour* che, contro ogni apparenza, la defunta regina possedeva in abbondanza. Insomma, regalini inutili ma spiritosi. Come un grembiule da cucina per la sovrana o un pettine per un William già quasi calvo.

A Carlo, notoriamente schifiltoso e igienista, qualcuno una volta aveva regalato un copriwater di pelle bianca, che finì malauguratamente con l'alimentare la leggenda del principe così viziato da portarsi in viaggio la seggetta del WC. L'esordio di Diana, per il suo primo Natale, fu abbastanza disastroso. Nessuno l'aveva avvertita, e lei arrivò con costosi maglioni di cachemire per tutti, guadagnandosi invece di un grazie un'occhiata di rimprovero da Sua Maestà.

La neofita Kate Middleton non aveva ripetuto l'errore. Il suo dono alla regina, la prima volta a Sandringham, erano stati vasetti di salsa chutney (moderatamente piccante) preparata da lei stessa in casa. Elisabetta aveva molto apprezzato, segnalando il suo favore con l'ordine di portarli in tavola il giorno dopo per il pranzo di Natale. Un gesto di attenzione rimasto impresso nella memoria della nipote acquisita.

La serata della vigilia nel castello del Norfolk si conclude sempre con una cena formale, a lume di candela. I signori in *black tie*, ovvero smoking, e le dame in abito lungo, gioielli e tiare sontuose come solo il tesoro dei Windsor può offrire. Si mangia con moderazione, si beve (molto), si fanno le ore piccole con giochi e danze. E il mattino seguente si ricomincia con una colossale breakfast che ricorda le pantagrueliche colazioni offerte da Edoardo VII agli ospiti prima di partire per la caccia, il rito principale celebrato a Sandringham da un secolo e mezzo, destinato a concludere il giorno di Santo Stefano (o *Boxing Day* per gli inglesi) e anche le celebrazioni natalizie dei Windsor.

Ma prima che cantino le doppiette, c'è il canto del coro di St Mary Magdalene ad aspettare la famiglia il giorno di Natale. La passeggiata dei reali, guidati dal monarca in carica, dal castello verso la chiesetta della tenuta è ormai uno degli appuntamenti più tradizionali e attesi dell'anno inglese. È un breve tragitto di nemmeno mezzo chilometro, dieci minuti a passo lento lungo un sentiero che taglia una collinetta appena accennata. Ed è lì, nel tratto finale vicino ai mattoni rossi dell'edificio religioso, che vengono fatti accomodare i fan in attesa fin dal mattino presto per scambiare una battuta o offrire un mazzolino di fiori ai loro beniamini.

Come accade ormai da tredici anni, anche il Natale 2023 testimonia la corrente di eccitazione ed entusiasmo tra la piccola folla all'apparizione di Catherine. Lo scorrere del tempo e degli eventi ha sancito il suo avanzamento nella gerarchia dei reali, puntualmente illustrata dall'ordine di precedenza che l'etichetta di Corte impone anche alla piccola processione. Ai tempi di Elisabetta e Filippo, dietro la coppia sovrana seguivano Carlo e Camilla, quindi William e Kate e i loro bambini a mano a mano che crescevano, adesso la famigliola dei principi del Galles marcia allegra subito dietro il re e la consorte, nella plastica raffigurazione dei pochi passi che dividono la giovane coppia dal trono. Agli occhi di tutti appare l'anticipazione di un futuro non più lontano.

Gli esperti di moda passano ai raggi X l'abbigliamento della principessa. Lungo cappotto blu di Alexander McQueen, in tinta la *clutch* Emmy London così come gli stivali di camoscio firmati Gianvito Rossi, e blu anche il *millinery*, il minicappellino miracolosamente in equilibrio sui capelli semiraccolti. Ma non ci vuole nessun esperto per decretare veramente regale l'aspetto di questa giovane e bella donna, che incede radiosa tenendo per mano la figlia Charlotte, prossima icona di stile anche lei, mentre il marito la segue stringendo la mano del piccolo Louis, e il primogenito George, molto più serio e composto dei suoi dieci anni, chiude il gruppo già in completo blu e cravatta scura da adolescente. Gli orecchini che incorniciano l'ovale di Catherine sono l'accessorio che attira l'attenzione di tutti e tocca il cuore dei molti che, anche dopo trent'anni, non scordano.

Preziosissimi, sono magnifici zaffiri blu circondati da petali di diamanti, e il loro valore commerciale conta poco a confronto di quello storico e sentimentale. Sono appartenuti a Diana, che li sfoggiò la prima volta il 16 aprile 1986 durante un banchetto di Stato a Vienna, abbinati a un famoso abito di velluto blu dallo scollo a cuore firmato da Victor Edelstein. Non è la prima volta che la moglie del principe William indossa questi gioielli, che infatti ne ornavano le orecchie anche per la sfilata del *Trooping the Colour* il giugno prima. Ed è chiarissimo il messaggio che vuol dare: un tributo alla memoria della suocera che non ha conosciuto ma anche della donna indimenticabile che l'ha preceduta come principessa del Galles.

Kate, come stampa popolare e pubblico si ostinano a chiamarla, appare tranquilla e sorridente. Si ferma a scambiare un saluto, particolarmente con le persone più anziane o disabili arrivate fin lì in carrozzella, che si illuminano di piacere quando lei si china verso di loro. Distribuisce sorrisi e strette di mano, raccoglie mazzolini di fiori, e accetta con evidente piacere i complimenti per i suoi bei figli. Questo è l'esercizio che nel lessico reale viene chiamato *walkabout*, una delle eredità incancellabili della «seconda età elisabettiana». Fu proprio lei, la regina più longeva, assieme all'intelligente consorte Filippo, a inaugurare questa passeggiata tra la folla, del tutto inconcepibile per i sovrani prima di lei che si guardavano bene dal mescolarsi con i plebei. La prima volta che Elisabetta ci provò, nello storico viaggio in Australia di inizio regno, fu un trionfo, e da allora è diventata una pratica irrinunciabile della monarchia. Ma gli stili dei protagonisti sono diversi, e così pure la reazione del pubblico.

La defunta sovrana, convinta, come diceva, che la gente non la pagasse per vederla sorridere, stava sempre un po' sulle sue. Ascoltava, annuiva, agitava a mo' di saluto la mano guantata come un misurato metronomo. Il figlio, appena arrivato sul trono, ha adottato l'approccio opposto. Si lascia toccare, abbracciare, perfino baciare sulle guance da suddite entusiaste, si concede battute e risate allegre. Naturalmente nessun altro reale, né prima né dopo, ha mai potuto contare nel contatto con la folla sull'effetto magico prodotto da Diana. La bellezza e i rossori, l'umanità e la disponibilità all'ascolto della defunta principessa del Galles alimentavano il carisma che le aveva procurato il titolo di «regina di cuori».

Catherine è una donna troppo intelligente per immaginare di scivolare mai nelle scarpe della suocera mai incontrata. Sin dalle prime dichiarazioni pubbliche, all'annuncio del fidanzamento, ha messo in chiaro di considerare Diana un modello, una fonte di ispirazione, ma non ha mai cercato o preteso di presentarsi come la sua «erede», a differenza della cognata americana. Ciononostante, il paragone con Diana la segue costantemente dal momento in cui è diventata una figura pubblica.

Nel primo viaggio di Stato al fianco del fresco marito, per rappresentare in Canada Elisabetta in occasione del Giubileo di Diamante nel 2012, l'allora duchessa di Cambridge richiamò alla memoria l'empatia che Lady Di era capace di riversare soprattutto sui più deboli. Fu evidente a tutti che la visita al Sainte-Justine University Hospital di Montreal, il maggior centro perinatale e pediatrico del

Paese, con il suo enorme carico di dolore, l'aveva profondamente scossa. Fianco a fianco, lei e William si erano messi a chiacchierare con un piccolo paziente di appena due anni, anche loro accovacciati sulle seggioline riservate ai giovanissimi malati. A guardarla così, conversare in tutta naturalezza con un bimbo al quale riservava una premura affettuosa, pareva di rivedere Diana china negli stessi gesti di dolce attenzione.

Si può forse osservare che, come per la principessa scomparsa, è proprio la schiettezza dell'atteggiamento di Catherine, la sua sincerità, ad affascinare il pubblico che se la trova davanti. Si capisce che non recita una parte, che il suo interesse per l'interlocutore è autentico. Gioventù e bellezza fanno il resto, e dunque nessuno si sorprende se, alla pari di Lady Di, anche lei in tutti i sondaggi si piazza come la figura più popolare e più amata tra i reali. È l'effetto di quell'aura misteriosa che viene definito carisma.

E così quella passeggiata del Natale 2023 offre l'immagine di una donna ormai consapevole del ruolo importante che ha finito con l'occupare, sicura degli affetti famigliari, serena, affascinante e regale nel portamento. Non c'è nulla, proprio nulla nel suo atteggiamento che suggerisca il benché minimo problema di salute, e del resto tutti sanno che lei è una vera atleta, abituata a correre di prima mattina con qualsiasi tempo, convinta sostenitrice dei benefici dello sport all'aria aperta anche per i figli piccoli. William, ancora senza barba ma con sempre meno capelli, sorride sereno tra i suoi bambini mentre Catherine guida la marcia verso la chiesa, l'aria allegra, l'abituale sorriso raggiante. Non c'è una nuvola all'orizzonte. O sì?

In tal caso, i meteorologi di Corte sono stati bravissimi a nasconderla, perché di lì a tre settimane la notizia del ricovero di Kate in clinica arriva come il classico fulmine a ciel sereno. A fine mattinata del 17 gennaio un comunicato di Kensington Palace annuncia che il giorno precedente la principessa del Galles è stata operata all'addome presso la London Clinic, il più noto centro medico del regno nel quartiere londinese di Marylebone, vicino a Regent's Park. Lunghezza e tono del comunicato indicano che si tratta di una patologia grave – «un intervento importante» – benché non specificata. Lo conferma la BBC che, evidentemente autorizzata, fa sapere che «non si tratta di cancro ma il problema è serio». Talmente serio che lo stesso comunicato ufficiale aggiunge che il ricovero si protrarrà tra i dieci e i quattordici giorni (un'eternità per l'odierna chirurgia che tende a essere mininvasiva) e la convalescenza richiederà dai due ai tre mesi. Dunque «Sua Altezza Reale non riprenderà gli impegni ufficiali fino a dopo Pasqua» (il 31 marzo).

Il muro di silenzio che il Palazzo erige intorno all'intervento lascia sbalordita l'opinione pubblica, e non solo quella inglese. È vero che già l'annuncio rappresenta una sia pur minima rottura del tradizionale segreto che Buckingham Palace fa da sempre calare sulla salute dei reali. Ed è vero che nel comunicato ufficiale si cita l'espressa richiesta della principessa di rispettare la sua privacy, soprattutto per tutelare la tranquillità dei figli. Ma può un personaggio di rilevanza istituzionale nel suo Paese, e di sicuro richiamo mediatico nel mondo intero, scomparire per tanto tempo dalla circolazione nell'era della comunicazione digitale immediata? E se questo accade, non vuol dire forse che l'entità del problema sanitario è tale da rappresentare una minaccia vitale per la diretta interessata, e di riflesso per il trono a cui è destinata?

Come se non bastasse, con tempismo davvero singolare, quello stesso 17 gennaio, una manciata di minuti dopo l'annuncio di Kate, ne arriva un altro da Buckingham Palace. Stavolta è addirittura la salute del re a essere chiamata in causa, per quanto la patologia appaia benigna e assolutamente comune a molti uomini della sua età: Carlo soffre di un ingrossamento della prostata e per la settimana successiva è fissata, sempre alla London Clinic, la procedura per risolvere il fastidioso ma non grave problema. Nessun allarme. Ma l'incredibile concomitanza dei due annunci induce ovviamente a sospettare che la tempistica del secondo sia servita in qualche modo a distrarre l'attenzione dalla situazione della principessa, attutendo lo choc con un'altra notizia di pari impatto.

Il mistero che circonda il ricovero di Catherine stimola interrogativi e angoscia. Era davvero un intervento programmato dalla fine di dicembre, come sostiene il Palazzo? O si è reso necessario d'urgenza? Allarmanti appaiono pure i tempi di recupero. Quale operazione può richiedere addirittura fino a due-tre mesi di convalescenza? Le ipotesi cominciano a rincorrersi. Certo non può essere niente di banale. Si parla di isterectomia, ma anche qui tempi troppo lunghi. Si accenna a una possibile diverticolite del sigma con asportazione del tratto e ricongiunzione dei tronconi intestinali. Sulla stessa linea, una blogger americana dice di sapere che è stata un'ileostomia, l'intervento sull'intestino che comporta il ricorso al «sacchetto» per un periodo più o meno lungo. Chi più ne ha più ne metta, in un clima da isteria informativa.

Possibile che a Palazzo nessuno si renda conto che il mutismo ostinato serve solo ad alimentare la psicosi di massa? La tesi che il silenzio sia utile a proteggere i principini regge fino a un certo punto: se la madre non è in pericolo di vita, cosa c'è di tanto terribile in un intervento chirurgico? Certo, ognuno ha titolo alla riservatezza quando sta male o soffre, e non si può negare neppure alle figure pubbliche il diritto di mantenere un certo pudore intorno ai propri malanni. Tuttavia, il mutismo sulle condizioni della futura regina si protrae troppo a lungo per non apparire allarmante anche agli osservatori più benevolenti.

4
Il mistero della cartella

CIÒ che accadde alla London Clinic nei giorni della degenza della principessa del Galles resterà racchiuso dietro un impenetrabile muro di riservatezza anche molto tempo dopo il ritorno di Catherine in piena salute. Potrebbe in verità rimanere un segreto custodito negli archivi reali per sempre, o almeno per molti decenni, se la diretta interessata non vorrà un giorno far luce sulla sua malattia. Di certo gli eventi di quel periodo costituiscono una seria lezione per la monarchia. Definiscono il ruolo che ancora occupa nel Paese ma anche le relazioni con un mondo della comunicazione che è radicalmente cambiato non solo rispetto alla preistorica «età della deferenza» ma pure alla stagione della più aggressiva stampa popolare.

Il tempo in cui il mitico comandante Colville guidava l'ufficio stampa del Palazzo – in giacchetta nera, pantaloni rigati e camicia bianca dal collo inamidato come nell'Ottocento – e rimetteva al loro posto con una levata di sopracciglio i cronisti che osavano una domanda, fu consegnato al folklore degli anni Cinquanta con l'arrivo sulla scena dei tabloid *kiss and tell*, ovvero bacia e racconta. Coi Sessanta, addio deferenza, fate largo al trionfo del gossip. Chiunque fosse stato protagonista di uno scandalo, tanto meglio se reale, e avesse voglia di raccontarlo sapeva di poter strappare in cambio sostanziosi chèque sottobanco dai giornali. Su un identico trattamento potevano contare valletti e cameriere, maggiordomi e stallieri, lacchè e cocchieri di Buckingham Palace disposti a vendere i segreti carpiti dal buco della serratura.

Eppure, a giudicare dalle loro pagine, nessun tabloid ebbe l'ardire di ricorrere a questa tattica quando il Palazzo, a dispetto delle settimane che passavano, continuò ostinatamente a tacere sulla salute della principessa del Galles. Con un certo sbalordimento, quanti erano abituati alla spregiudicatezza dei giornali britannici dovevano registrare l'assoluta adesione alla richiesta di privacy avanzata da Catherine. Compassione per la lotta di una giovane madre? Rispetto per la futura sovrana? Improvviso recupero della deontologia? O semplice opportunismo? Dopotutto, pure i tabloid hanno editori e direttori, e i calcoli di interesse o le ambizioni possono renderli attenti a conservare i rapporti che contano con l'establishment di sempre, di cui la Corona è il pinnacolo. Sta di fatto che dalla London Clinic non filtrava un refolo. E certo nessuno dei luminari che si occupavano – dietro un'inviolabile cortina di anonimato – delle condizioni di Catherine avrebbe mai infranto il segreto professionale.

Così i tabloid sembrano i più sorpresi quando il 20 marzo proprio uno di loro, il *Mirror*, spara la notizia: un impiegato della London Clinic avrebbe tentato di accedere alla cartella clinica informatica della principessa durante il suo ricovero a gennaio. A quel punto, inevitabilmente, anche la direzione della casa di cura è costretta a uscire dal silenzio. Conferma l'indiscrezione, fa sapere di avere informato della cosa Kensington Palace – la residenza londinese dei Galles – e annuncia di avere sospeso non uno ma tre dipendenti coinvolti. Non specifica però quando sia avvenuto il tentativo di intrusione (peraltro l'unico finora noto) e nemmeno se i sospettati siano tutti a pari titolo responsabili del tentato accesso o qualcuno sia chiamato invece a rispondere di omesso controllo. Anche l'ICO (Information Commissioner's Office, il garante per la protezione dei dati personali) fa sapere di aver aperto un fascicolo sul caso, e il *Daily Mail* dà voce all'ira popolare chiedendo che intervenga Scotland Yard.

A voler essere maliziosi, tanta esibita indignazione dei tabloid potrebbe pure apparire un modo per allontanare da sé ogni sospetto di coinvolgimento. Ma se i giornali sono innocenti, allora chi c'è dietro la corruzione dei dipendenti infedeli?

Torniamo indietro, ai giorni del ricovero di Catherine tra il 16 e il 29 gennaio, data del suo riservatissimo ritorno a casa, senza foto né commenti. Sono quasi due settimane, chiave del dramma che sta per dipanarsi. Nessuno sulle prime sembra particolarmente allarmato per l'intervento a cui si è sottoposta la principessa. Le sue ultime immagini, quelle riprese in occasione del Natale, mostravano una donna in piena salute, e in più il comunicato ufficiale di Kensington Palace escludeva qualsiasi allarme di natura oncologica.

Sono però le modalità della sua uscita dalla clinica a lasciare perplessi sudditi e osservatori. Non dimentichiamo mai che questa è una delle donne, se non la donna più fotografata del pianeta. Com'era stata a suo tempo la sfortunata suocera. I paparazzi sono stati chiamati a riprendere Kate all'uscita della Lindo Wing del St Mary's Hospital di Paddington appena sei ore dopo avere dato alla luce la sua secondogenita Charlotte, già perfettamente pettinata, sorridente e in forma smagliante. Perché ora si nasconde? Tanto più che proprio nelle stesse ore in cui Catherine lascia clandestinamente la London Clinic, re Carlo che ci era entrato tre giorni prima per la procedura endoscopica sulla prostata se ne va sorridente dalla porta principale, offrendosi generosamente ai fotografi. È da questo momento che la narrazione sul difficile momento della principessa del Galles esce totalmente dal controllo del Palazzo e monta come una maionese impazzita.

Il guaio, per Buckingham Palace, è che negli anni Venti del ventunesimo secolo anche l'epoca del giornalismo da tabloid è stata superata e obliterata dall'avvento dei social, piattaforme ideali del cosiddetto *citizen journalism*: se qualunque passante armato di telefonino e un account sui social è abilitato a sentirsi e a fare il cronista, senza il benché minimo riguardo per la deontologia professionale, chi potrà mai stabilire i confini della privacy? E chi avrà mai l'autorità per imporli? Non certo la monarchia, diventata ormai da quel dì *fair game*, selvaggina legittima per i fucili del gossip più sfacciato, intrusivo, pruriginoso. E niente più di una misteriosa malattia reale sembra adatto a stimolare questa discutibile caccia.

Ben presto Internet si ritrova – come scrive su *British Vogue* il brillante columnist Raven Smith – «ingolfata nell'affare seriamente poco serio della "scomparsa" di una principessa, dal momento che Kate Middleton – proprio quella del matrimonio con il principe William – non è stata più vista sin dall'annuale passeggiata del giorno di Natale 2023 assieme ai suoi pargoli tutti in linea per il trono».

In Rete circola di tutto: pensate alle teorie più strampalate che vi passano per la testa e le troverete. C'è chi la dà in coma farmacologico e chi direttamente per morta e conservata nel ghiaccio. C'è chi si inventa una lite furibonda scatenata dalla gelosia della principessa nei confronti di una presunta amante di William (Rose Hanbury, marchesa di Cholmondeley, che sarà costretta a minacciare querele), e lui a quel punto come un qualsiasi coniuge violento avrebbe reagito picchiandola fino a rendere necessaria una plastica facciale. In alternativa, c'è anche chi la immagina in fuga da un matrimonio diventato infelice oppure prigioniera in casa per impedirle di divorziare come vorrebbe. Un delirio.

Raven Smith sceglie per il suo commento un titolo alla maniera di Arthur Conan Doyle, *The Curious Case of the «Disappearing» Princess* (Lo strano caso della principessa scomparsa). Ma il tono scherzoso non toglie niente alla serietà delle considerazioni. Il più diffuso gioco di società – ricorda Smith – sembra essere diventato «Where's Kate?» Dov'è Kate? E benché la realtà sia la più semplice possibile (lei sta ovviamente recuperando le forze nella sua residenza dell'Adelaide Cottage, nel parco reale di Windsor), le ipotesi degli Sherlock della Rete sono follemente stravaganti. Chi scrive che si sta riprendendo dopo aver donato un rene a Carlo in cambio della sua rapida elevazione a regina. Chi suppone che se la sia squagliata alla chetichella a Miami per un intervento segreto di BBL, Brazilian Butt Lift, che sarebbe un aumento di volume delle natiche. Altri la immaginano occupata a farsi crescere la frangetta fin sugli occhi, ma chi la sa davvero lunga ha capito da un pezzo che lei è il vero Banksy. E l'elenco dei lunatici potrebbe essere molto più lungo.

L'ironia della donna più fotografata al mondo che cessa improvvisamente di essere ripresa sollecita in verità interrogativi più seri: quanto c'è di inevitabile e quanto di interessato in questa generale «libidine per la biancheria pulita e quella sporca dei reali [...]? Noi vogliamo questa informazione costante? *Abbiamo bisogno* di questa informazione costante? Kate ha saturato la nostra cultura e non l'abbiamo mai davvero messo in discussione». Le sue immagini sono diventate a tal punto parte dell'arredo della nostra informazione digitale, prosegue Smith, che «adesso improvvisamente guardiamo smarriti la parete dove avrebbe dovuto trovarsi il sofà negli ultimi due mesi».

Vogue è un periodico patinato, elegante nelle foto e nei testi, insomma la rivista chic di quelle *chattering classes*, le classi intellettuali, che frequentano i salotti di Londra e della borghesia urbana dell'isola. È come se anche per loro la malattia della principessa avesse strappato il velo di Maya, rivelando quanto superflua sia l'ossessione del pubblico pure colto per i personaggi reali, che hanno il più delle volte soltanto lo spessore di una foto.

Catherine è malata, certo, ma dopotutto quanti di noi hanno la possibilità di essere curati meglio, di trovarsi nelle mani di un medico reale? Insomma, passiamo ad altro. Però il presupposto di questo ragionamento, altrimenti cinico, è proprio che la principessa non corra pericolo di vita e sia curata al meglio. Più i giorni passano, più i dubbi aumentano.

Non sarebbe giusto, nemmeno a distanza di tempo, violare la riservatezza che Catherine chiedeva in quei giorni, e a cui si è attenuta anche dopo (salvo rivelare lei stessa – come vedremo più avanti – alcuni momenti toccanti della sua vicenda medica). Per quanto mi riguarda, la cartella clinica, che è giustamente vincolata al segreto, deve rimanere protetta dalla curiosità degli estranei, chiunque sia il paziente. Deve esserci un limite a quello che il pubblico ha il diritto di sapere sulla salute anche di una figura istituzionale, e credo che la malattia e il dolore rappresentino questo limite. Non si può però non registrare il clima di sgomento che la protratta assenza della principessa del Galles dalla scena faceva respirare nei palazzi londinesi. Una rivista chic poteva anche considerarla, con una punta di snobismo, poco più che una *celebrity* cartacea. Ma a Corte o a Whitehall, tempio della burocrazia statale, non si poteva certo dimenticare il ruolo cruciale che la malata «scomparsa» giocava nel futuro della monarchia.

Negli ambienti medici britannici si rincorrevano voci allarmanti. La London Clinic è notoriamente un centro di eccellenza per gli interventi all'addome, giacché è la casa di cura dove per molti anni ha operato uno dei maestri della specialità. John Nicholls, oggi in pensione, è particolarmente noto per lo sviluppo di una tecnica chirurgica (chiamata IPAA) che permette di intervenire su patologie gravi dell'intestino crasso, come il cancro del colon-retto, la colite ulcerosa o la poliposi adenomatosa familiare, senza condannare il paziente a un'ileostomia permanente (il cosiddetto ano artificiale).

Chiedo scusa per l'eccesso di termini medici piuttosto crudi e alquanto terrificanti ma rassicuro, non andrò oltre: servono solo a definire l'ambito in cui si può probabilmente collocare la malattia della principessa. Per esempio, i polipi da ereditarietà, cioè escrescenze asintomatiche presenti nel colon, possono entro i quarant'anni originare un carcinoma dell'intestino. Nei giorni del ricovero, in verità, furono fatte circolare anche altre ipotesi, di carattere ginecologico, ma fonti molto ben informate me le hanno recisamente negate.

Le stesse fonti non smentiscono invece che la degenza protratta di Catherine, così come la difficoltà del recupero con la conseguenza di una sorta di autosegregazione, possano essere il risultato diretto di errori compiuti durante l'intervento chirurgico iniziale. Comunque siano andate le cose, è giusto che rimangano nel riserbo desiderato dalla paziente, anche quando si tratta di una principessa. C'è solo un punto che qui mi sembra giusto sottolineare. Mentre la scomparsa di Kate dalla scena si prolunga, e l'inquietudine del pubblico (non solo inglese) aumenta, nessuno a Palazzo fornisce dettagli sulla diagnosi o accenna a eventuali biopsie effettuate durante l'operazione. Anzi, viene ripetuto come un mantra rassicurante quanto aveva sostenuto a inizio ricovero la BBC, con il chiaro beneplacito del Palazzo: «Non si tratta di cancro ma il problema è serio». L'esclusione di patologie oncologiche sembra l'unico motivo di ottimismo in mezzo all'allarme che tuttavia monta. E si avvicina al panico quando il 5 febbraio arriva l'annuncio che invece è re Carlo ad avere un cancro.

Del male del sovrano non vengono forniti ulteriori dettagli. Né dove le cellule tumorali si siano sviluppate né la prognosi. Si accenna soltanto alla circostanza che la scoperta è avvenuta incidentalmente, grazie agli esami effettuati per la procedura alla prostata. Sudditi e media vengono informati che il sovrano comincerà immediatamente la terapia oncologica, al ritmo di una seduta a settimana, e anche – si apprende in seguito – l'immunoterapia. Naturalmente nel corso della cura sono sospesi tutti gli impegni pubblici ma Carlo continua a seguire dal suo studio gli affari di Stato, e anche a ricevere regolarmente il primo ministro per l'abituale incontro settimanale.

Va considerato un esempio di trasparenza? Sì per un vecchio manico reale come Dickie Arbiter, ex addetto stampa di Buckingham Palace, che ricorda i silenzi sulla salute di Giorgio VI ed Elisabetta, e ne conclude che «è una svolta rispetto al passato». Non tutti ne sono convinti. Perfino il *Times*, istituzionalmente monarchico, appare critico: «Questa strategia corre il rischio di portare molte persone a credere che la condizione del re sia più preoccupante di quella che il Palazzo lascia intendere. O, peggio ancora, che rilasci alcune informazioni per nasconderne delle altre». E che dire allora del mistero che continua a circondare la sparizione di Catherine? Con il monarca gravemente malato, e l'emergenza istituzionale che si profila, i dubbi e i timori sulle effettive condizioni di salute della principessa del Galles si tingono di un'imprevista drammaticità.

Agli inizi di marzo, vale a dire un mese dopo l'inaspettato annuncio del cancro di Carlo, di Catherine non c'è ancora traccia e l'angoscia a Palazzo si fa palpabile. La preoccupazione per una giovane donna di quarantadue anni, nonché madre di tre figli piccoli, è tutt'uno con quella per la futura sovrana, in una situazione in cui la serietà della patologia del re spalanca gravi interrogativi sui tempi della successione (o magari abdicazione). Ma con la moglie in condizioni precarie, come il perdurante mistero lascia intuire, il principe del Galles sarebbe in grado di far fronte a un'emergenza?

Al momento sembra proprio di no. La famiglia, ha sempre detto William, viene prima di tutto. E nell'imprevista e difficile circostanza in cui i Galles si sono venuti a trovare, il principe tiene testardamente fede al suo impegno. Improvvisamente la «monarchia dimagrita» immaginata dal nuovo sovrano si trova a corto di personale. Il re costretto a riguardarsi per la cura, la principessa del Galles scomparsa per la stessa ragione e il consorte erede al trono eclissato per occuparsi di lei. Nessuno avrebbe mai potuto immaginare che a reggere da sola l'immagine della Corona, in quel crudele inizio anno 2024, sarebbe stata la regina Camilla, e certo nemmeno lei se l'aspettava. Lo sforzo avrebbe esaurito fisicamente nel giro di poche settimane questa signora settantasettenne di salute non robustissima.

Ma lei per prima si rende conto che non ci sono alternative. Come avrebbe fatto ogni marito e padre devoto, il figliastro William mostra chiaramente ai parenti e ai sudditi di anteporre la necessaria cura famigliare anche ai doveri pubblici. Kensington Palace informa che il principe sarà costretto ad alleggerire la sua agenda per prendersi cura dei tre bambini e della moglie. Certo, c'è il sostegno dei sanitari e l'aiuto prezioso della nanny Maria, ma è soprattutto sulla presenza dei sempre disponibili nonni Middleton, Carole e Michael, che William fa affidamento.

Le stelle purtroppo non sono favorevoli, perché anche Michael è costretto alla convalescenza dopo essersi sottoposto a un delicato intervento chirurgico. In assenza dei genitori, si rivela provvidenziale il solido legame fraterno fra i tre giovani Middleton. James e Pippa sono sempre pronti a dare una mano se necessario. E quando il 27 febbraio, con solo mezz'ora di preavviso e senza alcuna spiegazione, se non misteriosi «motivi personali», William non si presenta alla cerimonia in memoria del suo padrino di battesimo, l'ex re Costantino di Grecia, le sirene d'allarme suonano altissime. Le condizioni di Kate sono così gravi da costringerlo a starle accanto?

È proprio così, ma si sarebbe saputo solo molto tempo dopo. Per il momento, le fonti reali continuano ostinate nella politica delle labbra cucite. Il 4 marzo, a sorpresa, un sito americano specializzato pubblica una foto che il giorno seguente è sulle pagine dei giornali di mezzo mondo, tranne quelli inglesi, perché è una foto «rubata» con un teleobiettivo a più di cento metri di distanza: si rivede finalmente la principessa, seduta al posto del passeggero su un SUV nero guidato dalla madre Carol, che ha la faccia seria e tirata. Il volto di Catherine, all'apparenza un po' gonfio, è seminascosto da un paio di vistosi occhiali neri da sole, ma serve almeno a sgomberare il campo dalle illazioni che la volevano confinata a letto in fin di vita. Sarà realmente un'immagine ripresa di nascosto o è uno scatto concordato, il modo obliquo del Palazzo per rassicurare tutti?

Il fatto è che un pubblico sempre più smaliziato ha ormai imparato a diffidare anche di quel che vede con i propri occhi. E i dubbi sull'origine della fotografia riflettono la debolezza e la confusione della linea di comunicazione adottata dalla Corte, che giustamente il biografo reale Tom Bower definisce «caotica». A fornire un'ulteriore riprova è il pasticcio che viene servito poco dopo, anzi quasi in contemporanea. Un comunicato del ministero della Difesa annuncia sin d'ora la presenza di Sua Altezza Reale l'8 giugno alla prova generale della parata militare del fine settimana successivo, il *Trooping The Colour* in onore del compleanno ufficiale del re. Il significato è implicito: Catherine è in via di guarigione, non c'è da preoccuparsi. Il sollievo dura poco. A stretto giro Kensington Palace puntualizza che nessuno ha autorizzato l'annuncio ed è prematuro dare per scontato che la principessa del Galles assisterà alla sfilata. Il mulino delle voci incontrollate ricomincia a macinare la farina del diavolo.

È il momento in cui qualcuno a Palazzo si rende conto che una foto «rubata» non è più sufficiente. E l'occasione per offrire una prova indiscutibile che Catherine è in piena ripresa e sta bene è lì a portata di mano: la Festa della mamma, che in Inghilterra ricorre a marzo. La mattina del 10, giorno della celebrazione, tutti i siti di notizie sono pieni di un'immagine tenera e gioiosa, ripresa pari pari dall'account Instagram dei principi del Galles, un mammut da quindici milioni di follower. La foto ritrae Kate seduta in mezzo ai suoi bambini, che la abbracciano e ne sono riabbracciati, a corredo degli auguri a tutte le mamme. È come un proclama che la principessa più amata dai sudditi è tornata. Kensington Palace diffonde il ritratto a tutti i media e informa che è stato scattato due giorni prima, venerdì, dallo stesso William con la sua Canon (un modello da 5.000 sterline). Sembra la fine dell'incubo, ed è invece l'inizio di una catastrofe. Mediatica, almeno.

5
Dalla gogna agli altari

ALLE 19 di domenica 10 marzo 2024, la Festa della mamma in casa dei principi del Galles è stata inesorabilmente rovinata. La foto di Sua Altezza Reale la principessa Catherine (ripresa dopo oltre due mesi) con i suoi tre bambini è stata dichiarata «manipolata» dalle quattro maggiori agenzie di informazione del pianeta, e immediatamente ritirata dalla Rete, *killed* in gergo. Forse in un sussulto di antichi risentimenti nazionalistici, l'AFP (Agence France Presse) è andata pure oltre, dichiarando di non considerare più Kensington Palace «una fonte affidabile».

Nel giro delle poche ore successive non solo William e Kate ma l'intera famiglia reale sono stati sommersi da un'ondata di discredito che si è fatta melmosa con il tracimare in Rete delle più incredibili e odiose teorie cospirative. I giornali inglesi le ribattezzano prontamente *Katespiracies*, e per quanto demenziali possano apparire non c'è dubbio che siano anche in grado di fare assai male, minando alla base la credibilità del trono. Molte, come è emerso qualche tempo dopo, erano fomentate da troll russi, cinesi, iraniani, a riprova del persistente rilievo internazionale della monarchia.

Il fatto è che la foto era certamente ritoccata. C'è un lungo elenco di dettagli, dal polso di Charlotte al disegno del pullover di George alla posizione delle dita del piccolo Louis, che rivelano la manipolazione dell'immagine. Tanto basta perché i media parlino di *Kategate* o, prendendo spunto dalle maniche del cardigan della principessina, di *Sleevegate*. È inevitabile che l'attenzione del pubblico si concentri su due interrogativi: fino a che punto l'immagine è stata «taroccata»? E soprattutto, perché? Ovvero, qual è l'estensione del guaio che si è cercato di coprire?

Stabilire fino a che punto l'immagine è stata modificata è ovviamente cruciale per ottenere indizi utili a rispondere al secondo quesito. Su questo terreno si scatenano tutti gli esperti di pixel del pianeta. E non pochi adottano il punto di vista più radicale. Ruby Naldrett, *social media editor* del *Daily Mirror*, si spinge a sostenere che l'immagine è né più né meno che un fotomontaggio. Ritrova dagli archivi una copertina di *Vogue* del 2016 col bellissimo primo piano di una Kate sorridente e «scopre» che «coincide alla perfezione» con il volto della principessa nella foto incriminata. Ergo, Sua Altezza non era nemmeno presente allo scatto del marito, semplicemente hanno appiccicato la sua faccia in mezzo ai suoi bambini, ma non era lei a sedere tra di loro.

Dire che si tratta di pura congettura è perfino troppo generoso. Ma «l'analisi» della reporter finisce sul suo account X, e diventa virale: oltre quarantadue milioni di visualizzazioni e tremila commenti. Peccato che non sia affatto vero, e a dirlo non è uno qualsiasi ma Eliot Higgins, il fondatore del sito investigativo Bellingcat, che è notoriamente il principale «cacciatore di fake news» del pianeta. «Sciocchezze, se si guardano attentamente da vicino le due immagini, si notano numerose piccole differenze» dice Higgins della «teoria» di Naldrett: «Bel modo di guadagnarsi click, se non t'importa della tua credibilità».

Qui però erano onestà e trasparenza dei reali a essere messe in dubbio. Tanto più che ad alimentare la confusione c'è pure un dettaglio notato da molti: all'anulare di Catherine, nella foto dello scandalo, mancano gli anelli da cui non si separa mai, la fede nuziale e lo zaffiro di fidanzamento che, prima di lei, era appartenuto a Diana. Questo contribuisce a rafforzare le voci di una crisi coniugale, sebbene il Palazzo si sforzi di accreditare la plausibile tesi di una dimenticanza decisamente comprensibile in una convalescenza. Ma in conclusione la pezza messa da Kensington Palace per placare lo scandalo finisce con l'essere anche peggior del buco. Di fronte alla crisi lo staff della comunicazione reale, che certo non si era distinto fino a quel momento, partorisce un'altra brillante trovata: addossare la colpa alla stessa Catherine. Per la prima volta nella storia reale, una principessa destinata a salire al trono è costretta a chiedere scusa con un messaggio in Rete, per avere personalmente ritoccato la foto incriminata «come spesso fanno i fotografi dilettanti come me».

Forse è vero e forse no, ma più probabilmente sì, vista la passione dell'illustre malata per la fotografia e la sua abitudine di migliorare i risultati con il ricorso a Photoshop. È possibile che la motivazione, più che comprensibile in chiunque alle prese con un malanno e tanto più in una bella donna, fosse solo di migliorare l'aspetto sciupato di Catherine. Ma per oneste che fossero le intenzioni e irrilevanti i dettagli, agli occhi dei sudditi e del mondo quella foto ritoccata offusca il gioiello più fulgido della Corona, la sua credibilità. Senza la quale nemmeno la fiducia del Paese nella sua massima istituzione potrebbe resistere.

È certo un fatto senza precedenti che le agenzie di stampa più autorevoli del pianeta, dall'Associated Press alla Reuters all'AFP, rifiutino di distribuire materiale proveniente dalla Corte, con una motivazione urticante: scarsa attendibilità della fonte. E visto che ci sono, annunciano pure la revisione dei loro archivi fotografici a caccia di altre immagini della famiglia reale potenzialmente «truccate». Non ci vuol molto perché spunti quella di Elisabetta ripresa da Kate nell'estate 2022 in mezzo ai pronipoti. Rimasta riservata per mesi, era stata pubblicata solo dopo la morte della regina nel giorno che avrebbe marcato il suo novantasettesimo compleanno, il 21 aprile 2023. Ora è la nota agenzia Getty Images ad avvertire, otto giorni dopo lo scoppio del *Kategate*, che la foto è stata «*digitally enhanced at source*», digitalmente ritoccata all'origine, come indicano numerosi dettagli dei bambini.

Per i Windsor è una catastrofe di cui non si comprende la ragione. Cosa c'è dietro i ritocchi, che sono a quanto sembra un'abitudine? Semplice vanità, ricerca dell'immagine perfetta che oggi chiunque può soddisfare ricorrendo al *photoshopping* alla portata di tutti? Può essere. Ma i membri della famiglia reale non sono gente qualunque, e da loro i sudditi pretendono una leadership morale che nessuno si aspetta più dai politici. Innocenti ritocchi fotografici possono apparire una cosa da nulla, ma onestà e trasparenza nelle piccole come nelle grandi cose sono la precondizione per mantenere quest'aura. Truccare una foto che dovrebbe al contrario provare buona fede e autenticità rappresenta un errore grossolano. E ancora più grave è quello di diffonderla. Ma qui la responsabilità ricade in primo luogo sullo staff di Palazzo, o distratto o ignaro delle moderne dinamiche della comunicazione.

Forse a circoscrivere i danni sarebbe bastata almeno la pubblicazione dell'originale dello scatto, come peraltro richiesto a gran voce da tutti gli organi di stampa. Ma a opporsi – sostengono fonti vicine all'interessato – sarebbe stato direttamente il principe William. Che avrebbe anche cestinato il primo comunicato preparato dai suoi collaboratori per stornare la responsabilità del pasticcio dalla consorte in convalescenza, e attribuirlo a entrambi i coniugi. Pare che la versione iniziale contenesse il pronome «noi» e l'aggettivo «nostro» ma, visto che era stata la moglie a manipolare la fotografia e non lui, non vedeva ragione di prendersi una parte di colpa.

Ai critici di William questo può richiamare il suo abituale atteggiamento verso il fratello Harry ai tempi della remota adolescenza, quando toccava al cadetto il ruolo di capro espiatorio giacché la figura immacolata dell'erede al trono non poteva essere in alcun modo macchiata. Di certo nella circostanza il futuro re non ha manifestato un comportamento cavalleresco, e lo ha confermato anche pochi giorni dopo, nel corso di una visita a un centro scolastico. Circondato da bambini impegnati in varie attività creative, ha sminuito le doti artistiche sue e dei figli osservando scherzoso: «È mia moglie l'artista». Non c'è nessuno che non abbia colto l'allusione allo scandalo della foto «truccata».

Così, che fosse o no l'intera verità, Catherine ha finito con l'assumersi tutta la responsabilità del pasticcio, e a Corte più di qualcuno avrà pensato che era il modo migliore di ridurre il danno, dal momento che il pubblico avrebbe certo mostrato maggiore comprensione verso una mamma ammalata. Se questo era il calcolo, si rivelò presto sbagliato. Una vera e propria gogna internazionale attendeva la sfortunata principessa. Dopo il bando decretato dalle maggiori agenzie internazionali di informazione, le toccava anche la presa in giro dei vignettisti di mezzo mondo. E se il *Washington Post* la raffigurava addirittura come un pupazzo manovrato da William in veste di burattinaio, perfino gli altri potenti del pianeta approfittavano della disavventura mediatica dei Galles per farsi belli davanti alle proprie opinioni pubbliche.

Le cronache riportavano che Sua Maestà Willem-Alexander, re dei Paesi Bassi, nel corso di una visita a Zutphen aveva trovato spiritoso rispondere così a un bambino che gli diceva di averlo visto in foto con la sua famiglia: «Almeno non l'ho ritoccata con Photoshop». Gli americani invece non resistevano alla tentazione di impartire una lezione di pubblica moralità ai cugini inglesi: in quel noto collegio di educande che è la Casa Bianca, gli addetti stampa presidenziali, dopo qualche risatina di troppo sulla coppia principesca, assicuravano che mai e poi mai da loro sarebbe potuta accadere una cosa del genere. Il *Wall Street Journal*, prendendo a spunto il celebre mantra di Elisabetta sull'«essere vista per essere creduta», affondava il coltello: «Adesso la famiglia è alle prese con un problema più ingestibile: il pubblico britannico non crede a quel che fanno vedere». Per lo storico e commentatore reale Ed Owens tutta la storia era insomma nient'altro se non una *débâcle*.

Difficile non scorgere in questa valanga di commenti sferzanti un sottotesto. Se non proprio una maligna soddisfazione per lo scivolone della principessa «perfettina», almeno una conferma di tutte le riserve che snob di varia estrazione – da aristocratiche con puzza sotto il naso a intellettuali femministe non meno arroganti – nutrivano senza nemmeno dissimularle verso la ragazza piccoloborghese, l'arrampicatrice senza talenti che si era issata fino ai gradini del trono. In poche parole, il tema vero dello scandalo era l'inadeguatezza di Catherine dal punto di vista del *breed*, ovvero il lignaggio, per quell'*upper class* che secondo una battuta della regina Camilla «non ha bisogno di comprarsi i mobili di casa» (dato che li eredita), come invece avevano dovuto fare i Middleton. E dal punto di vista delle credenziali culturali, per le regine dei salotti intellettuali o modaioli.

Con la ferocia di una società dove ancora le classi contano, l'ambiziosa signorina Kate Middleton aveva già dovuto fare i conti sin dall'inizio della sua strepitosa scalata sociale. Le *Sloane Rangers* d'inizio secolo, ovvero le fanciulle aristocratiche dei quartieri bene tra Belgravia, Kensington e Chelsea, erano state leste a ribattezzare lei e Pippa, alla loro apparizione nel gruppo, come le *Wisteria Sisters*, ovvero le sorelle glicine, abili nella scalata come il noto rampicante. Figurarsi quando la maggiore aveva conquistato prima l'attenzione e poi il cuore del futuro re d'Inghilterra, nonché prestante figliolo della mitica Diana. Era un po' difficile, è vero, negare che Kate fosse un'autentica bellezza bruna, alta e slanciata come un'indossatrice. Un metro e settantacinque, taglia trentotto, proporzioni perfette. Ma si poteva pur sempre trovare, e attaccare, un incorreggibile lato plebeo di tanta bella presenza. Dopotutto, non era la figlia di una semplice hostess?

La *jeunesse dorée* che faceva da circolo al principe William, all'inizio della storia, dissimulava appena la sua avversione per l'intrusa. E il vecchio lavoro di mamma Carole, che da hostess della British Airways si era fatta da sola imprenditrice di successo, tornava utile per prendere in giro la figlia. Così le appiccicarono per qualche tempo il nomignolo di «apriportellone», prima di arrendersi all'evidenza che l'erede al trono era seriamente innamorato della detestata *parvenu*. Ma non era certo finita lì. I lunghi anni di attesa della proposta di matrimonio le guadagnarono sulla stampa popolare non solo il soprannome sfottente di *Waity Katie*, quella che aspetta, ma anche un profluvio di commenti sprezzanti: scialba, di plastica, poco professionale...

È probabile comunque che niente l'abbia addolorata maggiormente delle parole di una scrittrice che nei suoi libri manifestava una finezza di analisi e di stile sideralmente distanti dalla ruvida descrizione che riservò invece alla principessa. La scomparsa Hilary Mantel, due volte vincitrice del maggior premio letterario britannico – il Booker Prize – con la sua meravigliosa trilogia su Thomas Cromwell (il grande ministro di Enrico VIII), ha per Catherine solo immagini astiose: «Bambola snodata a cui sono appesi un po' di stracci», scelta per il suo ruolo «solo perché era irreprensibile: dolorosamente magra, niente stranezze, bizzarrie, senza il minimo rischio di mostrare una qualche briciola di carattere». Tutto questo senza averla mai incontrata, senza essersi mai curata di studiare la persona in carne e ossa con la stessa attenzione riservata ai personaggi dei suoi romanzi.

Nella circostanza, perfino l'allora premier David Cameron sentì il bisogno di difendere Catherine da questi commenti, che definì «offensivi e assolutamente fuori luogo». Ne seguì una polemica pubblica, nella quale Mantel concesse solo che lei si riferiva alla percezione della principessa che era stata creata dai media. Distinzione troppo sottile per i «leoni da tastiera» che in scia alla famosa scrittrice si misero a giudicare senza appello una giovane donna che nemmeno conoscevano. Criticata perché non lavorava, condannata perché stava buttando al vento la sua costosa istruzione. Tutto sommato era più facile affrontare il silenzioso disdegno degli aristocratici per un'estranea «colpevole» solo di non avere sangue blu che il tribunale morale allestito soprattutto da qualche nota intellettuale femminista.

Kate Middleton si era appena trasformata nella duchessa di Cambridge, diventando grazie al matrimonio una figura pubblica, che sull'*Independent* la scrittrice Wendy Holden allestiva il rogo: «Per molti, aver messo nel sacco il riccone di turno è una bella mossa, ma che ne è stato di un lavoro appagante e della sua indipendenza economica? Non sopporto le donne istruite che non lavorano». Sentimento talmente condiviso dalla collega Katrina Onstad da dichiarare la voglia di «passare in bicicletta sotto la finestra di Kate per gridarle: "Trovati un lavoro!"» Da Joan Smith, voce nota del femminismo radicale, arrivava infine una sentenza inappellabile. Della sua vita, Catherine aveva fatto ben poco «se non svolgere un ruolo di supporto per il fidanzato, sposarlo con grande sfarzo e rimanere incinta. Non ha mai avuto un'identità o un introito propri».

Più che di critiche, qui si dovrebbe parlare di linciaggio mediatico, anche se la virulenza dell'attacco a Kate rifletteva – allora come oggi – soprattutto i sentimenti antimonarchici di larga parte delle *chattering classes*, gli strati intellettuali tradizionalmente ostili a un'istituzione considerata anacronistica e superflua. Il *Photogate*, ennesima definizione per lo scandalo della foto ritoccata, produce una nuova e più pericolosa eruzione di questi sentimenti. Anche perché sotto attacco finisce questa volta la figura che nei tredici anni di matrimonio si è lentamente ma sicuramente trasformata nel volto più seducente e popolare della monarchia. Ma che Catherine non sia stata risparmiata nemmeno quando la sua salute è in discussione, indica ai Windsor che la loro comunicazione ha bisogno di un salto di qualità.

Se nel tempo dell'informazione istantanea loro insistono a giocare a nascondino, quali che siano le ragioni di un legittimo diritto alla riservatezza, lo fanno a proprio rischio e pericolo. Non teorico, se un sondaggio di YouGov condotto nei giorni dell'incoronazione di Carlo III, a fine aprile 2023, diceva che il 38 per cento dei sudditi tra i diciotto e i ventiquattro anni era favorevole a un capo dello Stato eletto e solo il 32 per cento vedeva con favore un monarca ereditario. Un altro sondaggio del National Centre for Social Research è ancora più allarmante perché coinvolge il complesso della popolazione: per appena il 30 per cento dei britannici la monarchia rappresenta ancora un valore, per il 45 per cento andrebbe invece abolita come inutile o superflua. Insomma, se invece del chiassoso ma folcloristico gruppetto di *Republic*, il tema istituzionale fosse sollevato sul serio da uno dei grandi partiti, il destino del trono non sarebbe più tanto certo come ai tempi di Elisabetta.

Per come stanno le cose in quella ancora acerba primavera 2024, il futuro sembra appeso a un doppio interrogativo: come sta effettivamente la principessa del Galles? E riuscirà a recuperare per sé e per la Corona la credibilità compromessa dal grossolano errore della foto? Sul primo punto una risposta all'apparenza rassicurante arriva una settimana dopo il fracasso della Festa della mamma. Il 16 marzo Catherine a sorpresa riappare, e non in foto ma di persona, in un luogo totalmente inatteso. È sabato mattina al Windsor Farm Shop, un negozio di alimentari «a chilometro zero», poco distante dall'Adelaide Cottage nel parco di Windsor dove vivono i Galles. È davvero la principessa la donna che qualche cliente sbalordito crede di veder passare tra i banchi del cibo accanto al marito? Lui è seminascosto dal cappellino con visiera calato sulla fronte, lei invece, in tuta nera con cappuccio sulle spalle, appare visibilmente dimagrita, il volto senza trucco e un po' più affilato incorniciato dai lunghi capelli sciolti. Sono sorridenti, l'uno e l'altra con una busta della spesa in mano. Chi nota la coppia non ha dubbi e il giorno dopo, domenica, le voci raggiungono qualche sito di informazione ma trovano poco credito. Finché spunta pure un breve video.

Lo ha girato con il telefonino Nelson Silva, che era arrivato al Farm Shop per comprare due bistecche e ne è uscito con 40.000 sterline. Tanto lo ha pagato, pare, il *Sun* per pubblicare in esclusiva il 18 marzo il video di quattordici secondi appena che prova – dice eccitato Silva – «che la principessa era qui. Non riuscivo a crederci, dopo tutte le voci. Kate era felice, rilassata e in buona forma. Ha fatto la spesa con William, mentre i figli non c'erano. Però è un buon segno che sia venuta. Sembrava che stesse bene». Sempre che sia lei la donna del video, ma lo era davvero? In un parossismo paranoico, c'è chi immagina un altro trucco del Palazzo. I media, anche i più autorevoli, si dividono. I social si scatenano. Nello stesso giorno dello scoop del *Sun*, due tweet su X millantano l'uno di avere un video della «cremazione di Kate Middleton», l'altro di sapere che è «rinchiusa in un ospedale psichiatrico». E dalla Russia i soliti troll che tanto hanno contribuito alla Brexit diffondono la fake news della «morte di re Carlo». Saranno coincidenze, ma messe assieme hanno tutto l'aspetto di un attacco concentrico alla Corona.

Il segno che finalmente però qualcosa si muove dietro le cortine del trono è l'articolo di Roya Nikkhah sul *Sunday Times*. La *royal watcher*, che è anche buona amica dei Galles, li descrive «rattristati dalle voci fuori controllo». E anticipa: «A un certo punto Kate parlerà della sua malattia in pubblico, e spiegherà tutto. Lei e William ora sono amareggiati ma vogliono essere più aperti e trasparenti». Si intuisce un radicale cambio di passo nella strategia di comunicazione seguita fino a quel momento con esiti fallimentari.

Il pomeriggio del 22 marzo i corrispondenti stranieri da Londra ricevono un messaggio tramite WhatsApp dalla direttrice della Foreign Press Association, Deborah Bonetti, con l'avvertenza di non prendere impegni nel pomeriggio perché si attende un importante annuncio da palazzo reale. L'annuncio è Catherine in persona sugli schermi della televisione. Alle 18 in punto il notiziario più seguito della BBC, *News at Six*, apre con le parole della conduttrice Sophie Raworth che dice grave: «La principessa del Galles ha annunciato di aver intrapreso un ciclo di chemioterapia. In un messaggio molto personale, appena pubblicato, lei stessa spiega che cosa è accaduto nelle ultime settimane».

Ed ecco la stessa Catherine comparire nel video registrato nel giardino del suo cottage a Windsor. Seduta su una panchina, un maglione bianco a strisce blu su un paio di jeans, alle sue spalle si scorgono cespugli rigogliosi del giallo dei narcisi e alberi in piena fioritura. Il risveglio primaverile della natura sottolinea il pallore della principessa e il suo contegno grave, appena alleggerito da un'ombra di sorriso che vorrebbe rassicurare. Come promesso, ora dice tutto. E quel che dice vale la pena riprodurlo integralmente, perché è un documento che nella sua eccezionalità entra negli annali della monarchia inglese.

«Voglio cogliere l'occasione per ringraziarvi, personalmente, per tutti i meravigliosi messaggi di sostegno e per la vostra comprensione mentre mi riprendevo dall'intervento. Sono stati due mesi incredibilmente difficili per tutta la nostra famiglia, ma ho avuto un'équipe di medici fantastici che si sono presi cura di me, cosa di cui sono davvero grata.

«A gennaio, a Londra, ho subito un importante intervento chirurgico all'addome e, all'epoca, si pensava che la mia patologia non fosse di natura tumorale. L'intervento ha avuto successo. Tuttavia, i test effettuati dopo l'operazione hanno rilevato la presenza di un cancro. L'équipe medica mi ha quindi consigliato di sottopormi a un ciclo di chemioterapia preventiva e ora sono nella fase iniziale del trattamento.

«È stato ovviamente un enorme choc, e io e William abbiamo fatto tutto il possibile per elaborare e gestire la cosa in privato per il bene della nostra giovane famiglia. Come potete immaginare, ci è voluto del tempo. Ci è voluto del tempo per riprendermi da un intervento chirurgico importante e iniziare la terapia. Ma, soprattutto, ci è voluto del tempo per spiegare tutto quanto a George, Charlotte e Louis in modo appropriato, e per rassicurarli che starò bene. Come ho detto loro, sto bene e divento più forte ogni giorno concentrandomi sulle cose che mi aiuteranno a guarire; nella mia mente, nel mio corpo e nel mio spirito.

«Avere William al mio fianco è inoltre una grande fonte di conforto e rassicurazione. Così come lo sono l'amore, il sostegno e la gentilezza che in tanti avete dimostrato. Significa molto per entrambi. Speriamo capirete che, come famiglia, ora abbiamo bisogno di un po' di tempo, spazio e privacy mentre completo la terapia. Il mio lavoro mi ha sempre procurato un profondo senso di gioia e non vedo l'ora di tornare quando potrò, ma per adesso devo pensare a guarire completamente.

«In questo momento, il mio pensiero va anche a tutti coloro le cui vite sono state colpite dal cancro. A chi affronta questa malattia, in qualunque forma: per favore non perdete la fede o la speranza. Non siete soli.»

Quando pronuncia quest'ultima frase – «Non siete soli» – il pensiero va inevitabilmente a quel «*We'll meet again*» – c'incontreremo di nuovo – con cui Elisabetta chiuse il suo memorabile appello al Paese in piena pandemia di Covid. Le parole della regina volevano essere un'esortazione all'unità e alla speranza, proprio come il «Non siete soli» della nipote acquisita. Con una differenza che va però diritta al cuore degli ascoltatori: la donna che ora parla di dolore, malattia, umana solidarietà ne ha esperienza diretta, è lei stessa provata dal male, e questo dona alle sue parole il timbro toccante della verità. Esibendo pubblicamente la fragilità umana dietro i titoli e le corone, Catherine mostra lo stesso senso di regalità che l'Inghilterra venerava nella scomparsa Elisabetta.

Nel video la voce della principessa è quella di sempre, sottile e lievemente nasale com'è tipico dell'*upper class*, ma almeno in un paio d'occasioni dà l'impressione di rompersi, e lei deve fermarsi. Cosa mai accaduta in precedenza a una protagonista della scena mediatica globale da vent'anni. Non sfuggirà che non usa mai la parola «vittime», né parla di lotta o di combattere il cancro. Dice invece «chi ne è affetto», «chi affronta questa malattia», come una qualsiasi altra malattia. E anche questo è implicitamente un messaggio di speranza, di incoraggiamento alla prevenzione prima ancora che alla cura. Ma si avverte l'emozione quando Catherine confessa con la voce che s'incrina «uno choc enorme per me e per William» all'esito dei test – condotti evidentemente sui reperti operatori – che hanno identificato il tumore. Quando ricorda l'inizio della chemioterapia e racconta che «abbiamo fatto il possibile per mantenere la cosa riservata, per proteggere i nostri figli». Bisognava spiegare loro la natura del male e rassicurarli, e questo ha richiesto tempo.

Ecco dunque la ragione principale di una privacy difesa con le unghie e con i denti, anche a costo di spezzare il legame di fiducia e confidenza con l'opinione pubblica, ma in nome del bene supremo per qualsiasi genitore: quello dei figli. Ecco spiegata anche l'improvvisa assenza di William alla commemorazione di Costantino II di Grecia il 27 febbraio. Era appena arrivata la terribile notizia dei risultati delle biopsie e lui si era precipitato al fianco della moglie. Ed ecco spiegato anche perché il video di Kate, registrato mercoledì 20 marzo, è stato diffuso solo il 22: il giorno dopo cominciavano le tre settimane di vacanze di Pasqua e George, Charlotte e Louis si sarebbero trovati lontani dalla scuola e dalla curiosità del mondo esterno, al sicuro con i genitori nella quiete di Anmer Hall, la bella casa di campagna all'interno della tenuta di Sandringham, confinante con Houghton Hall, il magnifico palazzo neoclassico residenza ancestrale dei marchesi di Cholmondley (pronuncia *chumley*).

Sì, proprio *quella* marchesa di Cholmondley, Rose Hanbury. Amiche di lunga data, nonché vicine di casa nel Norfolk, le due coppie si ritrovano ormai da mesi al centro di un turbinio di pettegolezzi. David, il settimo marchese, è un affascinante regista sessantaquattrenne che è stato per ben trentadue anni Lord Gran Ciambellano della regina Elisabetta, prima che re Carlo lo volesse accanto a sé come *lord-in-waiting* (titolo riservato ai dignitari più vicini al sovrano). La moglie Rose, ventiquattro anni più giovane, è stata una modella prima di diventare madre di tre figli, e per lungo tempo un'intima di Catherine. Quando i rapporti sono sembrati raffreddarsi, è partito il tam-tam dei pettegolezzi su una presunta relazione tra William e la marchesa. Che la malattia della principessa, anziché sedare, ha reso anche più maligni e insistenti. Fino a spingere Rose Hanbury a minacciare azioni legali contro chi propali queste voci.

Così, a nessuno sfugge che la principessa nel suo messaggio abbia voluto anche spazzare via con una sola frase tutte le morbose insinuazioni di una presunta crisi matrimoniale. La dichiarazione che «avere William al mio fianco è una grande fonte di conforto e rassicurazione» rappresenta la conferma pubblica della solidità di una storia d'amore ormai ventennale. Implicitamente trasmette anche un messaggio politico. La famiglia reale di un futuro ormai prossimo non sarà più quella disfunzionale, litigiosa, anaffettiva consegnata alle cronache sin dagli anni Ottanta del secolo scorso. Al contrario, l'immagine che si intravede dalle parole di Catherine è quella di una coppia reale ancora profondamente innamorata, e determinata a crescere i figli nell'ambiente più affettuoso e meno formale possibile. La condizione di tutto questo è quella guarigione che la futura regina si mostra fiduciosa di poter raggiungere, grazie anche «all'amore e al sostegno» mostrato dai sudditi.

L'ondata di commozione che investe l'Inghilterra (e non solo) quel venerdì sera, quando le tv sfumano infine il messaggio di Catherine, ricompatta subito il Paese attorno alla *sua* famiglia reale. Le settimane di congetture e di critiche, di presunti scandali e di risentimento vengono cancellate dallo choc per l'annuncio della malattia che la principessa si prepara a combattere con determinazione. Come accade da sempre nei momenti cruciali della vita della monarchia, felici o dolorosi, non c'è inglese che non abbia seguito il messaggio su qualunque schermo a disposizione, quello televisivo se già a casa o al pub a mandar giù una birra, quello del cellulare se ancora in metropolitana, in autobus o in macchina di ritorno dal lavoro. Tutti hanno ascoltato quella giovane donna, fino a ieri baciata dalla fortuna e dal privilegio, confessare le sue paure, le preoccupazioni per la famiglia, per un domani reso improvvisamente incerto per lei come per uno qualunque dei milioni di esseri umani che condividono la sua pena e la sua angoscia.

Per chi l'aveva attaccata, e perfino vilipesa, è il momento del *mea culpa*. Fa clamore quello recitato in pubblico da Stephen Colbert, il conduttore del famoso programma televisivo dell'americana CBS *The Late Show with Stephen Colbert*. Dopo aver deriso Kate per la storia della foto taroccata, adesso ha almeno il buon senso di chiedere scusa, ammettendo di avere varcato la linea – «sottile» dice lui – tra umorismo lecito e sensibilità delle persone. I giornali che per un paio di mesi avevano tambureggiato sulla necessità di maggiore trasparenza, ora ingranano la marcia indietro, e sulla falsariga del *Times* dichiarano che l'illustre malata «merita comprensione e privacy mentre si sottopone alle cure per il cancro».

Arrivano gli auguri del primo ministro Rishi Sunak, di Joe e Jill Biden che ne lodano il coraggio e le esprimono affetto, e di politici e dignitari di mezzo mondo. Le parole più oneste sono forse quelle di sir Keir Starmer, in quel momento ancora capo dell'opposizione laburista: «Ogni diagnosi di tumore è scioccante. Ma posso solo immaginare quanto stress in più si debba provare nel ricevere la notizia tra le ripugnanti speculazioni a cui abbiamo assistito nelle ultime settimane». Sarà che il mestiere di Starmer era quello di procuratore, ma non si può trovare atto d'accusa più efficace contro il comportamento dei media, quasi nessuno escluso.

Quel video di due minuti e tredici secondi che dichiara al mondo il cancro della futura regina è la cosa più vicina alla rivoluzione che la monarchia abbia conosciuto in decenni. Quando la malattia colpì Giorgio VI al polmone, nel settembre 1951, i medici parlarono pudicamente di «anomalie strutturali», pur di non pronunciare la parola con la C. È vero, il tabù era stato infranto la prima volta da Carlo a febbraio, ma intanto era un comunicato stampa, e poi l'età avanzata del sovrano rendeva per così dire meno sorprendente la malattia. La stessa notizia, data personalmente dalla nuora guardando negli occhi sudditi e spettatori di tutto il mondo, è stata una scossa sismica.

Dietro l'immagine patinata della principessa è riapparsa Catherine Middleton, una giovane donna fino al giorno prima apparentemente piena di salute, bella e intelligente, madre di tre bambini piccoli, con pochi anni in più di quanti ne avesse Diana, la suocera mai conosciuta, al momento della tragica morte. Eppure, ora è impegnata in una battaglia per la sua stessa vita. Sentirla condividere a viso aperto il dolore e la speranza con milioni di spettatori ha cancellato in un soffio tutti i sospetti e il dispetto dei sudditi per il *Photogate* e restaurato il posto di Kate nei loro cuori.

Si capisce che in questa battaglia per la sopravvivenza della dinastia niente sia stato lasciato al caso, soprattutto dopo le iniziali prove di sciatteria. Per questo il video della principessa non era il tipico *home movie* ma è stato girato a Windsor da un cameraman dei BBC Studios e mandato in onda dalla BBC con l'avvertenza che non aveva subito alcun tipo di montaggio, insomma nessuna manipolazione. Ha funzionato. Ha spento in un sol colpo, almeno per un certo periodo, mugugni e teorie cospirative, e ha confermato il primo posto assoluto di Catherine nel gradimento dei sudditi.

Il solo precedente di una tale pubblica rivelazione di intimità reale è l'intervista di Diana al settimanale tv *Panorama* quasi trent'anni fa, nel novembre 1995. Vestita di scuro, un pesante trucco nero attorno agli occhi, la penultima principessa del Galles intendeva comunicare agli spettatori il proprio lutto per il matrimonio fallito, il dolore per le umiliazioni subite a opera del marito e della sua amante. Con l'esibizione delle sue pene Diana vinse la battaglia delle pubbliche relazioni ma perse la guerra con i Windsor, e mise in moto l'infernale meccanismo che condusse lei alla morte sotto il tunnel dell'Alma e la dinastia vicinissima all'abisso. Al contrario, l'apparizione tv della nuora, proprio per l'autenticità dei suoi patimenti, è stata un successo su tutta la linea: le ha consentito di recuperare un'immagine immacolata, e non a danno ma a vantaggio del trono su cui un giorno siederà accanto al marito. L'aureola della sofferenza ha trasportato in un attimo Catherine sullo stesso piano di Diana e l'ha già collocata – per fortuna, da viva – nella galleria dei miti reali. Resta da chiedersi se il destino di ogni principessa del Galles sia entrare nella storia solo attraverso il dolore.

INTERMEZZO

Le prigioniere

6
La bella fanciulla del Kent

NELLA primavera 1349 *the Black Death*, la peste bubbonica che dalla Francia settentrionale era sbarcata sull'isola l'autunno precedente, mieteva vittime a centinaia anche a Londra. Re Edoardo III, il più potente dei sovrani Plantageneti, lasciò la reggia nella capitale e si rinchiuse con la Corte nella Torre di Londra, forse convinto che le mura dell'antica fortezza normanna lo avrebbero protetto anche dalla Morte Nera. Il suo amico e compagno di battaglia sir Walter Mauny lo seguì ma non pensò solo a salvarsi la pelle. Comprò un ampio cimitero a Smithfield, alla periferia della City, e vi fece costruire una cappella, in modo che i poveri morti potessero almeno essere sepolti in un terreno consacrato.

L'infuriare della pestilenza aveva costretto il re a chiudere i tribunali per il resto dell'anno e a cancellare anche la prevista sessione del Parlamento. Ma nel pieno della pandemia il sovrano, rinomato per il suo valore in battaglia e una certa grazia verso i vinti, decise di inaugurare il suo nuovo Ordine cavalleresco: The Most Noble Order of the Garter, ovvero della Giarrettiera. L'evento fu fissato nel giorno di san Giorgio, il 23 aprile, nel castello di Windsor, con la presenza dei ventisei *companions* del nuovo Ordine: il re, il principe ereditario Edward (che sarebbe entrato nella storia come il Black Prince) e con loro ventiquattro cavalieri, scelti tra i baroni e guerrieri più valorosi del regno.

Nelle parole del cronista Geoffrey le Baker, «il re tenne una grande festa nel suo castello a Windsor [...]. Tutti quelli assieme al re indossavano vesti in *russet* [un panno pregiato color ruggine (*N.d.A.*)] intessuto d'oro e al braccio una fascia di colore blu indiano. Avevano tutti un identico nastro sulla gamba destra, anche questo blu, ricamato con l'insegna della Giarrettiera». Così nacque l'Ordine cavalleresco più famoso della storia, che ancora una volta – come già aveva fatto il nonno del sovrano, quell'Edoardo I conquistatore del Galles – puntava a rivendicare alla monarchia normanna il mito di Artù e dei suoi cavalieri della Tavola Rotonda.

Gli statuti fondativi della nuova esclusiva compagnia avevano un carattere eminentemente religioso, e già la circostanza di fondarla in piena pestilenza era un atto di coraggio e di fede. Ma assai più profane furono le leggende che presto fiorirono attorno all'origine dell'Ordine. Soprattutto quella che aveva al centro una giovane donna di vent'anni che il famoso cronista del tempo Jean Froissart descrive come «la più bella lady d'Inghilterra, e la più affascinante». Joan di Kent.

È sulle ali di questa leggenda da trovatori che entra nella storia la prima principessa del Galles. Ma quando appare sul proscenio del mondo in realtà non porta ancora questo titolo. E già il modo in cui finirà con l'acquistarlo comporta una buona dose di intrighi e sofferenza. Questo fardello, come ho anticipato, grava su quasi tutte le dieci principesse che dal quattordicesimo al ventunesimo secolo hanno indossato la cappa di ermellino più prossima alla porpora reale, da Joan a Kate passando per la più famosa, Diana. Le loro scintillanti esistenze spesso paiono più da compiangere che da invidiare.

Ad appena vent'anni la carriera di Joan di Kent era già indubbiamente notevole. In primo luogo per le sue connessioni reali, visto che era una nipote di Edoardo I e giovane cugina di Edoardo III. Al presente sovrano doveva certo essere molto grata. Era rimasta orfana ad appena due anni. Il padre, il primo conte di Kent, era stato giustiziato per tradimento nel colpo di Stato di Roger Mortimer contro il legittimo re Edoardo II. E quando il terzo Edoardo riprese il trono dalle grinfie di Mortimer, lui e la moglie Philippa si occuparono dell'orfana, dapprima crescendola assieme ai loro figli e poi affidandola alla tutela dell'intimo amico William Montagu, conte di Salisbury. Era scontato, come usava al tempo, che Montagu non si sarebbe lasciato scappare le vaste proprietà dell'ereditiera Joan, e infatti poco più che bambina, a fine gennaio 1341, fu data in sposa al figlio ed erede del conte, un ragazzino della sua stessa età.

Il re diede ovviamente la sua approvazione al matrimonio e alla giovanissima coppia fu donata la signoria del castello di Mold, nel nord del Galles domato sessant'anni prima. Ma non ci rimase a lungo. Due anni dopo, William Montagu morì in un incidente di caccia: il marito di Joan diventò il nuovo conte di Salisbury e lei la contessa. Sembrava attenderli un futuro eccitante e splendido nell'alta aristocrazia di Corte. Il giovane Salisbury si conquistò la sua fetta di gloria nella disfatta inflitta ai francesi a Crécy nel 1346, epica battaglia nella guerra mossa da Edoardo III per rivendicare la Corona di Francia. La moglie invece, secondo il racconto che ne fa quasi duecento anni dopo l'umanista urbinate Polidoro Virgilio, ebbe il suo momento di trionfo nel gran ballo tenuto l'anno seguente per celebrare la presa di Calais. La sua *entrée*, racconta lo storico della Corte Tudor, fu semplicemente mozzafiato.

«Il suo arrivo fu accolto con grande entusiasmo, particolarmente dal re. Ogni uomo restò sbalordito dalla sua bellezza. Re Edoardo non poteva smettere di guardarla, perché pensava di non aver mai visto prima una lady così nobile o così bella. Fu colpito al cuore da un amore palpitante, che durò a lungo anche dopo.» Il monarca, prosegue la storia, scelse la cugina come partner di ballo ma prima che prendessero la scena, per ragioni rimaste oscure, la contessa di Salisbury fu vista perdere la sua giarrettiera. Galante, il sovrano si chinò a raccogliere il nastro di velluto blu e se lo legò attorno alla gamba, pronunciando all'indirizzo dei presenti il celebre motto del futuro Order of the Garter: *Honny soit qui mal y pense!* Vergogna a chi pensa male! Ecco dunque come e perché sarebbe nato l'Ordine cavalleresco.

È naturalmente un resoconto inventato. In primo luogo Polidoro – per quanto spesso citato come «il padre della storia inglese» – sembra ignorare che a metà del Trecento la giarrettiera era un indumento solo maschile. E soprattutto, la sua versione della nascita dell'Ordine come risultato di un problema di *lingerie* difettosa ignora la realtà a vantaggio del romanzo. Nel 1348-49 re Edoardo era totalmente assorbito dalla guerra di conquista in Francia e la riproposizione del mito arturiano nel suo nuovo Ordine, in chiave soprattutto religiosa, era funzionale al suo progetto politico. La «vergogna» del motto è indirizzata a chi dubita dei suoi diritti ereditari al trono di Francia, e non ha nulla a che vedere con dame, amori e menestrelli. Infine, la contessa di Salisbury non avrebbe potuto materialmente essere presente a quel ballo. Il marito la teneva rinchiusa nel castello gallese di Mold. E il motivo rende la storia autentica molto più intrigante e piccante della leggenda.

Nell'ottobre 1347, sir Thomas Holland, uno degli eroi di Crécy, scosse il bel mondo di Corte con una rivelazione clamorosa. Le nozze dei Salisbury non potevano essere valide perché era stato lui – dichiarò – il primo a sposare Joan nel maggio 1340, ovvero circa otto mesi prima. Il matrimonio, benché tenuto segreto, era stato consumato. Poi Holland era partito per la Crociata in Prussia e in sua assenza – così sosteneva – Joan, costretta dalla famiglia, aveva sposato il giovane Salisbury. Sir Thomas ora reclamava «sua» moglie ma anche il conte, sostenuto fermamente dalla suocera che rifiutava di passare per megera, la rivendicava come «sua», respingendo il racconto dello sfidante. Per superare lo stallo, l'anno seguente Holland decise di appellarsi al papa, mentre il diciannovenne rivale metteva al sicuro la «sua» proprietà rinchiudendola sotto buona scorta nel castello di Mold.

Gli storici, forse in ossequio al ruolo reale che Joan avrebbe giocato più avanti nella vita, hanno prevalentemente preso per buona questa versione degli eventi. Ma le incongruenze sono tante ed evidenti. In primo luogo, a credere al racconto di Holland, le nozze clandestine sarebbero avvenute quando lui aveva venticinque anni e la sua amata appena dodici, nel più assoluto segreto e senza nemmeno la presenza del prete. In pratica sarebbe stata, secondo un costume diffuso all'epoca, una reciproca promessa davanti a Dio. Nel caso, però, sarebbe seguita pure l'immediata consumazione del matrimonio, e già questo suona strano perché la regola abituale in un'unione aristocratica prevedeva che la moglie compisse i quattordici anni prima di avere relazioni sessuali con il coniuge.

Insomma quello che sir Thomas dipingeva come un matrimonio d'amore, successivamente cancellato da una cospirazione dei parenti, nella cruda realtà sarebbe stato semmai un abuso sessuale compiuto da un uomo adulto su quella che era poco più di una bambina con la metà dei suoi anni. Ai posteri Joan è diventata nota come la *Fair Maid of Kent*, la bella fanciulla del Kent, ma nel *sobriquet* usato dai contemporanei, *the Virgin of Kent*, si coglie più di un'abbondante sfumatura di sarcasmo.

In ogni caso, a dodici anni Joan era ancora affidata alla custodia della famiglia del futuro marito, e costantemente sotto la sorveglianza di qualche *chaperon*. Come avrebbe fatto ad avvicinarla il suo presunto seduttore? Il quale peraltro torna in Inghilterra nel 1341, scopre che la sua bella è stata impalmata dal quattordicenne Salisbury e se ne resta zitto per altri sei anni, quando avrebbe potuto e dovuto rivolgersi immediatamente a un tribunale ecclesiastico inglese. E, ancora più strano, com'è che sir Thomas, pur sostituito nel letto nuziale dal conte e ritenendosi quindi vittima di una grave ingiustizia a opera sua, nel 1345 sceglie di diventare steward (ovvero manager) dei vasti possedimenti terrieri dei Salisbury?

Se si tiene conto di tutti questi elementi, ecco allora disegnarsi una versione alternativa che presenta assai maggiore consistenza. Si può facilmente immaginare che Joan abbia cominciato una relazione adulterina con sir Thomas *dopo* che questi era diventato steward del conte di Salisbury, sicuramente approfittando delle frequenti e lunghe assenze del marito, impegnato a Corte o in guerra. Non potendo confessare l'adulterio senza incorrere nelle sanzioni penali e nell'ostracismo sociale, probabilmente i due amanti inventarono di sana pianta la storia del matrimonio clandestino, e della successiva coercizione ai danni di una fanciulla indifesa, per potersi liberare in maniera legale del marito tradito.

Come la descrive Froissart, Joan era bella e focosa, una donna – conferma il seguito della sua vita amorosa – profondamente sensuale. Appare dunque abbastanza sensato che sia stata questa irresistibile giovane di diciassette anni, e non la bambina di dodici, a innamorarsi nel 1345 del provetto cavaliere trentenne, un guerriero così ardito da cavalcare con appena due compagni nel centro di Rouen, tenuta dai francesi, e sventolare il vessillo di san Giorgio sotto il naso degli stupefatti nemici. Se le cose – come sembra probabile – sono andate effettivamente così, si spiega anche la reazione furibonda della famiglia di lei e la solidarietà offerta dalla madre Margaret al giovane genero ingannato e ferito. Quando, dopo molti tentennamenti, Joan confermò al giudice nominato dal papa, il cardinale Bernardo d'Albi, la storia del matrimonio clandestino e delle costrizioni subite per sposare Salisbury, la madre furiosa ruppe ogni contatto con lei.

Poco male, sembrerebbe. C'era la famiglia reale ad accoglierla a braccia aperte. O, più precisamente, il re. Edoardo III invitò la cugina a passare il Natale accanto a moglie e figli. Rattristato dalla morte di una figlia e dalla pestilenza che ammorbava l'isola, il sovrano sembrava felice di trovarsi nuovamente in compagnia della bella cugina. Non meno di lui pareva entusiasta il giovane principe del Galles, che aveva due o tre anni meno di Joan: lui la chiamava ancora con il nomignolo che usava nella comune adolescenza, Jeanette, e come dono natalizio le offrì una magnifica brocca d'argento finemente cesellata. Lei la portò con sé nella nuova vita matrimoniale. Perché alla fine le sterline di sir Thomas Holland, che era diventato ricco col bottino della guerra in Francia, convinsero anche la corte papale ad Avignone della bontà della sua storia. Il 13 novembre 1349 un decreto di Sua

Santità sciolse i voti nuziali di Joan al conte di Salisbury e in pari tempo ordinò che il matrimonio con sir Thomas fosse nuovamente celebrato in chiesa. I due amanti si affrettarono a obbedire.

Fu l'inizio per Joan di una nuova e appassionata vita coniugale, che produsse nel giro di pochi anni ben cinque figli. A interrompere questa decennale stagione di felicità, probabilmente la più bella per la ex fanciulla del Kent, fu il ritorno della Morte Nera nell'autunno 1360. La peste, che aveva raggiunto il nord della Francia a settembre, entro la fine dell'anno aveva già mietuto tra le migliaia di vite anche quella della regina francese nonché delle due figlie bambine del Delfino, l'erede al trono dei Capetingi. Un'altra delle sue prime vittime, e delle più illustri, fu il marito di Joan. Sir Thomas Holland era stato infatti nominato, come riconoscimento delle sue doti militari, Capitano Generale delle forze inglesi nel nord della Francia. Era un guerriero provetto, un veterano delle grandi battaglie di Crécy e Calais, un valoroso cavaliere e un comandante tra i migliori del re Plantageneto. Ma era ovviamente inerme di fronte alla peste che se lo portò via all'improvviso a Plouigneau, in Bretagna, il 26 dicembre. Lasciava due figli maschi, entrambi destinati a diventare cavalieri della Giarrettiera, e tre femmine. E una vedova trentaduenne di eccezionale bellezza, Joan di Kent.

«*My dearest and truest sweetheart*»

La vedova Holland non era la sola in quell'atroce stagione a vestire le gramaglie. L'intera Corte era piombata nel lutto. La peste non aveva risparmiato la famiglia reale. Il principe del Galles (che l'Ottocento avrebbe ribattezzato il Principe Nero, forse per il colore della sua armatura di combattimento) piangeva due sorelle alle quali era molto legato, Mary contessa di Bretagna e Margaret contessa di Pembroke. Anche il re soffriva molto per queste perdite ma non era uomo da accettare sconfitte, nemmeno dalla Morte Nera. Il 23 aprile, come ogni anno, ordinò che si tenesse a Windsor l'ormai tradizionale grande festa per celebrare l'Ordine della Giarrettiera e colse l'occasione per insediare i figli minori Lionel, John e Edmund come cavalieri al posto di quelli uccisi dalla pandemia. Ma sicuramente nemmeno lui si aspettava la decisione che il suo primogenito ed erede aveva già preso in cuor suo.

Nell'estate 1361 il Black Prince annunciò l'intenzione di sposare Joan, la cugina che da sempre chiamava Jeanette. Era l'erede del sovrano più potente d'Europa, il trionfatore di Poitiers, dove aveva sbaragliato un'armata francese tre volte più numerosa, il guerriero che in quella battaglia aveva sconfitto perfino il suo eroe, re Giovanni di Boemia, strappandogli la vita e il famoso rubino della corona nonché lo stemma con le piume di struzzo e il motto *Ich dien* (Io servo), divenute per sempre le insegne del principe del Galles. Era diventato lui stesso un mito della cavalleria, destinato a regnare su un vero impero e dunque in grado di chiedere in moglie la figlia di qualsiasi monarca europeo. Questo sicuramente era il piano che il padre nutriva per lui: che si sposasse al più presto (visto che non era più giovanissimo) per assicurare la successione, e che scegliesse una principessa straniera utile a stringere alleanze continentali. Il principe invece si sposava per amore.

In un'epoca in cui l'amore era solo argomento per le canzoni provenzali ma il matrimonio era un solido affare tra famiglie, e a livello del trono un puro gioco di alleanze dinastiche, la scelta del giovane Edward fece sensazione in tutta Europa. Fu forse impulsiva, e certo tenuta segreta finché il principe non mandò un suo scudiero alla corte papale di Avignone per ottenere la necessaria dispensa. I promessi sposi, che avevano in comune il nonno re Edoardo I, erano infatti cugini in secondo e terzo grado, e il codice canonico imponeva che solo il papa potesse liberarli dai vincoli della consanguineità. L'assenso di Innocenzo VI arrivò l'8 settembre e il 10 ottobre il matrimonio tra l'erede al trono e Joan contessa del Kent fu formalmente celebrato a

Windsor in mezzo a una gran folla di aristocratici. Il conte di Salisbury, primo marito ripudiato, non appariva nella lista degli invitati.

Insoddisfacente sotto il profilo politico, il matrimonio non trovò nemmeno approvazione in gran parte dell'opinione pubblica. L'unione appariva peccaminosa perché violava non solo i vincoli di sangue tra i due ma pure quelli spirituali contratti dal principe come padrino di battesimo di due figli di Joan. L'arcivescovo di Canterbury che celebrò le nozze, lo fece (secondo l'anonimo cronista della cattedrale) contro il suo volere, dichiarando che operava contro la propria coscienza e solo perché costretto a farlo. Per fortuna altri avevano una visione meno limitata dalle prescrizioni canoniche. L'Araldo di Chandos, autore contemporaneo di un poema sulla vita del Black Prince, appare chiaramente conquistato da Joan: «Era bella, piacevole e discreta e accendeva un amore costante nel cuore del principe». Anche un cronista della corte dei Valois la dichiara «una delle più belle donne del mondo», e in generale i francesi non persero l'occasione per confermarsi adoratori del dio Amore.

A tal punto che l'anonimo autore della *Chronique des quatre premiers Valois* inventa la storia più romantica sulla coppia. Dopo la morte di sir Thomas, racconta, si accese una tale competizione tra i nobili per conquistare la mano della vedova che molti si rivolsero al principe del Galles perché intercedesse a loro nome. Edward avrebbe dunque accettato di sostenere la causa di un cavaliere chiamato Brocas. Ma quando lo propose alla cugina, lei rispose che non si sarebbe mai più risposata. E poiché il principe, in realtà sempre più attratto da lei, insisteva, Joan scoppiò a piangere. Quale uomo non se ne sarebbe lasciato intenerire? Edward la prese tra le braccia cercando di confortarla, e lei allora si lasciò andare, ammettendo di essere già «devota al più valoroso uomo sulla terra, e ahimè, mi è impossibile averlo». Sempre più acceso d'amore, il principe la pregò di dirgli chi era, ottenendo la risposta che evidentemente si aspettava: «Siete voi. E per amor vostro, nessun altro cavaliere sarà mai al mio fianco». Ormai ardendo di passione, il cugino la chiese in moglie all'istante: «Giuro davanti a Dio che finché vivrò non avrò altra donna all'infuori di voi».

Benché il racconto somigli parecchio a una sceneggiatura hollywoodiana per una commedia romantica, è però autentica la reciproca passione tra i due innamorati. E pare altrettanto certo, stando alle testimonianze del tempo, che il Black Prince sia rimasto veramente fedele alla sua sposa sino alla morte. La circostanza non solo stride con la lasca morale sessuale dell'epoca e con le usanze dell'aristocrazia ma pure con la furiosa replica, parecchi secoli dopo, di Carlo alle proteste della tradita Diana: «Non intendo essere il primo principe del Galles senza un'amante». Si sbagliava, almeno uno, forse, c'era già stato.

Fino a quel momento la vita della prima principessa del Galles, benché già intrecciata al dolore e al lutto, ma pure al privilegio della posizione e alle passate gioie coniugali, sembrava comunque protetta da stelle benigne. L'uomo che amava era morto però lei era ancora bella e anche straordinariamente ricca. Era ovvio che dovesse risposarsi e non poteva esserci scelta migliore dello scapolo più ambito del regno e destinato a ereditarlo. Che sia stata un'unione d'amore, nessun testimone lo mette in dubbio. Tutti raccontano di un legame di straordinaria intensità emotiva e tutti confermano la reciproca fedeltà sessuale. In un'epoca in cui abbondavano i figli illegittimi dei nobili, Edward ne aveva avuto solo uno prima del matrimonio (da Edith de Willesford) e nessun altro dopo. In molte occasioni lui e la moglie furono visti tenersi teneramente per mano, e tanto in privato quanto in pubblico il principe si rivolgeva a Joan come «*my dearest and truest sweetheart*», amore mio carissimo e fedelissimo.

Le nozze, a dispetto del muso lungo dell'arcivescovo di Canterbury, furono celebrate con sfarzo mai visto. Il Black Prince dispose che per gli abiti della futura moglie fossero impiegate le stoffe più rare e costose, nastri d'oro, pellicce di ermellino, più di novemila perle per adornarli e gioielli per l'incredibile cifra di 3.000 sterline, più o meno 3 milioni di oggi. Per Joan fece cucire un favoloso abito da sposa rosso in tessuto d'oro (con fili d'oro intrecciati alla seta), e lei restituì il dono commissionando un copriletto nuziale ricamato con le piume di struzzo dello stemma del principe in argento e teste di leopardo (delle insegne reali) in oro.

Eppure, né splendore né amore potevano fugare l'atmosfera carica di presagi e di ansia attorno al matrimonio. Per molta parte aveva a che fare con una profezia scritta poco dopo l'ascesa al trono di Edoardo III. E una profezia, per gli uomini del quattordicesimo secolo, non era qualcosa da prendere alla leggera. Nel linguaggio allegorico degli oracoli, il nuovo sovrano era raffigurato come il cinghiale, l'animale che aveva rappresentato lo stesso re Artù ed era noto per la sua fierezza e nobiltà. Davanti a lui, recitava la predizione, «Spagna avrebbe tremato», come era effettivamente accaduto con la sconfitta della flotta castigliana davanti a Winchelsea nel 1350. E il cinghiale avrebbe «affilato le sue zanne alle porte di Parigi», come – di nuovo – si era puntualmente verificato quando l'armata di Edoardo aveva raggiunto i sobborghi della capitale francese nel 1360. Ma se queste erano tutte prove della veridicità della profezia, quali sciagure occorreva allora aspettarsi dalla sua parte finale?

Perché veniva predetto che il prossimo re dopo il cinghiale sarebbe stato un agnello, e in una terribile guerra civile l'agnello sarebbe stato costretto a cedere «gran parte del suo regno a un lupo ripugnante». Ma nessuno poteva immaginare il bellicoso Black Prince nella parte di un agnello, e questo voleva dire soltanto una cosa: che non avrebbe ereditato la corona. Qualche catastrofe si sarebbe abbattuta su di lui provocandone la morte prima del padre, e l'agnello sarebbe stato il suo successore, chiunque egli fosse. Jean Froissart testimonia di aver sentito ripetere perfino tra le dame di compagnia di Joan la convinzione che Edward non sarebbe mai salito sul trono. Ma per fortuna, come succede sempre in questi casi, c'erano pure profezie di segno opposto, prodotte all'incirca al tempo del matrimonio. E queste assicuravano non solo che il principe sarebbe asceso al trono ma avrebbe pure conquistato quello di Francia lasciandolo al figlio. Non restava che aspettare per verificare chi avesse visto meglio nel futuro.

Due anni dopo le nozze, nel giugno 1363, il Principe Nero e la sua splendida moglie si imbarcavano per Bordeaux, capitale del principato d'Aquitania che riuniva i vasti domini strappati dagli inglesi alla Corona di Francia nel sud-ovest del Paese. Edoardo III era riuscito, con l'aiuto del primogenito, a riconquistare le terre che un secolo prima facevano parte dell'impero angioino dei suoi antenati Plantageneti. Ora, in segno di gratitudine e fiducia, ne affidava il governo al figlio ed erede. Accanto a lui nell'ingresso congiunto a Bordeaux, Joan splendeva come il gioiello più prezioso del suo tesoro, e lei sapeva come usare il proprio fascino per rafforzare il prestigio e il potere del marito tra i riottosi nobili di Guascogna.

Principessa di stile e di cuori

La Corte del Black Prince si mostrò da subito tra le più sontuose, magnificenti e costose d'Europa. Edward era già noto del resto per essere primo non solo nel coraggio in battaglia ma anche nella sfrenata abitudine di spendere a piene mani. Le sue uscite avevano sempre di gran lunga superato le entrate, perfino dopo che la grande vittoria a Poitiers gli aveva fruttato un bottino favoloso. La sua generosità verso chi gli era fedele rasentava la sventatezza: «Questo principe era così munifico con i suoi servitori che fece loro ricchi e sé stesso povero» avrebbe detto il vescovo Thomas Brinton nella sua orazione funebre.

La principessa, erede di una grande fortuna, aveva pari attitudine alla spesa senza limiti. Lo sfarzo del suo guardaroba era un elemento importante della grandiosità della Corte d'Aquitania e Joan impose un nuovo stile nello stantio bel mondo locale. Presto le dame che volevano essere alla moda imitarono il taglio dei suoi abiti: vestiti attillati per esaltare le forme, scollature profonde, profusione di gioielli e di perle nelle acconciature dei capelli, e seta ed ermellino per i mantelli. La sfrontatezza di questa nuova moda, lanciata dalle *bonne amies* delle Libere Compagnie femminili della Linguadoca,* era troppo per certi aristocratici di vecchio stampo. Quando uno di loro, Jean de Beaumanoir, fu preso in giro per gli abiti eccessivamente sobri della consorte, avvampò d'indignazione: «Non voglio che mia moglie abbandoni i panni delle donne oneste, sono disgustato da tutte quelle che seguono un tale cattivo esempio, particolarmente la principessa del Galles».

In realtà Joan aveva la classe e lo stile per sapere d'istinto come essere provocante senza mai varcare la linea del decoro aristocratico, come catturare l'attenzione senza compromettere i valori della classe sociale a cui apparteneva. E sapeva fare un uso politico – né più né meno come avrebbe fatto molti secoli dopo Diana – della sua bellezza e del suo fascino. E in questo caso, non contro il marito ma a suo vantaggio. Per esempio, il principe desiderava che il conte Gaston de Foix riducesse il riscatto per il suo alleato conte d'Armagnac catturato in una scaramuccia feudale. Poiché de Foix rifiutava di farlo, fu invitato a corte per un grande banchetto, dove con il pieno consenso del marito Joan cominciò a flirtare con lui, a lusingare la sua vanagloria di cavaliere protettore di damigelle, per chiedergli infine un favore personale: uno «sconto» sul riscatto del suo prigioniero. Il conte lanciò un'occhiata a Edward, lo vide sorridere e capendo di essere finito in trappola scoppiò a ridere. Lo «sconto» fu accordato.

«Le feste, gli onori, le sfilate, i tornei, il via vai di ospiti. All'inizio tutti amavano e onoravano il principe come loro signore, e dicevano che il suo regno era il più grande al mondo» annota freddo Froissart, sempre molto critico con l'eccessiva prodigalità della coppia. In effetti, tiene i conti l'Araldo di Chandos, «ogni giorno c'erano più di ottanta cavalieri alla tavola del principe, e quattro volte tanti scudieri».

Quattro anni dopo, le feste e soprattutto la guerra in Castiglia

* Libere congregazioni, nate nel Sud-ovest della Francia sconvolto dalla guerra, di belle donne che indossavano abiti ricchi e provocanti, ed esibivano anche – secondo gli autori dell'epoca – «una scurrile lascivia». (*N.d.A.*)

a sostegno di re Pedro il Crudele avevano prosciugato il Tesoro di Aquitania. La popolarità del Black Prince era svanita e anche la buona fortuna. A Nájera, nel 1367, aveva strappato la sua vittoria forse più bella contro le forze soverchianti del pretendente di Castiglia, ma dalla penisola iberica era tornato con una misteriosa malattia che nel novembre 1368 lo aveva addirittura confinato a letto.

Forse era malaria, forse idropisia, o un'infiammazione acuta dell'intestino che gli provocava costanti attacchi di dissenteria, in un caso così violento da lasciarlo privo di sensi, apparentemente senza vita. Di fatto non si riprese mai più pienamente. Attorno a lui malato, la potenza inglese in Francia crollava senza scampo tra la ribellione dei vassalli aquitani e l'offensiva del re Valois, l'astuto Carlo V. Agli inizi del 1371 il principe e Joan si imbarcavano mestamente a Bordeaux per fare ritorno a Londra. Feste e gioia erano consegnate al passato. Pochi mesi prima avevano seppellito il loro primo figlio Edward, nato ad Angoulême nel 1365. Il secondo aveva poco più di tre anni, e sarebbe salito al trono a nemmeno dieci come Riccardo II, ultimo re della linea diretta dei Plantageneti, deposto e fatto uccidere nel 1399 dal cugino Enrico di Bolingbroke.

Perché alla fine la profezia nefasta si rivelò quella giusta. Per qualche anno ancora il Black Prince, una volta celebrato come l'incarnazione di tutte le virtù cavalleresche, trascinò una vita da invalido, macchiata dallo smacco in Aquitania, da false accuse di atrocità belliche, dalla demolizione della sua influenza sulla vita pubblica. Con le ultime forze guidò la battaglia politica del cosiddetto Buon Parlamento contro la corrotta amministrazione reale guidata dal fratello John of Gaunt. Ma sapeva che stava morendo. L'8 giugno 1376 spirò nel palazzo di Westminster, una settimana prima del suo quarantaseiesimo compleanno. L'epitaffio sul suo monumento funebre nella cattedrale di Canterbury ammonisce mestamente: COME TU SEI, UNA VOLTA IO FUI / COME IO SONO, COSÌ TU SARAI. La *grandeur* della sua vita non era che polvere.

A cinquant'anni, o poco meno, Joan di Kent rimaneva vedova

una seconda volta. La morte aveva segnato tutta la sua esistenza con frequenza inusuale pure per un tempo in cui era molto assidua nelle vicende umane. Le aveva rubato il padre quando lei era poco più che infante, poi l'amore della giovinezza, quindi il primo figlio di Edward nato per il trono. Infine, svaniti potere e passione, aveva trascorso gli ultimi nove anni assistendo impotente al crollo fisico e al declino del potere del marito, assillata dai debiti accumulati negli anni dello sfarzo e della gloria.

Per sua fortuna non tutti avevano perso memoria di ciò che il Black Prince aveva rappresentato per la potenza e l'orgoglio inglese. Quando i mercanti della City di Londra seppero che il principe e la principessa del Galles avevano venduto i loro servizi da pranzo d'oro e d'argento per pagare di tasca propria i soldati d'Aquitania, il consiglio della città decise una tassazione straordinaria per rimpiazzare con posate e stoviglie altrettanto sontuose quelle andate perdute. Toccata dal gesto, la coppia inviò alla City un caloroso messaggio: «Vi ringraziamo con tutto il cuore per i grandi doni che voi, di vostra libera volontà, avete ordinato per noi [...]. Possa Dio proteggervi».

Dodici mesi dopo la morte del primogenito, il 21 giugno 1377, toccava a Edoardo III, ormai l'ombra di sé stesso, lasciare questo mondo. Il trono passava in linea diretta di successione al figlio superstite del Black Prince, Riccardo II. Un re bambino – «l'agnello» –, e come madre del nuovo sovrano Joan si ritrovò almeno all'inizio a esercitare una certa influenza dietro le quinte. La memoria gloriosa del defunto principe del Galles contribuiva a fare ancora della sua vedova una figura popolare e rispettata. Si narra per esempio che nel 1381, di ritorno da un pellegrinaggio a Canterbury, trovò la strada sbarrata dai sanguinari ribelli di Wat Tyler, capo della più minacciosa rivolta di contadini del Medioevo inglese. Ma lungi dal recarle alcun danno, i rivoltosi la salutarono con entusiasmo e le assicurarono una scorta per il resto del viaggio.

Una volta che il figlio Riccardo ebbe sposato Anna di Boemia, nel gennaio 1382, Joan abbandonò del tutto la Corte e la scena pubblica.

Dopo i lunghi anni di delusioni e perdite, di sofferenza e solitudine, anche il suo declino fisico fu crudele. La sua grande bellezza era svanita da tempo. Forse ammalata di idropisia, era diventata così gonfia e grassa che si muoveva a fatica. E non lasciava quasi mai la sua residenza preferita, il castello di Wallingford nell'Oxfordshire. E fu lì che la morte la raggiunse come una fortuna, giacché le impedì di assistere alla tragica fine del figlio monarca. Ma egualmente se ne andò col cuore straziato dall'ennesimo dolore, il 7 agosto 1385: per quattro giorni aveva supplicato inutilmente Riccardo di risparmiare la vita del fratellastro John Holland, condannato a morte per aver ucciso in una lite un altro nobile. Solo alla notizia della scomparsa della madre il re finalmente cedette e concesse la grazia a Holland.

Joan fu sepolta nel monastero dei Greyfriars a Stamford, nel Lincolnshire, dove era stato inumato sir Thomas Holland. Il Black Prince aveva fatto costruire anche per lei una cappella nella cripta della cattedrale di Canterbury, nel desiderio di tenerla vicina per l'eternità. Ma nel testamento «la bella fanciulla del Kent» aveva espressamente richiesto di riposare per sempre accanto al primo marito.

7
Anne delle due Rose

AVEVA quattordici anni, Anne Neville, quando divenne la seconda principessa del Galles. Non aveva né la bellezza né il fascino della prima. Neppure desiderava quel titolo. E nemmeno un anno dopo averlo acquisito era già vedova. Aveva la buona fortuna di essere la figlia del più grande magnate d'Inghilterra ma la mala sorte di trovarsi, un secolo dopo, giusto all'epilogo tragico della guerra civile originata dall'assassinio del figlio di Joan. Anne non è che una pedina nelle mani di uomini che dovrebbero amarla – il padre, il marito – e invece la usano per contendersi il trono.

Il colpo di Stato contro Riccardo II e l'usurpazione della Corona da parte del nuovo monarca Enrico IV segnano l'avvento del ramo cadetto dei Lancaster al posto della linea diretta dei Plantageneti. Ma anche la nuova dinastia è perseguitata da complotti, malattie e ribellioni. L'usurpatore Enrico IV è costantemente costretto a guardarsi dalle congiure dei lealisti e muore dopo poco più di un decennio. Il figlio Enrico V riprende la guerra in Francia e sembra concluderla a proprio favore con il trionfo di Agincourt nel 1415, però di nuovo tifo e dissenteria se lo portano via nel fiore degli anni, e il 31 agosto 1422 la corona finisce sul capo di un infante di nemmeno nove mesi, che diventa re Enrico VI. Il quindicennio della reggenza riaccende la lotta tra le fazioni della nobiltà. Lo scontro dapprima sordo con la rivale casa di York, che ritiene di avere maggiori diritti ereditari alla corona, esplode infine nel lungo e sanguinoso conflitto civile che scuote l'Inghilterra per tre decenni, la Guerra delle due Rose.

Anne Neville è la figlia minore dell'uomo chiave nella lotta mortale tra la Rosa Rossa di Lancaster e la Rosa Bianca di York. Richard Neville, conte di Warwick, il più ricco e potente feudatario del regno, è entrato nella storia come il *Kingmaker*, l'uomo che fa i re, perché il suo appoggio e la sua forza militare risultavano decisivi per il trionfo dell'uno o dell'altro partito. All'inizio del conflitto le sue lealtà sono decisamente yorkiste, anche per gli stretti legami tra i due clan famigliari. La sorella del padre, Cecily Neville, è infatti la moglie di Richard duca di York, che reclama la corona per la propria casata.

L'intermittente follia di Enrico VI offre a York la possibilità di mettere il sovrano sotto tutela e di spadroneggiare nel regno con il cugino Warwick. Nonostante la resistenza della regina Margherita d'Angiò, che vuole salvare il trono per il figlio Edward principe del Galles, York imprigiona il re e gli impone un atto d'accordo che conferisce la corona a lui e ai suoi successori alla morte di Enrico VI. Ma sotto l'energica guida della regina il partito dei Lancaster non si arrende, riuscendo anzi a uccidere York e il figlio Edmund nella battaglia di Wakefield, il 30 dicembre 1460. Lo stendardo della Rosa Bianca viene raccolto dal primogenito del duca, Edward, che con l'aiuto determinante del conte di Warwick il marzo seguente sconfigge in modo decisivo le forze reali e sale al trono come Edoardo IV.

È allora che i due fratelli adolescenti del re, il dodicenne George nominato duca di Clarence, e Richard, a nove anni duca di Gloucester, vengono affidati alle cure di Warwick, che li ospita nel castello di Middleham, una delle sue proprietà nel Nord. Anne e la sorella maggiore Isabel passano gran parte della loro infanzia in compagnia dei due principi, specialmente di Richard (il futuro Riccardo III), che proprio a Middleham compie il suo addestramento di cavaliere. È più che probabile che il diabolico Warwick avesse già progettato la doppia unione delle figlie con i giovani duchi. È un piano che

Isabel, intrigante e calcolatrice come il padre, sembra condividere consapevolmente, visto che George di Clarence è secondo in linea di successione e in caso di morte di Edoardo IV, ancora senza eredi, sarebbe lui a indossare la corona. Sposarlo significa aprirsi la possibilità di diventare regina. Anne, più piccola d'età, non è invece – né lo sembrerà in futuro – attratta dalla politica ma sin dall'infanzia pare coltivare sentimenti romantici verso Richard, che ha quasi quattro anni più di lei.

Il potere di Warwick ora è allo zenith, è lui a tenere in pugno il nuovo sovrano. Almeno finché sulla scena non compare Elizabeth Woodville, vedova ventisettenne di cui Edoardo s'innamora perdutamente e che sposa in segreto nel 1464. Elizabeth ha cinque anni più di lui, appartiene alla nobiltà minore e da un punto di vista politico il matrimonio non ha senso, non porta alcun vantaggio. Warwick puntava a nozze reali con una principessa europea per rinsaldare il nuovo regime, e si ritrova invece a dover fronteggiare il clan sempre più famelico dei Woodville, decisi a strappargli il potere. Abituato ai voltafaccia, pianifica l'ennesimo tradimento.

Nel 1469 fa celebrare le nozze di Isabel con George di Clarence, poi convince il duca a tradire il fratello facendogli balenare il miraggio della corona con l'appoggio del partito Lancaster. Il complotto ha successo e il sovrano è costretto a fuggire nelle Fiandre accompagnato da Richard, che gli è rimasto fedele. Ma non è George di Clarence a raccogliere i frutti della ribellione, perché nel frattempo Warwick ha tradito anche lui e si è accordato con la regina Margherita per rimettere Enrico VI sul trono, nell'ottobre 1470. In cambio, la piccola Anne ora quattordicenne sposa il figlio ed erede del re, Edward, e il 13 dicembre diventa principessa del Galles in una sfarzosa cerimonia di nozze in Francia, nella cattedrale di Angers. Il conte padre è arrivato dove voleva: se non può mettersi la corona sul capo, è almeno sicuro di averla nelle mani.

Com'era costume dell'epoca, nessuno si curò allora di chiedere ad Anne quali fossero i suoi sentimenti, e nessuna cronaca del tempo ci tramanda almeno un refolo dei suoi pensieri, un indizio delle sue aspettative o delusioni. Anne Neville scivola su questa storia intrisa di sangue come un'ombra, un nome senza corpo, un viso stereotipato nella raffigurazione medievale del *Rotolo di Rous*, o anche fin troppo espressivo e malinconico nell'immagine idealizzata delle sontuose vetrate vittoriane del castello di Cardiff, dove è ritratta con il marito nell'incoronazione. No, non Edward di Lancaster ma Riccardo III.

La sua carriera di principessa del Galles fu infatti di brevissima durata. Nel marzo 1471 Edoardo IV sbarcò in Inghilterra con il fedele fratello Richard e un esercito in grado di battere i rivali in meno di due mesi. Nella battaglia di Barnet, il 14 aprile, uccise il traditore Warwick e prese di nuovo prigioniero Enrico VI. Tre settimane dopo, il 4 maggio a Tewkesbury, sconfisse definitivamente le forze di Margherita d'Angiò e uccise il figlio ed erede al trono. La vedova principessa del Galles fu presa prigioniera. Letteralmente, perché se ne impadronì il cognato George di Clarence, tornato in tempo dalla parte dei vincitori. La quindicenne Anne era per il duca voltagabbana la preda di guerra più preziosa e agognata. E la sua posizione spaventosa: padre e marito erano stati entrambi uccisi, e lei stessa rischiava di essere marchiata dall'accusa di tradimento, che comportava la pena di morte.

Era la stessa colossale eredità dei Neville a metterla in pericolo. Non si trattava solo dei feudi più estesi dell'isola ma anche di castelli tra i più prestigiosi e strategici. E le tecniche di guerra del tempo consentivano a una fortezza ben collocata di controllare ampi tratti di territorio. Gran parte di queste proprietà non appartenevano a Warwick ma erano arrivate in suo possesso grazie alla moglie Anne de Beauchamp, una delle grandi ereditiere dell'epoca. Morto il marito, sarebbero dovute tornare nelle sue mani, ma Edoardo IV le rifiutò il perdono dichiarandola legalmente morta. Le due figlie Isabel e Anne erano le sue eredi, e chiunque le avesse sposate avrebbe controllato la loro fetta di beni. Ed è a questo punto che comincia la zuffa tra il duca di Clarence e il fratello Gloucester per accaparrarsi la quota di Anne.

Clarence ha ovviamente il vantaggio di essere già sposato a una delle due sorelle, Isabel, e se anche Anne, che è sua prigioniera, rimanesse a vivere sotto il suo tetto, lui acquisterebbe tutta intera l'eredità dei Neville. Richard non si rassegna e comincia una battaglia legale che arriva fino al giudizio del re. Ma non si limita a carte e avvocati. Che sia una mossa tattica o invece un autentico moto del cuore, il duca di Gloucester comincia comunque a corteggiare l'infelice vedova adolescente. Che lei ricambiasse o meno, nessuno è in grado di dirlo. Ma sembra ragionevole pensare che pure lei dovesse trovare più conveniente sposare l'interessato corteggiatore e diventare duchessa di Gloucester, anziché condurre una vita da suora prigioniera di sorella e cognato. Che era notoriamente un tipaccio volubile e crudele. Leggenda vuole che per nascondere Anne al corteggiamento del fratello, l'avesse costretta a travestirsi da sguattera confinandola nelle cucine del castello. Dove Richard l'avrebbe comunque scovata portandola infine a salvezza nel santuario di St Martin's Le Grand.

La storia appare romanzata ma ha poca importanza, perché l'esito comunque è quello che rispecchia gli interessi reciproci dei due giovani. Alla fine George di Clarence è costretto a rilasciare la cognata prigioniera, anche perché per averla in moglie il fratello minore accetta di cedergli la fetta di gran lunga più consistente dell'eredità, nonché la titolarità delle contee di Warwick e Salisbury. La circostanza che Richard abbia lottato a lungo e rinunciato a gran parte del bottino pur di sposare Anne potrebbe suggerire un interesse autentico verso la giovane donna che era stata compagna di giochi infantili. Ma c'è un'altra lettura, meno sentimentale e più realistica: anche con una ricchezza ridotta, lei rappresentava per il marito un importante investimento politico, perché gli portava il sostegno del nord dell'Inghilterra, dove i Neville avevano esercitato a lungo il loro dominio. In cambio, otteneva una relativa libertà, sicurezza e il titolo di duchessa reale.

Il matrimonio fu celebrato nella cappella di Santo Stefano del palazzo di Westminster nella primavera 1472, dopo l'arrivo da Roma della dispensa papale dall'impedimento dell'affinità, creato dalla parentela tra Richard e il primo marito di Anne. Sedici anni lei, quasi venti lui, la coppia andò a vivere in quel castello di Middleham, nello Yorkshire, dove avevano passato gli anni spensierati tra infanzia e adolescenza. Probabilmente speravano di avere parecchi bambini, una provvista indispensabile per le ambizioni dinastiche di un tempo in cui il tasso di mortalità infantile era altissimo. Invece la duchessa soffrì parecchi aborti, e un solo figlio superò la soglia fatale dell'infanzia: Edward, nato nel castello di Middleham nel 1473.

Il decennio tranquillo terminò nel 1483 con la morte prematura di Edoardo IV e la trasformazione di Richard in Riccardo III, il deforme assassino ritratto da Shakespeare, che elimina perfino i nipoti bambini per usurpare il trono. Che cosa sapeva Anne di queste trame omicide? Fino a che punto è stata complice del marito? Fermo restando che il suo potere di contrastarle era nullo, ci ha mai veramente pensato? O l'irresistibile lusinga della corona ha avuto facile gioco di eventuali scrupoli? Tra le pochissime informazioni che ci sono arrivate su di lei, c'è la sua sincera pietà religiosa, testimoniata dalle conversazioni che aveva con la suocera Cecily di York sugli scritti di mistici del tempo. Ma nessuno ci ha trasmesso le sue reazioni mentre i figli bambini del re defunto sparivano per sempre nelle viscere della Torre di Londra e lei e il marito venivano invece incoronati nel massimo splendore, il 6 luglio 1483, dall'arcivescovo di Canterbury Thomas Bourchier.

Era la prima incoronazione congiunta di re e regina in centosettantacinque anni, e i cronisti ci hanno tramandato le immagini di uno spettacolo di rara magnificenza. L'intera aristocrazia dell'isola affollava l'abbazia di Westminster, e il settembre seguente nobili e popolo in tripudio acclamavano Edward, il bimbo decenne dei sovrani, che veniva creato nella cattedrale di York principe del Galles, erede della corona d'Inghilterra. Nemmeno otto mesi dopo, nell'aprile 1484, era morto. Un morbo misterioso lo uccise all'improvviso nello stesso castello di Middleham dov'era nato, e prima che i genitori in viaggio facessero in tempo a raggiungerlo per vederlo un'ultima volta.

La coppia reale fu sopraffatta dal dolore. Per Riccardo III non si trattava soltanto di piangere la perdita del figlio, ma pure delle speranze di avere discendenza e rendere saldo il proprio potere. Era ovvio che Anne non potesse più avere figli, e lei comunque aveva veramente il cuore spezzato. Solo pochi mesi dopo cadde gravemente ammalata e il 16 marzo 1485, a ventinove anni, morì nel palazzo di Westminster, forse di tubercolosi. Ma i tanti nemici del marito non persero l'occasione di diffamarlo. Presto sull'isola e in Europa si sparse la voce che Riccardo III avesse fatto avvelenare la moglie per sposare la nipote Elizabeth e avere un erede.

Le insinuazioni infamanti diventarono così minacciose che il vedovo fu costretto a difendersene in un'assemblea dei Lord il 30 marzo 1485. Gli atti della Gilda dei Merciai lo descrivono mentre «a voce alta e chiara mostrava tutto il suo dolore», negando «di aver mai voluto la morte della regina o di esserne felice, e di avere invece il cuore afflitto e pesante quanto nessun altro uomo». Almeno su questo, non c'è ragione per non credergli.

8
Nelle grinfie di Barbablù

CATERINA d'Aragona oggi combacerebbe perfettamente con il profilo delle cosiddette «mogli trofeo». La principessa arrivata dalla Spagna alla Corte dei Tudor poco più che bambina aveva il ruolo difficile e delicato di portare prestigio e rispettabilità a una dinastia nuova di zecca, e disprezzata dagli altri monarchi d'Europa come *parvenu* priva di legittimità. Il diritto al trono del fondatore Enrico VII era effettivamente assai tenue, se non fosse stato per la forza delle armi. Il suo esercito raccogliticcio di mercenari, contro ogni previsione, aveva sconfitto e ucciso nella battaglia di Bosworth Field, nell'agosto 1485, re Riccardo III, ultimo discendente dei Plantageneti. Enrico Tudor aveva raccolto la corona dal cadavere del nemico e se l'era calcata in testa, cercando di ricucire – lui che aveva per madre l'erede dei Lancaster e per moglie la figlia di Edoardo IV di York – un regno profondamente diviso tra le due fazioni.

Anche lui, puntualmente, aveva fatto ricorso al mito arturiano, al punto da rivendicare grazie ai genealogisti di Corte una discendenza diretta dal leggendario sovrano di Camelot, e soprattutto di chiamare Arthur il figlio primogenito ed erede. Nato tredici mesi dopo il trionfo di Bosworth, nel settembre 1486, a soli tre anni venne creato principe del Galles, ma intanto a sua insaputa era stato già fidanzato. Enrico VII aveva un disperato bisogno di rafforzare la propria posizione contro la Francia e contro tutti i pretendenti che continuavano a reclamare maggiori diritti al trono. La scelta ovvia era cercare un'alleanza con la nuova grande potenza che si affacciava sul palcoscenico europeo, la Spagna infine riunita dal matrimonio di Isabella di Castiglia con Ferdinando II d'Aragona. Un accordo matrimoniale tra il suo erede e una figlia della coppia reale più prestigiosa d'Europa era più di quanto il sovrano inglese potesse sognare. Il 27 marzo 1489, il trattato di Medina del Campo prometteva la mano di Caterina d'Aragona al coetaneo Arthur d'Inghilterra.

Vista l'età dei promessi, il matrimonio avrebbe atteso a lungo. E questo d'altronde coincideva con i calcoli politici degli spagnoli. Il trono di Enrico VII pareva così poco sicuro ai sovrani iberici che non avevano alcuna fretta di legarsi alla nuova casata Tudor. Così fecero quell'operazione che i moderni capitani d'industria mettono in atto prima di acquistare un'altra azienda, che chiamano *due diligence*. Cercarono di capire esattamente la portata delle minacce che pendevano sul capo del potenziale consuocero. E solo quando i più pericolosi pretendenti, come il millantatore Perkin Warbeck e Edoardo di York, figlio del duca di Clarence e diretto discendente dei Plantageneti, furono giustiziati nel 1499, le nozze inglesi tornarono a essere considerate utili dagli spagnoli. Nel caso di Edoardo di York si trattò né più né meno di un omicidio di Stato, di cui Caterina d'Aragona si sentì in colpa. E superstiziosa com'era, in futuro avrebbe sempre attribuito le proprie disgrazie al sangue innocente versato dal suocero.

Al contrario, i metodi spietati di Enrico contro i nemici convinsero Ferdinando e Isabella a mantenere fede all'impegno sottoscritto nel 1489. Nel 1500 acconsentirono a spedire in Inghilterra la figlia quindicenne, che effettivamente però sbarcò sull'isola, a Plymouth, solo un anno dopo, il 4 novembre 1501. Viste con il senno di poi, perfino le condizioni metereologiche che ritardavano continuamente l'arrivo sembrano contenere presagi minacciosi quanto le burrasche di quei mesi. Il primo tentativo di Caterina di intraprendere la traversata, a metà ottobre, si era scontrato con una tempesta di tale forza da strappare gli alberi maestri della nave dal loro alloggiamento, costringendo l'Infanta di Spagna a tornare indietro. Una volta ripreso il mare, la lenta e lunga navigazione attraverso il burrascoso Golfo di Biscaglia e poi su, lungo la costa atlantica, era stata estenuante. In compenso, l'accoglienza che trovò ad attenderla deve averle riempito il cuore di orgoglio e di gioia.

A ogni tappa del suo viaggio cerimoniale dall'estremità sud dell'isola, dov'era sbarcata, attraverso l'Inghilterra meridionale trovava a omaggiarla notabili e popolo. Enrico VII, che aveva aspettato a lungo questo momento trionfale per la sua fresca dinastia, non riusciva più a tenersi, e anziché attendere la futura nuora a Londra lo stesso 4 novembre saltò a cavallo assieme al figlio Arthur per andarle incontro sulla strada. Due giorni dopo erano a Dogmersfield, un villaggio dell'Hampshire dove Caterina e il suo seguito erano alloggiati nel palazzo di proprietà del vescovo di Bath. Il re si lasciò dietro l'erede e a metà pomeriggio si presentò senza nessuna formalità all'ingresso di casa per vedere la principessa. Inutilmente i servitori spagnoli cercarono di convincerlo che era l'ora della siesta e Sua Altezza riposava. Enrico li spinse da parte: era venuto per incontrare sua nuora e non gliel'avrebbero impedito, nemmeno se lei era a letto.

In mezzo al fracasso Caterina fece la sua apparizione, calma, corretta e regale com'era stata educata a essere. I cronisti riportano che l'incontro con il sovrano fu segnato da entrambe le parti «da grande gioia e felicità». Nemmeno un'ora dopo, arrivò anche Arthur, che fu finalmente presentato alla promessa sposa. Per la prima volta i due adolescenti – sedici anni lei, quindici lui – potevano posare gli occhi l'una sull'altro. Arthur appariva elegante e formale. Caterina, minuta, aveva i capelli castani tirati indietro a incorniciarle strettamente il faccino dal naso all'insù come quello di una bambola. Non è dato sapere se si siano piaciuti o meno, circostanza mai rilevante nelle nozze dinastiche. Di certo si conoscevano poco o niente. Nei lunghi anni di fidanzamento si erano scambiati delle lettere nel latino curato dai rispettivi precettori. Nella stessa lingua, l'unica che avevano in comune avendola entrambi studiata sin dall'infanzia, cercarono ora di scambiarsi delle cortesie. Il guaio era che le loro pronunce erano talmente differenti che di fatto non riuscirono a intendersi.

Il 12 novembre la compagnia reale raggiunse finalmente Londra. Ad attenderla Caterina trovò schierati i grandi nobili dell'isola capeggiati dal più ricco e potente, il duca di Buckingham, tutti in sella a destrieri riccamente addobbati. In testa al corteo che l'avrebbe scortata per le strade della capitale, la sposa spagnola incontrò per la prima volta il futuro cognato, allora un bambino di appena dieci anni, Enrico duca di York. Nessuno dei due poteva immaginare come la loro vita si sarebbe tragicamente intrecciata. Il figlio cadetto del sovrano, elegantissimo in un mantello cremisi di tessuto d'oro, non può non aver colpito Caterina per la marcata differenza, sia fisica sia di temperamento, con il fratello maggiore. In contrasto con le rigide buone maniere dell'erede, il duca adolescente con le sue gote rosse e gli occhi blu appariva una matassa di energia a stento controllata. E per disposizione del padre monarca, due giorni dopo fu ancora Enrico a camminare accanto a Caterina lungo la navata della cattedrale di St Paul, per consegnare la sposa al fratello maggiore in attesa accanto all'altare.

Le nozze furono organizzate con sontuosità mai vista. Si fossero celebrate quattro secoli dopo, a televisione inventata, avrebbero forse oscurato il successo di audience dei matrimoni reali dei giorni nostri. La nuova principessa del Galles appariva una visione, nel suo abito di satin bianco di moda spagnola, i capelli raccolti in uno chignon, un copricapo di seta bianca orlato d'oro e pietre preziose a sormontare il viso velato. Non meno di lei, i cortigiani di Enrico VII erano vestiti per impressionare. La folla di Londra non vedeva da tempo una simile esibizione di tessuti pregiati e gioielli da capogiro. Com'era prevedibile, il duca di Buckingham, dotato di forzieri senza fondo, eclissò tutti gli altri. La sua gonna cerimoniale di tessuto d'oro strappò grida di ammirazione ai *commoners* londinesi. I mercanti della City stimarono che valesse l'astronomica cifra di 1.500 sterline, ovvero quanto il costo dell'intero festeggiamento nuziale con le sue sfilate allegoriche e i tornei cavallereschi.

Il colpo di teatro più straordinario attendeva Caterina all'uscita dalla cattedrale. Il marito l'aveva di nuovo affidata alle cure del fratellino Enrico mentre lui si recava ad aspettarla al palazzo del vescovo di Londra, a Lambeth, dove si sarebbe tenuto il ricevimento. Lasciando la chiesa dalla porta occidentale, la principessa e il cognato si trovarono di fronte una montagnola verde coperta di metalli preziosi. Era l'omaggio concepito da re Enrico alla sua dinastia Tudor: il Rich Mount, Monte Ricco, rappresentava una diretta allusione alla contea di Richmond, culla della casata. In cima alla collinetta artificiale, collocate contro tre alberi, si ergevano le figure di tre monarchi in piena armatura. Ai lati quelli di Spagna e di Francia, la cui corona i sovrani inglesi ancora reclamavano, e al centro re Artù: dal suo albero, coperto di rose rosse (come quella dei Lancaster) si slanciava il dragone simbolo del Galles, dominio del fresco sposo.

Nell'epoca delle allegorie, questa non poteva essere più eloquente. I maestri della propaganda Tudor avevano sapientemente sfruttato l'occasione per illudere i sudditi dell'avvento incombente di una nuova Camelot, governata dalla saggezza di un novello Artù e dalla giustizia di redivivi cavalieri della Tavola Rotonda. Non ci credeva nessuno, ma al popolino di Londra bastava riempirsi del vino gratis che sgorgava in continuazione, come per una magia di Merlino, da una fonte nascosta all'interno dalla montagnola.

La festa di nozze al palazzo vescovile di Lambeth fu ovviamente un affare all'altezza di tanta magnificenza. Il pranzo andò avanti fino alle cinque del pomeriggio, per essere poi seguito da brindisi e danze per tutta la sera. A quel punto la sposa si era già ritirata e verso le otto il conte di Oxford, sovrintendente degli interi sponsali, sottrasse il principe alla chiassosa e brilla comitiva degli amici per guidarlo, in mezzo a un gruppetto di prelati e cortigiani, verso la camera da letto. Lì Arthur trovò Caterina, circondata dalle sue dame, già stesa nel letto nuziale accuratamente preparato. Lo sposo si sdraiò accanto a lei, ma ancora non era finita. I prelati, accompagnati dalle preghiere degli astanti, benedissero la coppia e il giaciglio, li avvolsero in nuvole di incenso e li cosparsero d'acqua benedetta. Infine si ritirarono e i due adolescenti rimasero soli.

Quel che accadde, o non accadde, quella notte avrebbe segnato in modo drammatico il destino di Caterina. Il mattino dopo, lunedì 15 novembre, tutto era immobile e silenzioso nel palazzo. La principessa se ne restò chiusa nella sua camera per tutta la giornata con le dame di compagnia, e solo il conte di Oxford fu ammesso alla sua presenza per consegnarle una missiva affettuosa del suocero monarca. Il marito invece uscì presto al mattino dall'appartamento nuziale mostrando «un bel colorito rubizzo», stando ai testimoni, e con aria di imbarazzata spacconeria ordinò ad Anthony Willoughby, uno dei cavalieri al suo servizio, di portargli un boccale di *ale* (una birra particolarmente alcolica e corposa che all'epoca accompagnava spesso la prima colazione) «perché sono stato tutta notte nel mezzo della Spagna». Questa vanteria, sempre che il racconto sia credibile – e il testimone è sospetto –, tormenterà in seguito la vita di Caterina.

Quando vent'anni dopo vorrà disfarsi della moglie «colpevole» di non dargli un maschio, è a questa testimonianza che si aggrapperà Enrico VIII per dichiarare invalide le nozze. Poiché le Sacre Scritture condannano l'unione di una donna con il fratello del marito morto, l'assenza di eredi maschi era un chiaro segno del dispiacere divino a cui solo l'annullamento del matrimonio poteva porre riparo. Ma questo soltanto nel caso che il matrimonio tra Arthur e Caterina fosse stato consumato, e questo lei continuò a negarlo fino alla morte, a dispetto della spaventosa pressione esercitata su di lei dal più dispotico sovrano nella storia inglese.

Ma tutto questo era di là da venire. Al momento non c'era ombra di nuvole. I festeggiamenti per le nozze dei giovanissimi principi del Galles andarono avanti per altri dieci giorni, tra Westminster e la vicina Richmond, dove Enrico VII aveva fatto erigere una reggia descritta come paradisiaca. Tornei cavallereschi, spettacoli teatrali e danze scandivano le giornate. Per il cadetto Enrico, appena decenne ma già esuberante, era l'occasione giusta per sfogare il suo gusto per il protagonismo, senza curarsi di rubare lo show agli sposi. I cronisti riportano il ballo indemoniato in cui si scatenò con la sorella Margaret, poco più grande di lui. A un certo punto, infastidito dai pesanti abiti di cerimonia, il principe «improvvisamente si liberò della sontuosa cappa e continuò a ballare soltanto con il giustacuore». In un colpo solo aveva mandato in frantumi la solennità dell'evento, ma la spontaneità del gesto anziché procurargli il dispiacere del padre sovrano, fu invece grandemente apprezzata da tutti, in primo luogo proprio dal re e dalla regina.

Finalmente, il 29 novembre la festa si concluse. Il seguito spagnolo della principessa del Galles, salvo poche dame, si imbarcò per tornare a casa e la sua partenza fece sentire alla fresca sposa il peso della solitudine e della nostalgia della famiglia d'origine. La reazione di Enrico VII, generalmente considerato uomo arido e autocrate spietato, rivela invece un'inattesa e genuina sensibilità verso la nuora. Per alleviare la malinconia della ragazza offrì a lei e alle sue dame un tour nella meravigliosa libreria di Richmond, e alla fine estrasse dalla manica la carta vincente: presentò a Caterina una collezione di anelli fatti fare per l'occasione, le chiese di esaminarli e provarli, e infine di scegliere quello che le piaceva di più. La simpatia che il re le mostrava indica che i Tudor si erano affezionati alla quieta, cortese, obbediente principessa spagnola, che aveva scaldato – pare – anche il cuore del marito. In una lettera ai suoceri, Arthur scriveva di «non aver mai provato tanta gioia in vita mia come quando accarezzo il dolce viso della mia sposa». Anche la suocera Elizabeth la trattava come una figlia, decisa a prendere la giovane sotto le proprie ali e a guidarla pazientemente verso il suo destino di pietra angolare della nuova dinastia.

I piani iniziali del monarca, del resto, erano stati proprio di tenersi vicino a Corte la giovane coppia almeno nel primo anno della sua vita in comune. Ma per qualche ragione, e nonostante le proteste dei genitori di Caterina, il re cambiò idea e si convinse che i principi del

Galles dovessero da subito stabilire la residenza nel loro dominio. Qualche giorno dopo la fine dei festeggiamenti, la coppia partì per raggiungere il distante castello di Ludlow. Fu una decisione che avrebbe tormentato Enrico VII per il resto della vita.

A Ludlow, Arthur aveva passato buona parte della prima adolescenza. E il fatto di tornarci adulto e maritato ribadiva una scelta carica di significati simbolici. Ludlow era situato al confine con il Galles, e la presenza del principe che ne portava il titolo voleva essere a un tempo un segnale di forza e di conciliazione. Non erano forse i Tudor una stirpe di origine gallese? Lo erano certamente, però adesso erano i re d'Inghilterra, e dunque rappresentavano il volto odiato dei conquistatori. La dinastia era nuova ma nient'altro che l'incarnazione aggiornata di un'autorità rifiutata dagli abitanti della regione, rimasta chiusa e ostile. Non erano tuttavia i ribelli gallesi la minaccia che incombeva sui giovanissimi sposi.

Ludlow era un maniero vecchio di oltre quattro secoli, che risaliva al tempo della conquista normanna del Galles. Enrico lo aveva fatto ammodernare per farlo diventare più confortevole, ma freddo e umidità lo rendevano un posto decisamente poco salubre. Non si sa quanto questo abbia influito sulla salute del principe. Quel che è certo è che nella primavera 1502 Arthur si ammalò. Non è mai stata accertata la natura del morbo che lo portò nella tomba. Alcuni studiosi hanno ipotizzato la tubercolosi, e certo l'aria di Ludlow non gli avrebbe giovato. Ma sembra più probabile il contagio della *sweating sickness*, un virus letale tipo influenza che suscitava ripetute ondate epidemiche in Inghilterra. I sintomi includevano febbre altissima, forti dolori intestinali, asfissia e insufficienza renale acuta. Quale che sia stata la causa, l'erede al trono inglese il 2 aprile lasciò questo mondo e una vedova non ancora diciassettenne.

Arthur fu seppellito nella cattedrale di Worcester, però al suo funerale Caterina era assente. Non solo perché l'etichetta reale ne vietava la presenza, ma perché era lei stessa gravemente malata. Solo quando cominciò a migliorare, fu lentamente riportata a Londra, su una lettiga di velluto nero mandata a prenderla dalla sollecita regina Elizabeth. Fu trasportata a Croydon, nel palazzo della madre del re, la formidabile Margaret Beaufort, e lì agli inizi di maggio cominciò a sentirsi abbastanza bene da scrivere ai genitori per rassicurarli che era fuori pericolo e aveva lasciato «l'insalubre situazione» di Ludlow.

Tutti i Tudor mostravano per lei grande attenzione, che non derivava solo da una naturale preoccupazione per la sua salute. C'era anche un'altra ragione: la possibilità che Caterina portasse in grembo un figlio del marito defunto. Se era incinta, e fosse stato un maschio, il bambino sarebbe stato l'erede al trono d'Inghilterra. E lei, in qualità di madre del futuro monarca, avrebbe continuato a occupare nel regno e nella dinastia il posto d'onore che le celebrazioni nuziali le avevano conferito. Ma la giovane vedova non era incinta, di conseguenza non era più parte della famiglia del marito. L'adolescente Enrico diventava il nuovo erede al trono.

Privata di un seguito, con scarsi mezzi e poca conoscenza della lingua, Caterina era rapidamente precipitata dalla condizione di luminoso diamante della Corona a quella di ostaggio. Aggravata dalla circostanza che sia Ferdinando II sia Enrico VII confermavano pienamente nei fatti la loro fama di meschina avarizia. La prima richiesta del sovrano spagnolo era che Enrico VII tenesse fede agli obblighi del trattato matrimoniale, consegnando a Caterina i possedimenti terrieri previsti in caso di vedovanza. Il re inglese faceva orecchio da mercante e le ristrettezze dell'ex nuora arrivarono al punto che qualche cortigiano le suggerì di procurarsi il denaro impegnando i gioielli della dote, giacché difficilmente Enrico avrebbe provveduto a mantenerla. Informato della cosa, Ferdinando ordinò al suo ambasciatore a Londra di mettere al sicuro il tesoro, e gli ingiunse anche di imbarcare Caterina sulla prima nave per la Spagna «giacché non possiamo tollerare che una figlia che amiamo tanto resti lontana da noi nel momento del dolore».

Peccato che fosse solamente un bluff. Perché adesso, davanti alle prime prove di un nuovo espansionismo francese, erano i reali spagnoli ad avere bisogno dell'alleanza inglese, e Caterina rimaneva una merce di altissimo valore nel gioco dei matrimoni dinastici. Così, mentre fingeva di rivolerla a casa, Ferdinando era al contrario più che ansioso che la figlia sposasse «il principe del Galles che c'è adesso, senza ritardo». Enrico VII continuava a temporeggiare. Finché una nuova tragedia non lo costrinse alla decisione.

Nel febbraio 1503 la trentasettenne regina Elizabeth morì di parto, seguita presto dalla neonata che aveva messo al mondo. Per il sovrano era una tragedia personale e una catastrofe politica. Elizabeth, figlia dell'amato re Edoardo IV, rappresentava per il marito un'insostituibile vernice di legittimità dinastica e per il regno la promessa della riconciliazione. Con lei morta, c'era solo la vita del dodicenne figlio Enrico tra la continuazione della dinastia e la sua fine. Ancora distrutto dal dolore, e incapace di pensare lucidamente, per qualche settimana il monarca vagheggiò l'idea di risposarsi subito, e perché no, visto che era lì a portata di mano, con la vedova del primogenito? Quando le voci raggiunsero la Corte spagnola, furono accolte con manifesto orrore dai genitori di Caterina. Nel frattempo il re inglese era rinsavito. Ad aprile di quell'anno convocò a quattr'occhi l'erede ragazzino e gli comunicò di aver concordato con Ferdinando d'Aragona le sue nozze con Caterina: «Lo volete anche voi?» gli chiese per pura formalità. Il principe, sottomesso, replicò che lasciava decidere al padre.

Qualsiasi cosa Caterina pensasse della proposta unione con il fratello del marito defunto – interdetta dalla Chiesa salvo espressa dispensa papale (ma quella si poteva sempre comprare) –, ogni dubbio fu messo a tacere dal desiderio di uscire dal limbo in cui la vedovanza l'aveva precipitata. Senza un soldo, e di nuovo sotto il controllo della sua vecchia governante, non vedeva l'ora di riprendere il ruolo, e le rendite, di principessa del Galles. Peccato che i suoi sogni dovessero fare i conti con la taccagneria del padre e del suocero, nonché con i giochi infernali di accordi e conflitti tra le grandi potenze europee a turno interessate all'alleanza con gli inglesi: Spagna, Francia, l'impero degli Asburgo. Un po' per spilorceria, un po' per calcoli politici, le

100.000 corone di dote che Ferdinando II doveva versare nei forzieri di quell'altro taccagno di Enrico VII non arrivavano mai.

Sei anni dopo, nel 1509, i soldi non si erano ancora visti e Caterina, sempre in attesa di un ormai improbabile matrimonio, era disperata. Da otto anni in Inghilterra, aveva superato i ventitré ed era ormai diventata parte del mobilio. Il padre non pagava e il suocero non la lasciava andare. E se un tempo le manifestava simpatia, ora rifiutava persino di riceverla: la prospettiva di un'alleanza con l'impero gli sembrava molto più conveniente del vecchio asse con la Spagna.

Ma nemmeno Enrico VII era eterno. Nella primavera 1509 il re, che aveva già avuto episodi di tubercolosi, si ammalò gravemente e la sera del 23 aprile, festa di san Giorgio e dell'Ordine della Giarrettiera, spirò nella sua reggia di Richmond. L'annuncio della sua fine, e della successione del diciassettenne Enrico VIII, fu dato solo il giorno dopo, quando i personaggi più corrotti e odiati del vecchio regime e i potenziali avversari del nuovo erano già stati ridotti all'impotenza. La rapidità delle mosse portava impresso il sigillo del carattere di Enrico VIII: audace, rapido, spietato.

Ma il più sorprendente e straordinario rovescio di fortuna arrivò per Caterina. Pochi giorni dopo la successione al trono, l'ambasciatore di Spagna fu convocato dal segretario del re, Thomas Ruthall, il quale gli disse che Sua Maestà era sicuro che la dote sarebbe stata pagata e voleva procedere al più presto con il matrimonio, giacché era tempo – aggiunse – che Inghilterra e Spagna unissero le forze contro la Francia: assieme, i due Paesi sarebbero stati il cuore di una coalizione paneuropea contro il comune nemico. Per evidenti che siano i calcoli politici di Enrico VIII, che a differenza del padre inseguiva sogni di grandezza mascherati da ideali cavallereschi di «virtù, gloria e immortalità», non c'è dubbio che gli piacesse l'idea di Caterina, e gli piacesse l'idea del matrimonio. Voleva una moglie, una dote e il sostegno del padre della sposa contro la Francia.

L'11 giugno, tagliando corto con tutte le formalità ecclesiastiche, l'arcivescovo di Canterbury William Warham celebrava privatamente nella reggia di Greenwich le nozze di Enrico VIII con Caterina d'Aragona, vedova del fratello. La gioia della sposa, dopo anni di solitudine e abbandono, traspariva a dispetto del suo abituale autocontrollo. E all'inizio sembrò davvero che la minuta e rigida principessa spagnola si fosse ricavata un posto nel cuore dell'Ercole narcisista che l'aveva voluta. L'illusione durò qualche anno, finché l'impossibilità di Caterina di produrre un erede maschio trasformò l'Ercole in un orco deciso a divorarla. Quando lei rifiutò di farsi da parte in silenzio, come in silenzio era stata tutta la vita, Enrico non si limitò a ripudiarla ma la tenne prigioniera fino alla morte.

Le vicende straordinarie di questo matrimonio, o piuttosto del suo fallimento, hanno contribuito a disegnare la storia dell'Europa moderna e non hanno bisogno di essere raccontate di nuovo. Sullo sfondo, come avvolta nel sudario della soggezione fino all'orgogliosa ribellione finale contro il marito tiranno, resta l'immagine di Caterina d'Aragona. Due volte fidanzata, due volte sposata, la principessa diventata a sorpresa regina e infine scartata, offre solo la storia di una donna rimasta una vita in ostaggio.

PARTE SECONDA

Il principe e la commoner

9
Benvenuti all'ateneo dell'amore

È MOLTO probabile che al suo arrivo nel settembre 2001 all'università di St Andrews, nella pittoresca regione scozzese del Fife, la studentessa Kate Middleton, figlia di benestanti imprenditori *self-made*, non avesse affatto in mente il decreto reale del 1917 con cui Giorgio V prendeva due decisioni cruciali per la sopravvivenza della monarchia. La prima riguardava il cambio del nome di famiglia in Windsor, visto che in tempo di guerra alla Germania il tedesco Sassonia-Coburgo-Gotha suonava fin troppo male ai sudditi inglesi. La seconda sarebbe risultata più rilevante per il futuro della ventenne Kate: stabiliva che da quel momento in poi i principi della Corona, compreso quello ereditario, non erano più obbligati a sposare principesse straniere protestanti (preferibilmente tedesche) ma erano liberi di scegliere anche suddite britanniche non di sangue reale. La prima a entrare in famiglia come moglie del duca di York sarebbe stata la contessina scozzese Elizabeth Bowes-Lyon, la futura venerata Queen Mum. Miss Middleton non immaginava che lei invece sarebbe stata la prima borghese a raggiungere i gradini del trono. O sì?

Nei fiumi d'inchiostro versati sull'incontro tra William d'Inghilterra e la sua futura moglie, una delle leggende più diffuse attribuisce un'astuta pianificazione dell'evento a mamma Carole Middleton, descritta per la gioia dei tabloid come una feroce arrampicatrice decisa a infilare la figlia nel letto del futuro re. È una ricostruzione che ripropone con una certa ingenuità la struttura delle favole, dove la trama ha sempre bisogno di streghe cattive o madri calcolatrici. La vita reale, com'è noto, è a un tempo più complicata – sul piano dei sentimenti – e più semplice, nell'incastro delle circostanze. La storia d'amore sbocciata tra il principe e la borghese conferma la verità di questo assunto su entrambi i terreni.

Che il giovane William scegliesse St Andrews come università era pressoché fatale. Per una famiglia come quella reale, dove tradizione e lignaggio sono tutto, era perfettamente naturale che l'erede al trono decidesse di completare gli studi nella terza più antica istituzione educativa dell'intero mondo anglosassone. Wills, come da diminutivo domestico, a differenza del padre non aveva notoriamente una forte inclinazione per i libri, perciò voleva evitare paragoni poco lusinghieri iscrivendosi alla stessa università di Carlo, Cambridge. E in ogni caso sia Cambridge sia la rivale Oxford, per quanto in cima al *ranking* universitario, presentavano l'ovvio svantaggio di essere troppo vicine a Londra, dunque costantemente esposte all'invadenza degli odiati paparazzi. Al contrario, la quieta St Andrews, lontana e isolata in un angolo remoto della costa scozzese, si presentava come la scelta naturale per garantire al principe un'esistenza al riparo dalla stampa. E aveva anche un altro vantaggio. Ad appena due ore di macchina dalla tenuta reale di Balmoral, offriva a William, ogni volta che ne avesse avuto voglia, la possibilità di rifugiarsi nell'intatta, amata *wilderness* delle Highlands scozzesi.

Ma Kate? Fu davvero un caso il suo arrivo a St Andrews o il risultato di un piano accuratamente studiato? Per il momento lasciamo l'interrogativo in sospeso e torniamo sulla costa orientale della Scozia, tra gli edifici medievali dell'università fondata nel 1410. Li abitano, e li animano, poco più di diecimila studenti, solo un terzo in meno dell'intera popolazione della cittadina. Oltre all'ateneo, al green del primo golf club al mondo con annesso albergo per innamorati discreti e ristorantini romantici, in questo centro un centinaio di chilometri a nord di Edimburgo non c'è molto altro da fare per i giovani che lo frequentano, a parte innamorarsi. Le statistiche dell'università corroborano questa conclusione, dal momento che uno studente su dieci trova proprio qui il partner della vita. Complotti materni a parte, diciamo che le circostanze aiutano.

Il principe diciannovenne che sbarcò a St Andrews il 24 settembre 2001, per seguire il corso di laurea in Storia dell'arte, aveva comunque la testa a tutt'altro che l'amore. Era molto nervoso, e non aveva torto. Ad attenderlo trovò uno schieramento di giornalisti e televisioni che per lui equivaleva a un plotone d'esecuzione. Se aveva scelto la piccola e lontana università nella speranza di evitare la caccia dei tabloid, ai quali addebitava la morte della madre, aveva di che rimanere deluso. C'erano troupe da ogni parte del mondo, e il clamore, gli strilli, i richiami dei reporter ebbero davvero l'effetto di stordirlo. Improvvisamente gli passò per la testa che forse aveva commesso un terribile errore. Aveva trascorso un anno magnifico in giro per il mondo senza che nessuno lo disturbasse, e adesso era qui, confinato in un angolo sperduto della Scozia, senza conoscere nessuno, e per di più selvaggina di caccia per una torma di fotografi e scatenati segugi dattilografi.

Dovette rassegnarsi. Era parte dell'accordo stabilito da Colleen Harris, addetta stampa del principe del Galles, con i direttori dei maggiori giornali: avrebbero avuto una *photo opportunity* all'arrivo, poi i media avrebbero rifatto le valigie e se ne sarebbero andati, lasciando in pace lo studente reale fino alla successiva occasione concordata. In caso contrario, furono le sue istruzioni a Niall Scott, addetto stampa dell'università, doveva semplicemente cacciare gli intrusi dalla città, ricorrendo se necessario all'intervento della polizia. L'ultima troupe aveva appena sgomberato che un incredulo Scott vide comparire sotto la sua finestra un intero plotone di cameramen, elettricisti, direttori delle luci e giornalisti, con ampio equipaggiamento, manco dovessero girare un kolossal.

Scott si affacciò al davanzale: «Ma che fate?»

Non gli lasciarono finire la frase: «Siamo della Ardent» disse uno brandendo una business card. «Stiamo girando un documentario sui reali dall'A alla Z, per un programma di intrattenimento negli States, e siamo qui per filmare William quando esce da lezione.» La Ardent Productions, si degnò di aggiungere uno dei producer, era la compagnia televisiva di proprietà del principe Edoardo e aveva ottenuto il permesso di fare quel che faceva. Quando ne fu doverosamente informata, Colleen Harris non credette alle sue orecchie: il primo a rompere l'embargo stampa così faticosamente negoziato era proprio lo zio di William! Chiamò subito la troupe ingiungendo di togliere immediatamente le tende, solo per sentirsi rispondere: «No, abbiamo il permesso del principe Edoardo. Non ce ne andiamo».

Quando Carlo venne a saperlo esplose in una delle sue leggendarie scenate. Sapeva che il fratello più piccolo e la cognata, divenuti conte e contessa di Wessex, cercavano di incrementare le loro entrate inventandosi una qualche forma di lavoro, ma che dovessero farlo a scapito della tanto sospirata privacy di suo figlio proprio non gli andava giù. La Ardent Productions fu costretta a rimpacchettare l'equipaggiamento e levare in tutta fretta le tende. Non bastava. Per placare la furia dell'erede al trono, i Wessex furono costretti a cospargersi il capo di cenere e ad andare a trovarlo a St James's Palace per porgergli formalmente le loro scuse.

L'incidente rese ancora più plumbeo l'avvio degli studi di William a St Andrews. Non solo l'invadenza dei media aveva vanificato la ragione principale per cui aveva scelto la gloriosa ma piccola università, ma per di più lui aveva sottovalutato quanto il posto potesse essere noioso, per usare lo stesso aggettivo con cui lo descrisse al padre. Gli eventi della settimana si riducevano allo shopping nella locale succursale dei supermercati Tesco e alle nuotate nella piscina dell'albergo del golf club, qualche volta in compagnia di una studentessa del suo stesso corso, Kate Middleton, che incontrava spesso nei corridoi della comune residenza universitaria.

Purtroppo, proprio la dimensione minima della cittadina sul mare finiva con l'aggravare il peso della notorietà sulla vita sociale del principe. Ovunque andasse, si sentiva addosso gli occhi di tutti. Per sottrarsi alla sgradevole sensazione di essere un uccello in fiera, aveva adottato il sistema di bere da solo nel pub locale nascosto dietro un pilastro, dando la schiena alla porta. Questo non impedì che una sera poco dopo il suo arrivo, in un bar frequentato dagli universitari, una ragazza gli passasse accanto regalandogli un bel pizzicotto sul sedere. In risposta, William le scoccò uno sguardo sprezzante.

Le relazioni sociali avevano lo stesso andamento poco entusiasmante. A St Andrews ritrovò solo un pugno dei suoi vecchi compagni di Eton, che presto si trasformarono in una specie di «vecchia guardia dei granatieri»: Oliver Baker, Fergus Boyd, Charlie Nelson, Ollie Chadwyck-Healey, che erano pure i suoi vicini di stanza nello studentato di St Salvator's (Sally's per i ragazzi) e perciò etichettati come i *Sallies boys*. In giro il principe aveva fatto sapere di voler essere chiamato semplicemente William Wales, ma l'adozione di questo approccio fuori dal protocollo di Corte non favorì comunque la nascita di nuove amicizie. Per quanto testardamente ci provasse, lui non poteva essere «uno studente qualunque». O era oggetto di una curiosità malsana e invadente, oppure veniva ignorato da chi temeva di essere accusato di adulazione o servilismo verso il futuro re. Sul campo di rugby, così come in piscina nelle partite di pallanuoto, gli avversari lo massacravano per punirlo della sua condizione di celebrità planetaria. E certo non lo rendevano felice neppure le attenzioni non desiderate di cui era fatto oggetto soprattutto da parte femminile. Sempre più deluso e depresso, dopo i *matches* di calcio o di pallanuoto del mercoledì pomeriggio, il rampollo reale se ne tornava mestamente nella sua stanzetta, che somigliava piuttosto a una cella monastica.

Anche con le ragazze non andava meglio. Non perché non gli piacessero o mancassero le occasioni, anzi. Il giovane principe aveva una solida fama di donnaiolo, e condivideva con gli amici la deprecabile abitudine goliardica di molti giovani maschi di assegnare voti, da uno a dieci, alle studentesse giudicate degne di nota. «*She's hot!*» quella è sexy, era il suo commento preferito all'apparizione di una bellezza femminile. Ma la costante presenza delle guardie del corpo, la necessità di sotterfugi per depistare la stampa o il timore al contrario di imbattersi in qualcuna pronta a «venderlo» ai tabloid gli rendeva complicato anche il semplice flirtare. Tra molte cautele, comunque, alla fine del primo trimestre William aveva avviato una relazione con Carly Massy-Birch, una splendida ragazza figlia di proprietari terrieri del Dorset.

Questo non vuol dire che all'ingresso in una sala piena di ragazze non continuasse a scrutarle, senza darlo a vedere, una per una. Dopotutto, chi conosceva le dinamiche di famiglia sapeva bene che il vero donnaiolo tra i due figli di Carlo non era il molto chiacchierato Harry ma proprio lui, il silenzioso e accorto erede al trono. E al suo sguardo attento non era di sicuro sfuggita una certa Kate Middleton, anche conosciuta come *Beatiful Kate*, uno dei soggetti preferiti nelle conversazioni a tavola dagli studenti maschi di Sally's.

Così un mattino, arrivato nella sala colazioni col gruppetto di fedelissimi che non lo lasciavano mai, e con Carly pure al suo fianco, William vide Kate da sola e cortesemente la invitò a unirsi a loro. Erano tutti e due piuttosto impacciati, come ricorderà molti anni dopo la stessa principessa del Galles: «Mi sentivo intimidita. Sono arrossita violentemente e sono quasi scappata via». A quanto pare, William non se la cavò meglio, se è vero che nella circostanza riuscì a rovesciarsi goffamente sul maglione il succo d'arancia. Non fu insomma un gran successo ma servì comunque a far entrare Kate nel gruppo, assieme a un'altra ex compagna di scuola, Olivia Bleasdale.

Alla fine del primo trimestre, comunque, il principe non ne poteva più di St Andrews. Non ne poteva più di sentirsi a un tempo escluso e però anche studiato, spiato, esaminato, disturbato da chiunque come l'esemplare di una rara specie animale. In più il posto gli appariva triste e freddo, le serate lugubri, gli mancava la sua vita, e soprattutto il fratello Harry. Tuttavia, come avrebbe confessato lui stesso più tardi: «Non penso che sentissi nostalgia di casa. Piuttosto ero scoraggiato». Quel Natale 2001, William tornò a Highgrove deciso a comunicare al padre l'intenzione di lasciare l'università. E trovò Carlo «molto comprensivo, perché capiva che avevo gli stessi problemi che aveva avuto lui a Cambridge».

Ora, questo sarebbe stato davvero un bel guaio per Kate. L'anno prima, nell'agosto 2000, aveva ricevuto per posta i risultati del suo esame di maturità, ed erano eccellenti: due «A» e una «B», precisamente quello di cui aveva bisogno per assicurarsi un posto nella sua università di prima scelta, Edimburgo, dove aveva pianificato di studiare Storia dell'arte assieme a due delle sue migliori amiche del Marlborough College, Emilia d'Erlanger e Alice St John Webster. Più o meno negli stessi giorni, mentre era lontano in Belize per esercitazioni militari con i reparti delle Welsh Guards, anche William aveva ricevuto simili buone notizie. I voti della maturità non erano granché ma sufficienti per consentirgli, come desiderava, di seguire i corsi di Storia dell'arte all'università. Per il momento, come la grande maggioranza degli studenti inglesi, il principe si sarebbe preso il classico *gap year* per conoscere un po' di mondo. E al ritorno si sarebbe iscritto alla prescelta università di St Andrews, considerata in materia allo stesso livello di Oxbridge (crasi gergale dei due più famosi atenei).

La notizia fece il giro del mondo, provocando all'istante un balzo del 44 per cento nelle domande d'iscrizione all'ateneo scozzese. Nella stragrande maggioranza, inutile dirlo, la richiesta veniva da ragazze e in larga misura dall'America. Ma l'annuncio produsse un durevole impatto anche molto più vicino, nella rurale Bucklebury, nel Berkshire, segnatamente nella bella magione acquistata qualche anno prima dai Middleton grazie agli affari che andavano a gonfie vele. È il momento di esaminare da vicino l'interrogativo lasciato in sospeso a inizio capitolo: c'è da credere alla maligna vulgata che addebita all'ambiziosa (per taluni, arrampicatrice) mamma Carole la pianificazione dell'incontro tra Kate e William? Se così fosse, questo mostrerebbe una fiducia sconfinata di Mrs Middleton nelle capacità seduttive della figlia, oltretutto da mettere alla prova in una competizione serrata con il nugolo di splendide e titolatissime fanciulle perennemente attorno al principe.

È evidente che nessuno ci dirà mai come sono andate veramente le cose. Per certo sappiamo solo che nel settembre 2000, Miss Middleton scrisse formalmente all'università di Edimburgo per rinunciare al suo ambitissimo posto nel corso che stava per cominciare, e presentò invece domanda a St Andrews per essere ammessa al corso di Storia dell'arte dell'anno seguente. Quando anche William sarebbe rientrato dal vagabondaggio del suo *gap year*. Chiunque l'abbia ispirato, e qualunque ne fosse la ragione, fu un bell'azzardo per Kate, visto che l'ammissione nel piccolo ateneo non era sicura. Ma fu premiato dalla buona sorte.

Qualche anno dopo, sul numero dello *Spectator* del 6 agosto 2005, un giornalista del bel mondo di nome Matthew Bell avallò la tesi dell'intervento risolutore di Carole, invocando l'autorità di «una credibile fonte interna». Altro che una coincidenza fortuita ad aver prodotto l'incontro di Kate e William a St Andrews: «Sebbene, al momento della richiesta d'iscrizione alle università, non fosse ancora noto dove il principe intendesse andare, è stato suggerito che sia stata la madre, una volta sentita la notizia, a persuadere Kate a cestinare la sua prima scelta».

Si può anche dare per assodato che i due giovani si conoscessero già, sia pure in modo superficiale. Lo sostiene con abbondanza di prove la biografa di lei, Katie Nicholl. Appare molto probabile che si siano visti quando erano ancora a scuola, lui a Eton e lei al Marlborough College: qui, un certo numero delle allieve più *posh*, molto amiche di Kate, erano anche compagne di divertimenti della Glosse Posse, la banda di gioventù dorata che animava le feste dei due principini Wills e Harry nel loro «covo» di Highgrove, il Club H. Del gruppo facevano sicuramente parte Emilia d'Erlanger e Alice St John Webster, le due aristocratiche compagne di scuola con cui

Kate aveva originariamente programmato di condividere gli studi universitari a Edimburgo.

Questo vuol dire che l'idea di passare a St Andrews si basava non su un'incerta speranza ma sulla concreta possibilità di far parte della cerchia di intimi che si sarebbe saldata attorno al principe. E che questa suggestione fosse ben presente in casa Middleton. Quando seppe che William avrebbe frequentato St Andrews e lei pure, il primo «fidanzatino» di Kate, Paul Horsford, le disse: «Ovviamente potresti incontrarlo». E stando al suo racconto, lei rispose: «L'ho già incontrato una o due volte». Ma forse prima che si trasformasse in quello schianto di ragazza che era diventata.

Una volta iscritti entrambi a St Andrews, e inizialmente allo stesso corso di Storia dell'arte, poco numeroso, è chiaro che cominciarono a frequentarsi con una certa regolarità. Risulta che quando il principe non poteva seguire le lezioni, era la giovane e studiosa Middleton a prendere appunti per suo conto. D'altro canto, risiedevano entrambi nello stesso studentato di Sally's, le camere erano vicine, i pasti consumati nella stessa sala. Per di più erano nel gruppo delle «allodole», gli studenti che facevano colazione di buonora la mattina tutti assieme, seguendo tutti e due un'alimentazione rigorosamente salutista, niente *full Montgomery* inglese con salsicce e bacon ma solo una scodella di muesli e molta frutta.

Quali che fossero le aspettative di Kate o della sua mamma (se c'erano...), rischiarono comunque di andare in fumo – forse alterando per sempre l'attuale corso della monarchia – quando William tornò a casa quel primo Natale. Era determinato a mollare l'università e soprattutto St Andrews, per andare ovunque – in Inghilterra, negli States, in Italia – pur di lasciare quel piccolo, orribile buco scozzese. Carlo, vedendo il figlio così disperato, era propenso ad accontentarlo. Se non accadde, il merito fu tutto di sir Stephen Lamport e del noto *spin doctor* reale Mark Bolland.

Fu a loro infatti che l'allora principe del Galles confidò il disagio dell'erede, assieme all'ordine di provvedere di conseguenza. Entrambi ne restarono orripilati. Lamport era il segretario privato di Carlo, Bolland il mago delle pubbliche relazioni: ambedue erano in grado di valutare freddamente, senza il velo dei sentimenti paterni, l'effetto che questo abbandono avrebbe avuto sull'immagine pubblica di William e sui sentimenti nazionalisti degli scozzesi. Non solo il rampollo reale avrebbe dato l'impressione di essere una «scamorza», imitando l'ingloriosa fuga dello zio Edoardo dal corpo dei Royal Marines, ma avrebbe anche mostrato di disprezzare un ateneo che era motivo di orgoglio per la Scozia. I due consiglieri riuscirono a persuadere Carlo a mostrare maggior nerbo paterno, anziché indulgere alle paturnie del figlio (in memoria anche delle sue personali a Gordonstoun), e Carlo a sua volta passò il Natale a convincere il giovane principe a ripensarci.

«Sarebbe stato un disastro personale per William. L'avrebbero visto come un codardo» disse in seguito Bolland. Perciò fu chiamato in soccorso anche il Lord Rector dell'università, il giornalista Andrew Neil. È stato lui a raccontare che le linee telefoniche con Londra diventarono bollenti in quelle ore. Ma anche quelle da Bucklebury non erano tanto più fredde.

Una delle poche persone alle quali William rivelò il suo scontento era quella bella ragazza bruna che nell'arco di poche settimane era già diventata per lui un'amica fidata e riservata. Probabilmente Kate intuì che il giovanotto s'annoiava nel paesone scozzese, tanto più che lo studio della storia dell'arte non gli risultava affatto coinvolgente. Lei ascoltava, consigliava, suggeriva senza aver l'aria di farlo: e se avesse cambiato indirizzo di studi da Storia dell'arte a Geografia? Dopotutto, proprio quella era la materia in cui aveva preso i voti migliori alla maturità.

Quando l'ipotesi del cambio di dipartimento fu ventilata al rettore, a Neil non sembrò vero. Sollevato, sottolineò soddisfatto la struttura flessibile dei corsi di studio a St Andrews. Se il principe voleva passare a Geografia, non ci sarebbero stati problemi. Oddio, non proprio tutti gli amministratori dell'ateneo erano d'accordo, in nome della serietà dell'istituzione. Ma Neil strapazzò i docenti riluttanti con le parole che lui stesso ha riferito alla collega Tina Brown: «Siete fuori di testa? Riuscite a immaginare il danno per la nostra reputazione se il principe lasciasse? Non m'importa un fico secco se vuole studiare geografia o tessitura gallese, può fare quello che vuole». Fu l'uovo di Colombo ma funzionò.

A gennaio il giovane tornò a St Andrews rinfrancato, deciso a tenere duro, e i risultati furono presto visibili. Il passaggio a Geografia gli rendeva più interessante lo studio, e dopo i primi duri mesi anche la sua vita sociale si fece più attraente grazie alla prospettiva di lasciare la celletta di Sally's per affittare, dal settembre seguente, un appartamento in città assieme a qualche amico. Evidentemente la conoscenza reciproca doveva essere già abbastanza salda, se William decise di invitare Kate nel quartetto di eventuali coinquilini. Gli altri due erano l'inseparabile Fergus Boyd, ex compagno dei tempi di Eton, e Olivia Bleasdale.

È fin troppo chiaro che se un'offerta del genere arriva dal futuro re d'Inghilterra, vuol dire che sente di potersi fidare completamente ed è sicuro di non essere «venduto» agli avvoltoi della stampa. Del resto, Miss Middleton aveva già ampiamente dimostrato di poter essere una perfetta compagna di alloggio. Seria, studiosa, affidabile, non era tipo da scambiare quattro chiacchiere con giornalisti in agguato e nemmeno da pagare in ritardo la sua quota d'affitto. Allegra ed estroversa, non era però una molto loquace. Col principe condivideva l'amore per lo sport, e andavano regolarmente a correre o a nuotare insieme.

Insomma, l'identikit di un'ideale compagna di appartamento senza che questo implicasse, come del resto è normale quest'oggi nelle relazioni tra i sessi, alcuna complicazione sentimentale o sessuale. Kate, del resto, a differenza di tutte le altre ragazze dell'ateneo, non aveva mai mostrato interesse per l'erede della Corona, e forse per renderlo più evidente aveva avviato un «filarino con un bel ragazzo riccioluto al quarto anno di legge», Rupert Finch, noto per i suoi rumorosi party a base di champagne nell'alloggio a St Andrews, nonché aitante capitano della squadra di cricket. Dopo le vacanze di Natale aveva però cominciato a frequentarlo meno, mentre l'amicizia con William si rafforzava anche in vista del trasloco in comune. Però non sembrava facile trovare un appartamento adatto per quattro, e soprattutto con i requisiti di sicurezza necessari per uno studente destinato al trono d'Inghilterra. Ma i ragazzi furono fortunati.

L'appartamento che avevano adocchiato apparteneva ai coniugi Whyte, James e Ishbel. Mrs Whyte lo affittava secondo una rigida politica di *girls only*, solo ragazze. Qualche anno prima, aveva avuto l'infelice idea di farci entrare un gruppo di studenti e glielo avevano lasciato in uno stato pietoso. A scovare la casa erano state Kate e Olivia, e furono loro ad avvicinare la proprietaria ventilando l'idea di condividere l'alloggio, in senso meramente contabile, con due colleghi maschi. La risposta fu subito un secco no. Le due amiche allora tirarono fuori l'asso dalla manica: uno dei due giovanotti era il principe William. La *landlady* vacillò ma non capitolò. Prima di decidere, disse, voleva discutere la questione con il marito. Ma la qualità reale dell'inquilino, se rassicurava sul regolare pagamento dell'affitto, sollevava un altro ordine di problemi. Che cosa si sarebbe tirato dietro – in termini di protezione, sicurezza, notorietà – il trasloco in casa di un membro della famiglia reale? I vicini avrebbero accettato o protestato?

Interpellato, il vicinato si dichiarò unanimemente felice di accogliere il figlio della compianta Diana e il contratto di locazione fu firmato, a decorrere da settembre. I proprietari non potevano che rallegrarsi. I quattro ragazzi apparivano inquilini ideali e non avevano nemmeno discusso l'importo dell'affitto. In particolare, Mrs Whyte ebbe modo di apprezzare Miss Middleton, che trovò una giovane donna attenta e premurosa. Ma di lì a breve *Beatiful Kate* avrebbe svelato anche altre doti capaci di far colpo sul mondo, e soprattutto sul suo coinquilino.

10
Il nido in via della Speranza

AGLI inizi della primavera 2002 gli studenti di St Andrews avvertirono il dovere morale di fare qualcosa in risposta all'orrore che pochi mesi prima aveva scosso il pianeta. L'11 settembre gli assassini di al-Qaida avevano abbattuto le Torri Gemelle a New York, seppellendo sotto le rovine oltre tremila sventurati. I ragazzi del piccolo ateneo scozzese decisero di lanciare una raccolta fondi per aiutare le famiglie delle vittime. Così, da una buona causa prese le mosse la sfilata di moda che è diventata probabilmente la più famosa della storia. E giustamente. Quale altra mai ha lanciato una fanciulla direttamente dalla passerella ai gradini del trono? Galeotta fu la sottoveste...

Le sfilate di moda non erano certo nel DNA dell'ateneo di St Andrews, ma se lo scopo era stimolare la generosità dei donatori, allora ci potevano stare. L'idea era abbastanza nuova e intrigante per attrarre pubblicità e finanziatori. Il gala di beneficenza si sarebbe intitolato Dont Walk, come la scritta sui semafori pedonali di New York (famosa per la mancanza dell'apostrofo in *don't*), e si sarebbe tenuto nel marzo 2002, precisamente il 26.

Quasi quattrocento ragazze si candidarono a sfilare come modelle in passerella, mentre gli studenti con importanti connessioni famigliari si davano da fare per ottenere sponsorizzazioni dalle grandi case di *haute couture*. All'adesione di maggior rilievo, la *maison* Saint

Laurent, seguì quella di firme più piccole e stilisti arrembanti come Charlotte Todd. Gli studenti maschi notoriamente più ricchi furono invece sollecitati a contribuire prenotando a caro prezzo i posti per la serata nella hall dell'ateneo. Un tavolo in prima fila, sotto la passerella, costava 200 sterline e oltre.

William fece il suo dovere acquistandone uno, ma non a suo nome. Il tavolo figurava prenotato da un amico. Nessuno sospettava che il principe sarebbe stato presente alla sfilata. Addirittura, la solita Colleen Harris, l'addetta stampa dei Galles, ne aveva formalmente escluso la presenza al collega dell'università, Niall Scott. Il quale, di conseguenza, si sentì libero di aprire l'evento alla stampa e anzi di sollecitare la presenza di paparazzi e giornalisti per far lievitare sia l'interesse del pubblico sia la raccolta di fondi.

Fu nell'evidente sbalordimento generale che cinque minuti dopo l'inizio dello show il principe fece il suo ingresso in sala accompagnato dal solito clan di amici, e assieme presero posto al tavolo che aveva prenotato giusto alla fine della passerella. Fotografi e reporter presenti non credevano ai loro occhi. Come disse in seguito Niall Scott «pensarono di essere morti e arrivati in cielo». Dove probabilmente già si trovava, per fortuna viva, vegeta ed esultante, Miss Catherine Middleton. La competizione per far parte del plotone di modelle in passerella era stata dura, e solo le ragazze giudicate più sexy erano state scelte per la sfilata. Kate aveva superato la selezione a vele spiegate. E quella sera era fermamente intenzionata a essere la stella più brillante. Per la buona causa, si capisce. O anche per un certo futuro coinquilino la cui presenza per lei non era forse un segreto?

Il resto è storia. La foto di Kate, nota in tutto il mondo, è così – diciamo – intrigante che i reporter inizialmente la attribuirono a una sfilata di biancheria intima. Nient'affatto. Quella che lei indossa come una sottoveste trasparente è in realtà una gonna, disegnata da Charlotte Todd, che avrebbe dovuto portare dalla vita in giù, con un pullover a coprirle il busto. All'ultimo minuto Kate decise di lasciare il maglione nel cassetto, di tirar su la gonna trasparente sopra il seno, fermandola con una fusciacca di seta blu e trasformandola in un miniabito che rivelava reggiseno e mutandine neri. La sua apparizione in passerella fu comprensibilmente accolta da entusiastiche acclamazioni dei giovani maschi presenti.

William mantenne il contegno ma si chinò verso Fergus Boyd. «Wow» gli sussurrò. «*Kate's hot!*» il suo apprezzamento preferito. «*Hot*» ovvero bollente, sexy, piccante. Tutti e tre gli aggettivi si adattano bene. Diciamo che al défilé il principe aveva scoperto una dimensione inattesa della sua posata, studiosa, futura compagna d'appartamento. Il resto della serata fu reso anche più caldo dall'eccitazione dell'evento e dall'abbondanza delle libagioni. Alla fine gli usuali confini di riservatezza e le distanze sociali finirono travolti, nel generale effetto inebriante prodotto dal successo dell'iniziativa. Dont Walk, premiata come la sfilata studentesca di beneficenza col maggior impatto nel Regno Unito, diventò un appuntamento annuale, che nel corso del tempo avrebbe raccolto più di 300.000 sterline per diverse buone cause, dall'ecologia all'assistenza ai senzatetto. Il principale effetto collaterale fu la nascita della storia d'amore tra un futuro re e una bella borghese che, a differenza delle principesse di nascita, non trovava affatto ripugnante l'idea di entrare nella «gabbia dorata».

Quel 26 marzo, per quanto elettrizzante, non fu tuttavia l'inizio della storia d'amore, come sostiene la vulgata prevalente. Che l'esibizione decisamente spregiudicata di Kate avesse acceso i sensi del focoso principe appare più che sicuro. Tra i testimoni c'è chi sostiene che alla fine del party seguito al défilé William e Kate furono visti baciarsi, senza nemmeno curarsi di nasconderlo. In realtà, una versione che sembra più aderente ai fatti, pure alla luce degli sviluppi immediati, racconta di un William che tenta di baciare l'amica mentre lei lo respinge cortesemente prima di allontanarsi.

Gli amici in effetti li avevano già sorpresi qualche volta abbracciati, nei mesi precedenti, ma era parso a tutti un gesto puramente amichevole. All'origine c'era una serata tra studenti in cui il principe, costantemente tampinato da una ragazza molto intraprendente, anche troppo per lui, cercava di essere educato ma non sapeva come scrollarsela di dosso. Finché era comparsa Kate, che con la massima naturalezza gli aveva gettato le braccia al collo. «Oh, scusami ma ho una fidanzata» si era affrettato a dire lui alla scocciatrice, per poi bisbigliare complice alla salvatrice: «Grazie infinite». Questa intimità amichevole tra i due non si era però mai trasformata in quei primi mesi in un coinvolgimento emotivo.

La sera del 26 marzo fu probabilmente il punto di svolta ma senza conseguenze immediate. Di sicuro William fu colpito più di chiunque altro in sala dall'eccitante vista di una Miss Middleton abitualmente schiva e pudica. È vero, l'aveva già giudicata «*hot*» quando era in jeans e maglione, ma all'epoca la considerava solo un'amica. Adesso, la vista spettacolare di lei semisvestita accendeva altre fantasie. A essere onesti, il principe non era il solo a essere stato preso alla sprovvista dall'apparizione di Kate. Chiunque altro nel giro dei suoi amici era sbalordito che una ragazza solitamente molto controllata, per niente esibizionista, avesse avuto il coraggio di rivelarsi in pubblico così sfrontatamente. Ma stando alle testimonianze di colleghi studenti, per William fu una vera e propria epifania: «Lui l'aveva già notata nella sala da pranzo di Sally's, ma quando la vide nell'abitino sexy non le tolse più gli occhi di dosso».

Nulla comunque cambiò al momento. La relazione dell'erede al trono con la collega Carly Massy-Birch, una bruna che faceva sensazione, era cominciata qualche tempo prima, con tutte le cautele che lui era costretto a adottare in questi casi. Per esempio, la sera del défilé Carly era stata sistemata a un tavolo vicino a quello occupato da William e la sua *clique*, in modo che i paparazzi non potessero riprenderli insieme e precipitarsi a vendere ai tabloid la foto della «nuova ragazza del principe». Allo stesso modo, quando aveva cominciato a corteggiarla, aveva dovuto fingere un incontro casuale e invitarla al pub con altri amici, per schermare il fatto che lei era in sua compagnia.

Tutti questi accorgimenti erano solo la costante conferma che per

William passare da una semplice fantasia all'autentico corteggiamento di una ragazza era più complicato che per il resto della popolazione maschile del college. Non c'era solo il rischio che l'interessata vendesse la storia alla stampa ma pure che, all'opposto, la poverina una volta scoperta fosse sottoposta alla violenta intrusione dei media. Il figlio di Diana non dimenticava mai che cosa questo avesse comportato per la madre. «Queste povere ragazze» commentò una volta. «Improvvisamente finiscono gettate sotto i riflettori, sconosciuti si presentano alla porta di casa dei genitori e così via. Penso che sia profondamente ingiusto nei loro confronti, sul serio. Io ci sono abituato ma per loro è molto difficile e non mi piace affatto.»

Presto avrebbe scoperto che non piaceva nemmeno a Carly. La relazione con lei era per William avventurarsi su terreni sconosciuti. Non perché gli mancasse esperienza con le donne, tutt'altro. Prima di arrivare a St Andrews aveva goduto in abbondanza della loro compagnia, fossero semplici flirt o rapporti più sostanziosi. Nell'estate prima dell'università aveva fatto coppia fissa con Arabella, statuaria figlia diciottenne del maggiore Nicholas Musgrave, manager dell'esclusivo Cirencester Park Polo Club. La relazione era apparsa troppo focosa anche in pubblico, al punto che il maggiore aveva dovuto dire due parole a tu per tu all'ardente corteggiatore. Nel mondo dorato del polo William aveva «pescato» pure Natalie Hicks-Löbbecke, mentre un'altra conquista veniva direttamente dai castelli ancora adepti della caccia alla volpe (benché ufficialmente proibita): Rose era la figlia del capitano Ian Farquhar, Maestro della Beaufort Hunt, la compagnia di cavallerizzi cacciatori più famosa del circuito.

L'elenco delle bellezze amiche, in un modo o nell'altro, del futuro re era peraltro ben lungi dal fermarsi qui. In un'ipotetica agendina telefonica, oggi sostituita dall'app Contatti sul cellulare, figurerebbero l'ex compagna di Kate alla Marlborough School Emilia d'Erlanger, invitata dal principe a una crociera estiva sul suo yacht; la diciannovenne Emma Lippiatt; Davina Duckworth-Chad, sorella di uno scudiero della regina Elisabetta; lady Katharine Howard, figlia del conte di Suffolk; la trisnipote di lord Mountbatten Alexandra Knatchbull; la nipote di Camilla Emma Parker Bowles... Sono nomi che compongono un «Who's Who» dell'aristocrazia e delle antiche famiglie d'Inghilterra. In loro compagnia William poteva sentirsi al sicuro. Discrete, di alto lignaggio, educate alle maniere di Corte: da loro non c'era da temere che corteggiassero la notorietà plebea dei tabloid.

Rispetto all'ambiente esclusivo e protetto in cui era vissuto fino ad allora, St Andrews presentava all'erede la sfida di confrontarsi con un mix sociale ed etnico decisamente più largo. Per esempio, nonostante fosse *double-barrelled*, ovvero avesse il doppio cognome tipico dell'*upper class*, la *girlfriend* Carly non apparteneva al bel mondo del principe. E se lui non si fosse iscritto all'ateneo scozzese, probabilmente non si sarebbero mai incontrati. Lei era figlia di proprietari terrieri del Devon, e benché le piacesse descriversi come «una sempliciotta di campagna», era comunemente giudicata non solo una splendida ragazza ma anche intelligente. I suoi molti ammiratori non finivano di esaltarne le forme divinamente scolpite, ma pure la compagnia divertente e piacevole. Con William la relazione diventò anche intima, come lascia intendere la sua assidua frequentazione dell'appartamento della giovane donna in centro città. Nel giro di poche settimane, però, Miss Massy-Birch si sarebbe ampiamente stufata di tutte le manovre necessarie a nascondere una semplice cotta universitaria.

Per il momento però era ancora lei la spalla su cui il principesco innamorato riversava le sue emozioni, come accadde pochi giorni dopo l'ormai storica passerella del 26 marzo. Il 30 marzo 2002 l'Inghilterra intera piangeva la scomparsa della popolarissima Queen Mum. Nel giro di poche ore lo spensierato studente di St Andrews aveva dovuto correre a Londra e ridiventare una figura pubblica in uno dei più solenni eventi cerimoniali d'inizio secolo: dietro la bara della bisnonna, nell'imponente funerale di Stato trasmesso dalla televisione, William sfilava mesto assieme ai principali membri della famiglia reale, a cominciare da padre, fratello e zia Anna, la principessa reale. Bastava questo a ricordare a tutti i «normali» studenti di St Andrews l'abisso che li divideva dal collega più famoso. Che non era solo una celebrità ma il futuro capo dello Stato.

Naturalmente il principe era anche un ragazzo di vent'anni sinceramente affezionato alla centenaria sovrana che sin dall'infanzia lui e Harry chiamavano *Gran-Gran*, due volte *Granny* (nonna). La regina vedova era stato un pilastro affettivo per il nipote Carlo, e lo stesso calore aveva riversato sui suoi due figli, specialmente dopo che erano rimasti orfani di Diana. William avvertiva forte il senso della perdita e questo si rifletteva nella valanga di messaggini e telefonate di quei giorni agli amici, in cerca di consolazione. Il numero più chiamato era quello della *girlfriend* Carly, che intanto era tornata nella fattoria di famiglia nel Devon per le vacanze di Pasqua. La ragazza si mostrò disponibile e affettuosa, ma poco tempo dopo mise fine alla storia con il principe informandolo senza preamboli che vedeva qualcun altro.

In realtà, la vera ragione era probabilmente la stessa che aveva dissuaso una lunga teoria di fanciulle, prima con Carlo e poi con il figlio ed erede, dall'impegnarsi in una love story reale. Carly, come le altre, non sopportava la costante necessità di nascondersi, il ricorso a mille sotterfugi per poter godere del semplice piacere di stare insieme. Quando riuscivano a passare un po' di tempo da soli, lei trovava il giovane «dolce e affettuoso», ma gli sforzi per riuscire a procurarsi quei brevi momenti di gioia erano defatiganti. Miss Massy-Birch se ne andò per la sua strada, e il cuore di William fu brevemente occupato da un'amica della fuggitiva, alta e bella come Carly ma bionda. Di interessi sentimentali per la coinquilina sexy ancora non affiora traccia.

Dopo l'exploit in passerella Kate aveva ripreso la routine della sua vita studentesca ma con qualche disappunto. Il suo show era finito su uno dei giornali popolari della domenica, e sotto la sua foto «*hot*» l'articolo spiegava che «*Undie Kate*», ovvero Kate in mutande, avrebbe presto condiviso un appartamento con l'erede Windsor e altri studenti. William era furioso anche per conto dell'amica esposta in questo modo a una curiosità da guardoni, e al tempo stesso preoccupato. Chi aveva spifferato la notizia alla stampa? Qualcuno della sua stessa cerchia?

L'episodio fu comunque presto dimenticato tra lezioni, esami e una girandola di flirt universitari. Tra un party e l'altro Kate rimaneva attaccata al suo bel Rupert. In una delle tante feste in casa del giovanotto, a un certo punto la coppia fu vista filarsela nel buio della camera da letto del ragazzo. Ma il giaciglio era già occupato da un compagno di studi che russava sbronzo. I testimoni giurano che Kate fu lesta a tornare in salotto lasciando il suo *beau* sbraitare contro l'ubriaco che gli aveva rovinato la serata. Sul flirt calò la parola fine quando, poco dopo, Finch si laureò e lasciò l'università.

La vicenda sembra confermare che nei confronti dell'amore fisico Miss Middleton adottasse, certo inconsapevolmente, lo stesso atteggiamento della suocera che non avrebbe mai conosciuto. Diana, assai romantica nella sua gioventù, non era mai andata nei rapporti con i ragazzi oltre qualche imbarazzato bacetto. Come diceva lei, voleva mantenersi *tidy*, cioè linda, pulita ma anche onesta, in attesa di chi le riservava il destino. In un'epoca di liberazione sessuale (soprattutto femminile) un comportamento decisamente controcorrente, e com'è noto non estraneo alla sua «selezione» quale consorte di Carlo: era tra le poche candidate, se non l'unica, a rispondere a tutti e tre i requisiti allora necessari per una sposa reale, ovvero aristocratica, protestante e vergine.

A Catherine Middleton, a tempo debito, non sarebbe stato richiesto nessuno dei tre, ma si può dire con sufficiente certezza che anche negli anni del college si mostrava abbastanza immune al fascino virile dei compagni. Le compagne di quegli anni ricordano che quando si trovavano a spettegolare sui ragazzi oggetto di desiderio, lei tagliava corto: «Non me ne piace nessuno. Sono tutti piuttosto rozzi». E aggiungeva scherzando: «Non ce n'è quasi nessuno come il principe William». Nell'attesa, si era comunque trovata un *boyfriend* al Marlborough College, di nome Willem Marx.

Roba stravecchia, ora che la signorina Middleton stava per traslocare nello stesso appartamento dell'erede al trono d'Inghilterra. È impossibile che una ventenne di estrazione borghese, proveniente da una famiglia con solidi mezzi finanziari ma lontana anni luce dal rarefatto ambiente di Corte, non si sia chiesta come sarebbe stata la convivenza. Se sarebbe riuscita a evitare passi falsi, se gli amici snob del principe l'avrebbero accettata, se le esigenze della sicurezza non le avrebbero pesato. Il trimestre estivo, prima delle vacanze, servì proprio a un lento, graduale avvicinamento dei mondi lontani dei due coinquilini. All'inizio timidamente, poi Kate si inserì con crescente scioltezza nel circolo di William. Come lei stessa avrebbe ricordato anni dopo, «ci volle un po' di tempo per conoscerci reciprocamente, ma diventammo amici molto stretti quasi sin dall'inizio».

Le vacanze estive lui le passò nel gran mondo, lei invece in parte lavorando come camerierina nello scicchissimo Henley Royal Regatta, storico ed esclusivo club canottieri, dove la pagavano 5 sterline e 25 pence l'ora per servire i drink. L'esperienza di lavoro è parte essenziale della formazione per uno studente inglese, e l'ambiente di Henley offriva se non altro uno spaccato sociale all'altezza delle aspirazioni di una ragazza dell'*upper middle class*. A settembre 2002, al ritorno a St Andrews, l'aspettava il trasloco al 13 di Hope Street, via della Speranza, un indirizzo di buon auspicio per i suoi giovani residenti.

Prima che i quattro – William e Kate, Fergus Boyd e Olivia Bleasdale – ci entrassero, gli uomini dello Special Branch addetti alla sicurezza dei reali avevano fatto il loro lavoro. Controllato tutta la zona, i suoi residenti, i visitatori. Installati allarmi, telecamere e serrature di massima sicurezza. Le pattuglie di polizia nella zona si moltiplicarono, e per quanto questo potesse infastidire qualcuno del vicinato, in generale erano tutti contenti che Hope Street fosse diventato uno degli indirizzi più sicuri d'Inghilterra. Con i padroni di casa, che vivevano al piano seminterrato, affacciato sul retro su un bel patio, i rapporti furono subito cordiali, particolarmente tra William e il reverendo James Whyte, che aveva ricoperto in passato l'incarico di Moderatore dell'Assemblea Generale della Chiesa di Scozia, di cui un giorno il futuro re sarebbe stato garante e protettore. Con *largesse* tipicamente principesca fu lui a firmare e consegnare il primo assegno al proprietario, assumendosi in seguito il compito di riscuotere ogni settimana le 100 sterline che ognuno dei quattro coinquilini doveva versare.

Nell'organizzazione domestica gli toccava in verità anche un altro compito più gravoso. Quello di portare fuori i sacchi dei rifiuti per la raccolta settimanale. All'inizio non se ne mostrò all'altezza, ricordandosi dell'incombenza abitualmente troppo tardi. Finché la padrona di casa lo richiamò senza troppi complimenti ai suoi doveri. Ma era anche lui che faceva il viaggio al supermercato più vicino per riempire la credenza di casa, pagando di solito con la sua carta di credito. Kate nel frattempo si mostrò di gran lunga la più pratica e organizzata della compagnia, e anche sostanzialmente l'unica che, mettendo a frutto la lezione appresa da una mamma lavoratrice, era in grado di portare rapidamente a tavola qualcosa di commestibile. Di conseguenza, era pure quella che cucinava più spesso per tutti e quattro. Non furono tuttavia le sue doti culinarie a trasformare l'amicizia tra lei e William in qualcosa di molto diverso.

Nessuno dei due ha mai rivelato quando, con esattezza, si resero conto che erano diventati l'una per l'altro molto più che semplici coinquilini. La convivenza aveva offerto loro la possibilità di scoprire quante cose avessero in comune. Un condiviso *sense of humour*, la stessa passione per lo sport all'aria aperta, identica natura fortemente competitiva. Su questa base l'amicizia si tramutò rapidamente in una storia d'amore animata da una forte, reciproca attrazione fisica. In pubblico erano ben attenti a non tradire alcun segno di intimità. Ma quando erano con amici fidati, non riuscivano a staccarsi l'uno dall'altra.

I testimoni di questo albeggiare dell'amore raccontano anche di un evidente cambiamento nel comportamento di Kate. È vero, era sempre apparsa come una ragazza dolce e non presuntuosa, non esibizionista, ma adesso si era fatta anche più riservata. Se un'amica la invitava fuori per un drink a fine giornata, la sua risposta era invariabilmente: «No, grazie, devo incontrare Will». In casa, lo coccolava in tutti i modi. Al mattino era lei la prima a svegliarsi, e a preparare la colazione per il «suo» principe – tè, toast e uova – prima delle lezioni. A cena ogni tanto era lo studente reale a cimentarsi ai fornelli ma sempre sotto stretta sorveglianza dell'innamorata, preoccupata di possibili disastri.

Se non furono certo le virtù culinarie di Kate ad accendere l'amore, fu invece la scoperta che lei possedeva la chiave di un Eden a lui ignoto a renderla ancora più preziosa agli occhi del principe. La sera, finito di cenare e raggiunto un compromesso su chi dovesse lavare i piatti, si accomodavano sul divano con qualche bottiglia della birra australiana favorita da William e, come migliaia di altri studenti e milioni di altri inglesi, accendevano la tv per un match di pallone o un incontro di tennis o una trasmissione passatempo. Questa esperienza di vita domestica è alla portata di tutte le persone comuni d'Occidente. Ma per il futuro re era una sorta di Eldorado, sognato e irraggiungibile per un ragazzo che ignorava cosa fosse una famiglia. La sorte aveva fatto nascere William nel privilegio ma gli aveva negato il calore e la sicurezza che solo la famiglia, quando è costruita sull'amore, sa dare. Non esattamente il genere di ambiente favorito dalla ditta Windsor, per ricorrere all'*understatement*.

Quei mesi a Hope Street per il principe devono essere stati un tempo magico. Era libero di godersi pienamente la vita «normale» che reclamava inutilmente dall'adolescenza. Poteva correre in moto per le stradine della Scozia, o scolarsi una birra sprofondato nel divano mentre l'amata musica R&B andava a tutto volume e Kate gli si stringeva accanto. Che i due fossero ormai una coppia era ben chiaro ai colleghi di St Andrews, che li incontravano in giro mano nella mano, eppure nemmeno uno ebbe la tentazione di chiamare un tabloid e vendersi la storia. Lo stesso si può dire del party a Hope Street che fece scattare l'allarme antincendio ed ebbe come risultato l'intervento di un esercito di poliziotti incaricati della sicurezza del principe. Nemmeno un fiato raggiunse le redazioni dei giornali. Esempio davvero ragguardevole di *fairness* britannica.

Da parte loro, in questo stadio nascente della love story William e Kate continuavano a fare di tutto per mascherare i loro sentimenti. Al Ballo di maggio del 2003, organizzato dal club al quale lui era affiliato, i due si presentarono con un tale plotone di amici da rendere impossibile capire chi stava con chi. Ma poiché al cuor non si comanda, in certe occasioni la loro intesa, la loro intimità trapelava senza che riuscissero a evitarlo. Quando quello stesso mese, in un intervallo della partita di rugby in cui il principe era impegnato, la coppia si mise a sedere sul prato a chiacchierare rilassata e sorridente, qualcuno nei giornali mangiò la foglia. Un cronista si presentò subito sulla soglia di casa Middleton, ma papà Michael, probabilmente perché sinceramente sorpreso, fu lesto a liquidare il pettegolezzo: «Siamo molto divertiti al pensiero di diventare suoceri del principe. Però non penso che accadrà».

Mr Middleton fu presto costretto a ricredersi, quando a giugno sulla porta di casa vide comparire, stavolta, il principe in persona per i festeggiamenti, con qualche mese di ritardo, del ventunesimo compleanno di Kate. Che a sua volta fu invitata pochi giorni dopo al grande party offerto a Windsor dalla regina in persona e dal principe Carlo per salutare i ventun anni di William. Il tema della festa in maschera era «La mia Africa» – come il titolo del capolavoro di Karen Blixen –, e l'erede scelse di presentarsi nelle vesti di Tarzan, o piuttosto senza vesti, giacché oltre alla pelle di leopardo annodata attorno ai fianchi non indossava altro.

A settembre comunque, ripresi i panni dello studente, tornò a St Andrews con la sua Jane accanto ma anche con un preciso progetto di cambiamento. Addio Hope Street e semplice vita da studentello. Diventato maggiorenne, il principe era consapevole che residenza e stile di vita dovevano ora riflettere il suo status, e soprattutto il suo futuro ruolo. Perciò aveva affittato Balgove House, una lussuosa casa di campagna all'interno di una grande tenuta privata alle porte di St Andrews, che apparteneva a Henry Cheape, un amico della famiglia reale. All'inizio del terzo anno di università invitò due vecchi sodali, Oli Baker e Alasdair Coutts-Wood, a vivere con lui. E naturalmente Kate.

Il trasferimento a Balgove House mise a seria prova la relazione. Soprattutto richiese a lei una capacità di trasformazione e adattamento non scontata perché la routine nella nuova residenza, di fatto una magione, non aveva niente della rassicurante semplicità del primo nido comune. È vero che l'esistenza di William a ventun anni era ancora lontana dalla formalità che accompagnava il padre alla stessa età, già creato principe del Galles e quindi costantemente seguito da scudiero, valletto e autista. Ma a Balgove il giovane Windsor fece installare un antico tavolo da pranzo in mogano con diciotto posti a sedere, e le cene in smoking diventarono un appuntamento regolare. Sulle pareti, un ritratto della regina a grandezza naturale e la Union Jack ricordavano evidentemente anche ai più distratti quale destino aspettava il padrone di casa. Per fortuna non mancavano pure party informali a base di birra, e sebbene a tavola adesso arrivasse il cervo cacciato da William nelle tenute della nonna, era pur sempre Kate a cucinarlo nel forno di una cucina superequipaggiata.

Per la quieta, riservata e innamorata Miss Middleton il pieno ingresso nel rarefatto mondo abitato dai reali arrivò alla fine di quel primo trimestre invernale. Il principe la invitò, assieme ad altre cinque studentesse (presumibilmente «donne schermo»), nella tenuta di Sandringham per una battuta di caccia subito prima delle feste di Natale. Kate aveva avuto la fortuna di un'educazione privilegiata, alla quale la fresca ricchezza famigliare aveva spalancato anche ambienti altolocati. Niente tuttavia di paragonabile alla costellazione nella quale l'amore con William l'aveva proiettata. In questo nuovo universo la sostanziale parità che aveva fino a quel momento improntato il loro rapporto lasciava inevitabilmente il posto a un ruolo preminente e dominante del principe. Questo squilibrio si sarebbe riflesso, negli anni immediatamente successivi, sull'immagine di Kate agli occhi del mondo.

In un ambiente sociale di cui non aveva esperienza, era ovvio che questa giovane donna dovesse riporre tutta la propria fiducia nell'uomo che amava, ovvio che dovesse cercare il suo consiglio e la sua approvazione. Per converso, questo atteggiamento rafforzava nel principe, già per sua natura ostinato e abituato alla deferenza, una certa tendenza alla prevaricazione, un sentimento di possesso che lo induceva a dare per scontata la sua *girlfriend*, al punto da trattarla sbrigativamente o addirittura ignorarla. Com'era da attendersi, era qualcosa che non poteva andar giù a una donna colta e intelligente. E per quanto tra i due fosse quasi sempre lei a capitolare cercando un compromesso, non c'è dubbio che in quella stagione il rapporto avesse perduto le tinte rosee del primo idillio per diventare spesso puntuto, nervoso, irritato. Così almeno lo descrivono gli amici che li vedevano in quel periodo, e hanno raccontato in giro di frequenti litigi, spesso conclusi da rotture e subitanee riappacificazioni. Per la verità, a detta dei cortigiani continuano a farlo anche oggi, in tempi di amore maturo e consolidato.

Ma venti e più anni fa non erano che due ragazzi, sicuramente innamorati eppure con diverse aspettative: Kate veniva da una famiglia traboccante di affetto ed era ansiosa di riprodurla con l'uomo che amava, lui era sedotto dall'idea ma pure spaventato, e comunque deciso – prima di metter su famiglia – a seguire lo stesso consiglio dato a suo tempo da lord Mountbatten a papà Carlo, ovvero *to sow a few wild oates*, equivalente inglese del nostro correre la cavallina. Si può immaginare con quanta gioia Kate accogliesse i report giornalistici che segnalavano William impegnato a sbronzarsi e sbaciucchiare fan formose in qualche night club ogni volta che volava a Londra. A rassicurarla almeno in parte c'era la consapevolezza che quelle erano apparizioni fugaci, e lei invece una presenza fissa nella vita del principe, la sola donna su cui contava perché certamente affidabile, leale e fedele. Anche se il mondo ancora la ignorava.

Non per molto, però. A tanti la pazienza di Kate avrebbe offerto ragioni di critica, ma a lei probabilmente dovette sembrare che fosse infine ricompensata quando la relazione diventò pubblica. Nell'aprile 2004 il principe la invitò ad andare a sciare con lui e un gruppo di amici sulle nevi di Klosters, famosa località sulle Alpi svizzere. Stavolta i paparazzi, che in larga misura avevano rispettato il patto di lasciare tranquillo William all'università, erano invece arrivati in forze. La costante presenza di Miss Middleton al suo fianco fu copiosamente documentata da centinaia di foto, e il titolone a tutta pagina su quella che campeggiava in prima sul *Sun* suonava come la sospirata fine della clandestinità: «*Finally... Wills gets a girl*». Finalmente... William ha una ragazza. Concetto ribadito quando in agosto il futuro re condusse la sua *girl* in vacanza, sempre con altri amici, sull'isola di Rodrigues, nell'Oceano Indiano. Kate s'illuse forse di udire qualche eco di marcia nuziale, e non sapeva invece che il difficile doveva ancora venire.

11
Squilla il telefono

POCHE innamorate al mondo hanno patito la pubblica umiliazione ingiustamente inflitta a Miss Middleton dai tentennamenti del suo reale corteggiatore. E pochissime l'avrebbero sopportata. Con il senno di poi si può anche essere portati a credere che la costante vicinanza dei due al tempo della convivenza giovanile sia stata controproducente: nulla è più nocivo all'amore, com'è noto, che dare per scontato l'oggetto dell'amore. Massima tanto più valida in un Occidente che ha smesso ormai da tempo di considerare «naturale» la monogamia, anzi semmai il contrario. In ogni caso, avviare una relazione stabile in anni che sono tipicamente di formazione e di ricerca può essere complicato, e questo aiuta forse a comprendere le motivazioni di William. Ma non a giustificarlo. Troppo alto, per ogni osservatore spassionato, il prezzo che questo imponeva alla sua leale *girlfriend*.

Quella del 2004 fu per i due una lunga estate di vacanza. Soprattutto, si direbbe, di vacanza l'uno dall'altra. In realtà si trattò della prima, vera crisi della coppia. È vero che in agosto avevano giocato a fare i Robinson Crusoe sulla semideserta isola di Rodrigues, ma il soggiorno esotico era arrivato solo dopo che Kate aveva imposto all'inquieto partner di rinunciare al progettato viaggio in Africa dalla ex fiamma Jecca Craig. Subito dopo, comunque, ognuno aveva preso una direzione diversa, e lontana. Kate trascorse molto tempo con la famiglia prima di accettare l'invito nella campagna francese, in Dordogna, dell'ex coinquilino Fergus Boyd.

William invece, avendo rinunciato a visitare Jecca, si vendicò attraversando l'Atlantico per andare a trovare un'altra vecchia amica, Anna Sloan, ereditiera americana che viveva in una tenuta di 150 ettari a Nashville, nel Tennessee. Al ritorno, per farsi perdonare, invitò la fidanzata (ma lo è ancora? si chiedevano gli amici) niente di meno che a Balmoral, «santuario» scozzese dei Windsor, dove in quel periodo dell'anno soggiornano abitualmente i reali. E infatti c'erano anche gli altri principali membri della famiglia, dalla regina a Carlo. Non ci fu nessuna presentazione ai parenti, però l'accesso al *buen retiro* sulle Highlands era comunque un «privilegio» mai concesso in precedenza a nessun'altra fanciulla.

Kate aveva di nuovo ragione di sperare, ma subito fu sottoposta a un'altra doccia fredda. La «fuga» americana non era niente in confronto alla crociera «per soli uomini» organizzata dal principe con la sua *clique* su uno yacht in giro per le isole greche. Lasciate a casa le fidanzate, i giovanotti presero a bordo un equipaggio tutto femminile con elevato standard di bellezza.

In attesa del ritorno a St Andrews per l'avvio dell'anno accademico, il comportamento di William prende insomma una piega in linea con le tradizioni di famiglia. Dopotutto, è pur sempre figlio dell'uomo che, come già ricordato, urlò alla povera Diana: «Non intendo essere il primo principe del Galles senza un'amante». William, per fortuna ancora non sposato, può permettersi di fare il farfallone senza sensi di colpa. Riprende la corte a una splendida giovane aristocratica che lo ha sempre intrigato, Isabella Anstruther-Gough-Calthorpe, ma come tante altre fanciulle di nobile famiglia che trent'anni prima avevano declinato le attenzioni di Carlo, così anche lei è abbastanza ricca e altolocata da considerare un matrimonio reale una gabbia sgradita anziché un'opportunità unica. Respinto, il principe ripiega di nuovo su Jecca Craig, flirt giovanile con tendenza a ripresentarsi. Lei arriva apposta a Londra dal natio Kenya, dove il padre possiede una delle più grandi riserve naturali d'Africa, per il matrimonio di un'altra bellezza inglese dal doppio cognome, Davina Duckworth-Chad, anche lei una ex di William.

L'autunno mondano del principe continua con un altro matrimonio, stavolta sulla vetta dell'alta società. Lui è infatti, assieme al fratello Harry, testimone d'onore alle nozze di lady Tamara Grosvenor, figlia del duca di Westminster (uomo più ricco d'Inghilterra e intimo di Carlo), con Edward van Cutsem, amico d'infanzia dei due principi. William aveva facoltà di portare compagnia ma si guarda bene dall'invitare Kate. Il motivo addotto è che la presenza della regina darebbe alla relazione una patente di ufficialità. Ed è evidente che lui non si sente ancora pronto. Veramente, a un osservatore esterno la giovane Middleton al momento potrebbe suggerire una specie di Cenerentola, ben accolta nella cucina di Balgove House ma non nei saloni del castello.

Probabilmente però sbaglierebbe. E non solo perché una volta tornati a St Andrews per l'ultimo anno di università i due riprendono un ménage domestico che ha intensità coniugale. Il fatto è che, per quanto umiliata o dubbiosa possa sentirsi di fronte a certi comportamenti di William, Kate è perfettamente consapevole di ciò che lei rappresenta per il suo capriccioso compagno: un punto fermo, la sola persona al mondo – come confida il principe agli amici stretti – che per lui c'è sempre. È un genere di devozione che sembra sfiorare la sottomissione, ma il compito del biografo non è di giudicare né di sostituirsi allo psicologo. Al momento di fronte a noi c'è una giovane donna, intelligente, studiosa, determinata, che sembra aver fatto della sua relazione amorosa l'obiettivo principale della vita. Il continuo *stop and go* che William impone al rapporto pare d'altronde fatto apposta, consapevolmente o meno, per tenerla legata a sé. Dopo le ruvidità dell'estate, autunno e inverno offrono fioriture fuori stagione.

In quel periodo, per esempio, arrivano a un ballo universitario presentandosi per la prima volta come una coppia ufficiale. Ma c'è anche molto di più. Il 14 novembre il principe del Galles compie cinquantasei anni, e Kate viene invitata ufficialmente da Carlo alla grande festa di compleanno nella sua casa di Highgrove: come può la giovane non sentirsi investita del ruolo di compagna stabile del figlio ed erede? Che proprio a lei confida per prima la decisione di Carlo di sposare a breve Camilla, dopo decenni di ostracismo reale verso l'amante e nonostante la strenua resistenza di Elisabetta. I sentimenti di William sono contrastanti, come le confessa. Da un lato aborrisce l'idea che la rivale della madre ne prenda il posto, dall'altro non se la sente di opporsi al padre se questo lo rende finalmente felice.

Le nozze saranno fissate per l'aprile 2005, e Camilla escluderà decisamente Kate dalla lista degli invitati. Non è solo perché giudica troppo «comune» la sua origine sociale, in linea peraltro con l'opinione di buona parte della cerchia di Corte. Soprattutto, lei ha dovuto patire per tutta la vita che fosse Diana a concentrare su di sé l'attenzione dei giornali, e adesso non vuole certo che sia la ragazza del figliastro a rubarle la scena, come accadrebbe se si presentassero insieme. Nemmeno stavolta l'imperturbabile signorina Middleton se la prende, mostrando per la sua età una sorprendente comprensione delle dinamiche interne alla famiglia reale. In ogni caso, prima ancora del gran giorno di Camilla, lei ha già avuto il suo, ancora una volta a Klosters, dove l'anno precedente la sua relazione era diventata di dominio pubblico. Stavolta, sulle nevi svizzere si è ritrovata a sciare non tra amici ma in compagnia dei tre Galles, proprio come una di famiglia.

Sono solo pochi giorni ma zeppi di eventi. Quando i tre principi si mettono in posa per la concordata *photo opportunity* sulle piste, un Carlo nervoso non si rende conto che i microfoni direzionali delle troupe tv amplificano i suoi commenti sottovoce ai figli. Ben poco lusinghieri all'indirizzo dei giornalisti di fronte a lui, «*these bloody people*» (dannata gentaglia), e in particolare del *royal watcher* della BBC Nicholas Witchell: «Non sopporto quell'uomo. È orrendo, davvero».

Non è la sola notizia da Klosters a occupare le prime dei tabloid inglesi quei giorni. Un reporter del *Sun*, che ha la fortuna di imbattersi in William durante un doposci al locale night club Casa Antica, gli chiede direttamente se ha intenzione di seguire l'esempio di papà portando presto all'altare quella che è ormai per tutti la sua ragazza. Lui esplode: «Senta, ho solo ventidue anni, in nome del cielo! Sono troppo giovane per sposarmi alla mia età. E non ho nessuna intenzione di sposarmi finché non ne avrò almeno ventotto, o forse trenta».

Come Kate abbia reagito a questa micidiale (per lei) dichiarazione d'intenti non lo sappiamo, e probabilmente non lo sapremo mai. Ma a questo punto era avvisata. Se voleva rimanere accanto all'uomo di cui era innamorata, doveva prepararsi a una lunga attesa, forse già messa in conto, dal momento che una volta finita l'università William avrebbe dovuto passare – come da tradizione per i maschi Windsor – un certo periodo nelle forze armate. Intanto però c'erano da superare gli esami di laurea a St Andrews, e Kate mise da parte gli altri pensieri per concentrarsi su questa scadenza, non solo per sé ma pure per il fidanzato. Anche nel rush finale, come nei precedenti anni di studio, la sua influenza sul principe fu determinante. Lo stimolava, lo aiutava, lo interrogava. Senza di lei, difficilmente sarebbe arrivato alla laurea. E invece, eccolo lì a superare anche l'ultimo ostacolo e guadagnarsi il diploma in Geografia con *upper second-class honours*, appena sotto il nostro 110. Stesso voto per Kate nel suo corso di Storia dell'arte.

Pochi giorni dopo, a giugno, la coppia faceva anche la sua prima apparizione in società. Si trattava di un altro matrimonio del gran mondo, quello di Hugh van Cutsem (da sempre intimo del principe come intimi erano stati i rispettivi genitori) con Rose Astor, discendente di una storica dinastia di miliardari angloamericani. Anche stavolta William aveva il ruolo di *usher* dello sposo, ma a differenza di precedenti cerimonie Kate era al suo fianco, sorridente e radiosa nella freschezza dei suoi ventitré anni sotto il diluvio di flash dei paparazzi impazziti. Non sembrava né intimidita dalla stampa né preoccupata per le intenzioni dilatorie del suo reale *boyfriend*. Che fossero ancora in pieno idillio, lo confermava la foto rubata poco dopo in occasione di un torneo di polo al Beaufort Club, vicino a Highgrove, che li ritraeva impegnati a leccare l'uno il cono gelato dell'altro.

E infine arrivò il giorno dell'addio a St Andrews. La cerimonia ufficiale per la consegna dei diplomi era fissata il 23 giugno 2005, e ovviamente la presenza di William la rendeva diversa da tutte le altre. A festeggiare il neolaureato c'erano non solo il padre con la fresca sposa Camilla (diventata il 9 aprile duchessa di Cornovaglia) e il cadetto Harry, ma anche la nonna regina accompagnata dal marito Filippo. Ovviamente in mezzo al pubblico dei parenti spiccava la famiglia Middleton al completo. A uno a uno, quando venivano chiamati, i giovani in toga e tocco sfilavano davanti ai docenti per ritirare la loro pergamena. Al nome William Wales l'audience esplose in applausi e fischi di approvazione, e lui che imbarazzato ancora arrossiva come la madre, si fece avanti per ricevere il diploma in Geografia dal Dean of Arts Christopher Smith.

Anche Kate, che sfoggiava una gonna ben sopra il ginocchio tra le falde svolazzanti della toga, ritirò la laurea in Storia dell'arte sotto lo sguardo attento e indagatore di Elisabetta. «Carina, la ragazza» commentò con Filippo, che tacque e annuì. Pochi in verità si sforzarono di non sorridere quando il vicepresidente dell'ateneo Brian Lang concluse il suo discorso con un'osservazione fin troppo calzante: «Ragazzi, qui potreste aver incontrato il vostro futuro marito o la vostra futura moglie. Andate e moltiplicatevi!»

Il rigido protocollo non prevedeva nella circostanza alcun contatto tra la famiglia reale e i Middleton, ma questo non sorprende chiunque conosca la gelida etichetta che regola i contatti con i Windsor. Perfino il conte Spencer, padre di Diana, benché erede di una famiglia di antica aristocrazia e in gioventù scudiero della sovrana, si lamentava di non essere mai stato invitato nemmeno per un drink dai consuoceri. Figurarsi dei perfetti sconosciuti come i Middleton. In compenso, William mostrò a tutti che il legame era una cosa seria lasciando per qualche minuto il consesso dei reali per andare a salutare Kate e i suoi famigliari.

C'era allegria ma anche probabilmente un'ombra di malinconia. Se per tutti l'addio all'università segna l'ingresso nell'età adulta, per William questo voleva dire anche la fine della tregua sancita con la stampa, e quindi la conclusione di un tempo in cui condurre liberamente la propria esistenza senza lo scrutinio del pubblico. «Abbiamo consentito al principe di godere dei quattro anni più normali della sua vita» commentò all'epoca Brian Lang, secondo quanto riporta Andrew Morton. «Un periodo di normalità che non aveva mai avuto e non avrà mai più.»*

In verità questo valeva, almeno per il futuro, anche per la giovane donna decisa a rimanergli accanto per il resto dei suoi giorni. Impresa non facile, dal momento che appena uscito dall'università l'ex studente di St Andrews viene completamente assorbito dal primo assaggio del ruolo pubblico che lo aspetta. Già a luglio lo imbarcano su un aereo e lo spediscono in Nuova Zelanda a rappresentare la regina nelle celebrazioni per il sessantesimo anniversario della fine della Seconda guerra mondiale. Ad agosto è la volta del Kenya: vola a Lewa Downs, la fantastica tenuta che gli amici Craig hanno trasformato in santuario per rinoceronti neri e altre specie animali in pericolo, con il dichiarato intento di studiare obiettivi e tecniche di protezione dell'ambiente. La circostanza che la riserva appartenga ai genitori della ex Jecca sembrerebbe sospetta, se non fosse che a metà mese arrivano anche Kate e un gruppo di amici per un week-end lungo tra le meraviglie dell'Africa. Il viaggio serve pure a chiarire che la lunga separazione della coppia non implica alcuna crisi, e soprattutto a mettere una volta per tutte la parola fine alle chiacchiere sul principe e Jecca (che diventa, pare, buona amica di Kate).

L'apprendistato di William procede a ritmi forsennati. A settembre viene spedito a Chatsworth, l'autentica reggia di campagna degli amici duchi di Devonshire, per studiare le tecniche di management

* A. Morton, *William & Catherine: Their Lives, Their Wedding*, Michael O'Mara Books, Londra 2011.

agricolo nella tenuta di 14.000 ettari. Poi gli tocca un rapido apprendistato alla City di Londra per far conoscenza dei meccanismi di Borsa, visitare la Banca d'Inghilterra e le altre maggiori istituzioni finanziarie. A dicembre infine lo aspettano un paio di settimane nel suo futuro feudo gallese, per lavorare con il team di soccorso montano della base RAF sull'isola di Anglesey. In tutto questo tempo le occasioni di rivedere l'innamorata sono scarse, almeno quelle pubbliche. Giusto a fine agosto una serata insieme in un night club di Chelsea, il Purple, lo stesso dove prima William andava da solo a spassarsela con bellezze disponibili. Qualcuno adesso li fotografa, e vende l'immagine ai giornali, con Kate seduta sulle ginocchia del suo principe, molto presi l'uno dall'altra. Sanno bene entrambi che si avvicina una separazione assai più lunga.

A gennaio 2006, l'erede comincia il corso di quarantaquattro settimane come allievo ufficiale alla Royal Military Academy di Sandhurst. È un passaggio obbligato per un futuro re, che sarà anche capo delle forze armate. Il fratello Harry lo ha preceduto all'Accademia e gli ha già raccontato dell'allenamento durissimo che lo aspetta. Ma prima di sottoporsi a questo esercizio di disciplina, William trova almeno il tempo di volare per una breve vacanza con Kate sulle nevi di Klosters. Le feste natalizie sono appena passate, di gente ce n'è poca e nei brevi pomeriggi invernali le piste semideserte offrono una quiete paradisiaca. Immersi in questa beata solitudine, i due giovani si allacciano appassionatamente in un lunghissimo bacio. Ignorano che tra gli abeti innevati un fotografo ha seguito ogni loro movimento. L'immagine del primo bacio del futuro re finisce in prima pagina su tutti i giornali inglesi. È un tripudio nazionale. Sono passati appena otto anni dalla morte di Diana, e un Paese ancora segnato da quel trauma sembra gioire collettivamente per la felicità del giovane uomo che tutti ricordano adolescente disperato dietro la bara della madre.

William, del resto, sembra ormai sicuro dei propri sentimenti. Al ritorno a Londra i due concordano una tranquilla serata casalinga a Clarence House, residenza dei Galles, prima della partenza del neocadetto per Sandhurst. Ma all'improvviso la casa si riempie di gente, una trentina di amici che Kate – con la complicità delle guardie del corpo e del personale di Palazzo – ha invitato per un *farewell party* a sorpresa. Ma è anche la festa di compleanno di Miss Middleton, che celebra adesso i suoi ventiquattro anni, visto che il 9 gennaio il fidanzato sarà bloccato in caserma. E lo rimarrà, in totale reclusione, per l'intera durata delle prime cinque settimane. Ma nessuno quella sera dubita, mentre il principe ringrazia «*my adorable Kate*», che una volta assolto il dovere militare è proprio con la sua «adorabile Kate» che William intende costruire un futuro.

Per il momento quel che l'aspetta sono lunghe e durissime giornate di esercitazioni militari intervallate da altrettanto spossanti lavori meniali, del genere che i reali felicemente ignorano. Ma non a Sandhurst: William Wales – aveva anticipato il comandante dell'Accademia – «sarà trattato alla stessa maniera di qualsiasi altro cadetto». Anche Miss Middleton deve però affrontare la sua, di accademia, e per quanto meno brutale non si presenta certo meno difficile.

Ora che agli occhi del mondo è a tutti gli effetti una *royal girlfriend*, tranne che nel titolo e nella forma, si trova a fare i conti con la complicata situazione vissuta da tutte coloro che l'hanno preceduta nel ruolo. Fino a quel momento William, per quanto dominante e possessiva potesse essere la sua presenza, l'ha però protetta e guidata in un duplice meandro: i rapporti con la stampa e quelli con il mondo che orbita attorno ai reali. Adesso che lui è lontano, Kate realizza di essere sola e senza suggerimenti. Ma costantemente esposta alla curiosità dei media e al giudizio del pubblico, consapevole che ogni passo falso può comportare la fine della sua storia d'amore.

A Palazzo in effetti si scrutano con attenzione e diffidenza le sue mosse. Le manifeste riserve di William sulla tempistica di un eventuale matrimonio riflettono con ogni evidenza l'allarmata cautela della famiglia reale dopo la disastrosa esperienza con Diana. Elisabetta II è determinata a evitare che la vita coniugale del nipote corra gli stessi rischi di quella del figlio, anche perché sa che il Paese non reggerebbe un bis. Perciò impone di procedere con i piedi di piombo, fa capire a William che non può sposarsi sulle ali dell'entusiasmo o della passione, che deve essere sicuro che la sua futura moglie comprenda pienamente il peso della vita che l'aspetta.

Paradossalmente, sono gli stessi argomenti, quasi le stesse parole che il principe userà molti anni dopo con il fratello Harry tentando di convincerlo a non buttarsi a capofitto nelle nozze con Meghan Markle. Lui non gli darà retta, mentre il futuro re seguirà attentamente le prescrizioni della nonna. Che non teme solo la sventatezza dei vent'anni ma pure le incognite legate all'origine «borghese» della fidanzata. Chi sono questi Middleton? Di loro non c'è traccia non solo nell'araldica ma pure nella mappa sociale dell'*upper class*. Non saranno arrampicatori senza scrupoli, non avranno scheletri nell'armadio? Certo, la ragazza ha ricevuto una buona educazione nelle migliori e più costose *public schools*. Ma basta a surrogare quel senso di sicurezza sociale e distinzione di classe che scaturisce direttamente dal *breed*, il lignaggio?

Queste riserve che la sovrana rimugina nel suo foro interiore, o al massimo mettendone a parte il marito Filippo, alimentano invece il pettegolezzo di certi circoli reali e aristocratici, a partire dagli ambienti *upper class* legati alla neoduchessa di Cornovaglia. Forse pesa anche la ruggine tra i suoi figli e quelli di Carlo, mai troppo disposti a perdonare i Parker Bowles nel loro complesso. Probabilmente questa corrente sotterranea di avversione si riflette sulla scarsa simpatia o comprensione di Camilla verso la fiamma di William. Ma la disturba pure che la stampa metta tanta enfasi sulla «borghese» ammessa nella famiglia reale. Dopotutto, la prima *commoner* a sposare un erede al trono è stata lei. Ma c'è una differenza sostanziale: i suoi antenati – per quanto non titolati – erano da generazioni intimi dei reali. Che c'entrano invece i borghesucci Middleton con la Casa dei Windsor? si chiedono arricciando il naso anche svariati dignitari di Corte.

È curioso che mentre molti di loro diffondono simili perplessità, nessuno però muova neanche un dito per aiutare «l'estranea» a entrare nella parte che l'aspetta. In primo luogo, veramente, è grave che nessuno si occupi della sua sicurezza. Dacché l'universo mondo è a conoscenza del suo legame con William, Kate è diventata una figura pubblica. E dunque è costantemente seguita, pedinata, bersagliata dai fotografi. Viene ripresa sull'uscio della casa che i genitori le hanno comprato a Chelsea, e quando un mattino William esce dal suo appartamento, la foto pubblicata da un giornale tedesco comunica in pratica il suo indirizzo a mezzo mondo. Londra, come tutte le capitali occidentali, è ormai entrata nel mirino del terrorismo, ma singolarmente lo Special Branch incaricato della sicurezza dei reali non ritiene di dover estendere la protezione alla giovane donna che potrebbe diventare regina.

Egualmente, nessuno a Palazzo si preoccupa di gestire o in qualche modo limitare l'assalto della stampa alla ragazza. L'unico suggerimento pratico che le viene da Clarence House è da parte di Paddy Harverson, direttore della comunicazione del principe Carlo: in pubblico, tenere sempre la testa alta e sorridere. Attenzione però a non esagerare per non offrire l'impressione di godersi la pubblicità, e attenzione pure a non sorridere troppo poco per non dare l'idea di non saper reggere la pressione. Per una giovane donna che ha condotto fino a quel momento una vita normale, senza nessun allenamento ai riflettori, la sfida è davvero complicata. Ma sin dalle prime occasioni Kate rivela un talento naturale, sa come rispondere alle attenzioni dei fotografi senza concedere familiarità ma pure senza apparire arrogante o infastidita.

Eppure, nel folle mondo dei media perfino la compostezza e la buona educazione, ammirevoli virtù mostrate dalla signorina Middleton, possono produrre reazioni opposte, violente o sguaiate. Questa elegante ventenne che si sottopone docile ma determinata all'assedio quotidiano dei giornali, senza reagire né poter parlare (divieto del Palazzo), spinge i tabloid a dare il peggio di sé nella speranza di provocarne la reazione. La attaccano per come veste, la attaccano perché dopo l'università non ha ancora deciso che cosa fare, tranne passare il tempo tra feste e shopping in attesa del suo innamorato, al contrario sempre impegnato. È allora che le viene appiccicato il nomignolo *Waity Katie*, Kate che aspetta. Aspetta silenziosa, obbediente, sottomessa che il suo principe azzurro si decida finalmente a chiederla in moglie. Ma per ora non ce n'è segno. La scrittrice Camilla Long, in un sarcastico ritratto della potenziale regina, immagina la scena nella casa dei Middleton, Bucklebury Manor: «Dentro, Kate aspetta, navigando sul web o scorrendo foto, cambiandosi secondo l'occasione per il tennis o per il tè». Miss Long non sospetta che è proprio la domesticità di casa Middleton a legare più fortemente il principe all'innamorata. Quando può, inforca la moto e corre a Bucklebury per ristorarsi nel calore e nella semplicità di una famiglia vera.

Ciò non toglie che questi siano probabilmente i mesi più duri per Kate. Il modello che sembra aver scelto non è certo quello preferito dalle sue coetanee nel tempo dell'*empowerment* femminile, dell'affermazione dei diritti e delle ambizioni delle donne. E lei cosa fa invece? La laurea in Storia dell'arte è finita in naftalina, dichiara di lavorare per la ditta di famiglia ma non si capisce cosa farebbe, immagina di lanciare una linea di moda per bambini on line ma non se ne fa nulla. Questa inattività non sfugge nemmeno alla reale nonna del fidanzato, che ostenta lontananza olimpica e invece tiene ben d'occhio quel che succede sulla terra. E teme come la peste l'arrivo in famiglia di una principessa oziosa.

Kate non lo è affatto, ma trova obiettivamente difficile impegnarsi in un progetto duraturo di vita professionale e al tempo stesso rendersi sempre disponibile per le rare apparizioni dell'uomo che ama, ora impegnato a tempo pieno nella carriera militare. L'alternativa per lei è secca: o lo aspetta o lo molla. La seconda opzione non esiste. Cerca di prendersi cura di sé stessa, va in palestra (lo sport le è sempre piaciuto), perde peso e acquista in stile, con una scelta accurata di abiti più sofisticati. Sa che ciò che indossa finirà sui giornali e farà discutere. Nasce qui il «fenomeno Kate», l'icona di stile che di lì a non molto trasformerà ogni capo da lei portato in un istantaneo successo di mercato. Dopo l'iniziale sbandamento, smette anche di restarsene chiusa in casa ad aspettare il suo bel soldato. Su suggerimento di mamma Carole, va in giro e frequenta i luoghi della mondanità.

Appare per esempio con un'amica alle corse ippiche a Cheltenham, un appuntamento imperdibile per fanatici di cavalli come i Windsor. I fotografi la notano e la circondano mentre lei li accoglie sorridente. La notizia corre e Carlo, presente nel box reale, la fa subito invitare a raggiungerlo. A tutti i presenti appare evidente che il principe del Galles tratta con grande confidenza e simpatia la giovane *outsider* e lei anche appare del tutto a suo agio. È in quei giorni che prende forma lo speciale rapporto destinato a legare il futuro re e la nuora. Lui la stima, la tratta come una di famiglia. E finalmente, riconoscendo i rischi a cui la espone il suo status ufficioso, mette mano al portafogli e decide di pagare di tasca sua una guardia del corpo che la protegga in assenza di William.

Se a Londra la fidanzata tiene a bada la stampa comportandosi in modo irreprensibile, il cadetto Wales a Sandhurst si copre pure di lui di gloria ma non sul campo di battaglia. Pub e night club sono i suoi terreni preferiti di combattimento. L'ingresso nell'esercito, e la rinnovata vicinanza al fratello, sembrano aver resuscitato in William gli «spiriti animali», decisamente selvaggi, della prima giovinezza, quando con gli amici della Glosse Posse si sbronzava e fumava erba nella discoteca casalinga del Club H, negli scantinati di Highgrove. L'ambiente militare, il cameratismo e la goliardia favoriscono una baldoria esagerata. Dove c'è da bere, spesso fino a perdere i sensi, i fratelli reali non mancano mai. E se nei pub nei dintorni di Sandhurst i fotografi non si fanno vedere, non appena i due calano sui night di Londra i paparazzi non perdono l'occasione di regalare ai futuri sudditi l'immagine del loro prossimo sovrano così ubriaco da non reggersi in piedi. Ma abbastanza lucido da sapere dove mettere le mani con le occasionali compagne di ballo al Boujìs o al Purple. *The Booze Brothers*, I fratelli sbronza, è di sicuro il miglior titolo di tabloid dedicato quell'anno al duo dei cadetti Galles.

Nelle pause dell'addestramento Kate cerca di accaparrarselo per brevi vacanze. Nell'aprile 2006 volano a Mustique, nei Caraibi, famoso e scandaloso rifugio della prozia principessa Margaret, dove la coppia è ospite di John e Belle Robinson, titolari della catena di abbigliamento Jigsaw e proprietari sull'isola della meravigliosa villa Hibiscus. Un angolo di paradiso ma abitato anche da paparazzi. Le foto dell'idillio finiscono spiattellate sui giornali, così come qualche mese dopo quelle della vacanza a Ibiza, nella bella villa del milionario zio di Kate, Gary Smithson, fratello di mamma Carole. È un disastro della comunicazione, perché l'ambiente di «villa Bang Bang», come viene prontamente ribattezzata dai media, è a dir poco eccentrico, per non dire orgiastico: droghe, alcol e ragazze giovanissime.

Al ritorno dei due a Londra il Palazzo si accorge finalmente che deve prendersi cura dei fidanzati, in termini di protezione e riservatezza. Due istanze a cui risponde l'offerta di Carlo di alloggiare la coppia a Clarence House, nell'esplicito riconoscimento di una convivenza prematrimoniale che è una prima assoluta per le rigide tradizioni dei Windsor in materia: esattamente venticinque anni prima, Diana aveva dovuto sottoporsi a una visita ginecologica attestante la verginità per poter sposare Carlo. D'altro canto, non sta proprio nella capacità di adattarsi ai tempi il segreto della sopravvivenza del trono?

La convivenza sotto il tetto dei Galles sembra avviare decisamente la coppia sui binari del matrimonio. E finalmente Kate si decide, nell'attesa, a cercare un lavoro plausibile. Lo trova grazie all'amicizia con i Robinson, che la assumono part-time nella loro ditta come *buyer* degli accessori per la linea bambini. È un'attività in cui il suo senso per lo stile e la sua abilità nel business si sposano magnificamente. Lei si diverte e fa bene, mentre anche le famose quarantaquattro settimane di corso allievi ufficiali a Sandhurst volgono finalmente al termine.

Nel dicembre 2006 Kate e i suoi genitori sono invitati alla parata conclusiva sul campo dell'Accademia, dove a ricevere il saluto dei cadetti ci sono la regina e il duca di Edimburgo, il principe del Galles e la duchessa di Cornovaglia. La presenza dei Middleton appare un segno inequivocabile di vicinanza alla Corona. Kate è eccitata e felice quando vede William che le marcia davanti con la fascia rossa che gli attraversa il petto, che lo qualifica come Scorta dello stendardo reale. «Adoro l'uniforme. È tanto, tanto sexy» sussurra alla madre, o almeno questo è quanto sostiene un lettore delle labbra assunto per la diretta da un'emittente televisiva.

Le telecamere che seguono l'evento non perdono una sola parola o un solo movimento di Miss Middleton. È la prima volta che compare a un impegno ufficiale dei reali, e lo fa con uno stile che immediatamente richiama ai cronisti paragoni con la defunta principessa del Galles. È qualcosa con cui Kate avrà spesso da cimentarsi anche in futuro, ma la realtà è che ha già cominciato a essere un'icona di stile per conto suo. Alla parata appare radiosa, in cappotto rosso fuoco e cappello a tesa larga nero come gli stivali. Per lei è il giorno del trionfo e non può immaginare che invece contiene il seme della rottura di una love story ormai quinquennale.

Agli occhi del pubblico è evidente che l'invito a Sandhurst segnala la serietà della relazione tra i due giovani, e trattandosi del futuro re d'Inghilterra la conclusione non può che essere un onorevole matrimonio in tempi ragionevolmente brevi. Se ci fossero dubbi, arriva ancora un altro invito, e stavolta direttamente dalla regina, inatteso e clamoroso nella sua rottura del protocollo: Miss Middleton è pregata di trascorrere il Natale a Sandringham con la famiglia reale, un onore mai concesso prima a semplici fidanzate. Kate fa la cosa giusta e rifiuta adducendo la recente perdita delle due nonne, ma in realtà sta segnalando che intende entrare nel castello dalla porta principale, come sposa reale. Elisabetta non se la prende ma al contrario apprezza la determinazione della ragazza. I bookmaker comunque cominciano ad accogliere scommesse sulla data del prossimo matrimonio in Casa Windsor e i grandi magazzini, in testa la catena Woolworths, a lavorare sulla fornitura dei souvenir nuziali.

In più, i venticinque anni di Kate sono ormai imminenti e tutti i salotti di Londra, oltre ai soliti tabloid, danno per estremamente probabile che William attenda proprio quel 9 gennaio 2007 per offrire alla sua bella il sospirato anello di fidanzamento. Per lei l'educato balletto con la stampa si trasforma nel gioco angoscioso del gatto con il topo. I fotografi non le danno più tregua, la seguono dappertutto, e quel che è peggio – su suggerimento dei consiglieri, che lo giudicano inappropriato – Carlo ha pure ritirato il bodyguard che le aveva assegnato. Kate stavolta ha paura. William protesta con la stampa, gli avvocati del Palazzo entrano in campo ma i direttori dei giornali ribattono noncuranti: non puoi essere una fidanzata reale e pretendere riservatezza.

In realtà questo è proprio il momento in cui il principe comincia a giocare alla primula rossa. I Middleton lo aspettano invano per celebrare assieme, come promesso, il Capodanno. Kate, tuttavia, si rinfranca un poco quando pochi giorni dopo si ritrovano a Highgrove per un nuovo party d'addio al fidanzato che, appena entrato nel reggimento Blues and Royals della Guardia Reale, è destinato alla caserma Combermere a Windsor. Questo vuol dire che non sarà presente nemmeno per il compleanno di Kate il 9 gennaio.

Ma non importa, perché comunque il 14 febbraio, San Valentino, è vicino e il suo bell'ufficiale la porta a festeggiare nel loro night londinese preferito, il Boujìs. Lì tira fuori un pacchetto elegante del gioielliere Van Cleef & Arpels e glielo porge. Kate lo apre celando il batticuore. Dentro c'è un fantastico portacipria tempestato di diamanti. Bellissimo e costoso (circa 20.000 euro). Però non è un anello di fidanzamento. Lei ci rimane malissimo. E forse comincia a sospettare quello che sta passando per la testa del fidanzato. Arrivato ormai a un passo dalle nozze, William scalpita e recalcitra come un cavallo che non vuole essere sellato. L'ingresso in caserma gli restituisce le bevute tra commilitoni, le nottate nei night club, il gusto della trasgressione e la ripulsa della tranquillità famigliare. E poi, perché accontentarsi di una donna sola se ne può avere cento?

Nei locali notturni, tra una bottiglia e l'altra (arrivano conti da migliaia di sterline), le ragazze gli si appiccicano addosso. In un night nel Dorset, dove va a fine marzo con altri colleghi ufficiali, un paparazzo lo becca completamente sbronzo con un braccio attorno a una bionda e l'altro sulla spalla di una bruna brasiliana, la mano saldamente avvinghiata a un seno. Se non ci sono paparazzi a ritrarlo, ci pensano le amiche di una notte a raccontare tutto ai giornali. La studentessa Lisa Agar fa un resoconto dettagliato di una di queste serate: abbracci, baci e complimenti seguiti dall'invito nel quartierino in caserma. Lei non se lo fa dire due volte, e con le amiche escono dagli alloggi ufficiali alle quattro e un quarto del mattino, ancora ubriache e al settimo cielo.

Finalmente William si decide a esporre al padre i propri dubbi. Carlo gli fa la stessa domanda che gli aveva rivolto Filippo quando era lui a cincischiare con Diana: «Sei pronto a sposarla?» No, risponde senza esitazioni l'erede. È probabilmente sotto un doppio influsso: il cameratismo da caserma, che gli fa scambiare la bisboccia per libertà, e i suggerimenti maligni della sua gang di amici aristocratici, che continuano a sussurrargli: «Puoi trovare di meglio». Quale che sia la ragione, Carlo gli dice la cosa giusta: «Allora lasciala adesso. Non è corretto verso di lei».

Il pomeriggio dell'11 aprile William chiama Kate sul telefonino. Lei è in una riunione di lavoro negli uffici della Jigsaw. Si scusa ed esce dalla sala per rispondere. «È finita» gli dice lui di punto in bianco. «Non funziona e non voglio ingannarti.» Lei non crede alle sue orecchie. La conversazione va avanti per circa un'ora. Quando chiude, il principe chiama la nonna a Windsor per informarla. La regina rimane dispiaciuta, cominciava a piacerle quella seria «borghese» così devota al nipote.

Negli stessi momenti, Miss Middleton rientra in ufficio con gli occhi rossi, si scusa ancora e vola a casa, a Bucklebury, a piangere tra le braccia di mamma Carole e della sorella Pippa. Dopo sei anni, l'amore nato sui banchi dell'università è finito. Lealtà e dedizione non sono bastate. Il principe azzurro ha piantato Cenerentola con una telefonata. Chi crede ancora alle favole?

12
Dalla «council house» al maniero

NIENTE potrebbe testimoniare in maniera più accurata e spietata la persistente natura castale della società inglese quanto il giubilo malcelato con cui una fetta cospicua di *upper class* accolse il licenziamento telefonico della signorina Middleton dal ruolo di fidanzata reale. Non c'è da stupirsi. Oggi che è in corso la *gentrification* (ovvero lo sfruttamento immobiliare) dei vicoli un tempo miserabili dell'East End, può risultare difficile comprendere la distanza anche antropologica tra i quartieri alti e la povera parte di Londra dove affondano le radici famigliari della mamma di Kate. Era anch'essa Inghilterra, ma godeva molto raramente nei decenni passati di una visita dei reali.

Certo, la bisnonna di William, la leggendaria Regina Madre, aveva pronunciato una fantastica battuta dopo che una bomba nazista aveva incenerito un'ala di Buckingham Palace: «Adesso posso guardare negli occhi gli abitanti dell'East End», vittime dei bombardamenti tedeschi su Londra. Magnifica frase per la propaganda bellica, ma non aveva diminuito di una virgola la distanza siderale tra i Windsor e i popolani dei quartieri orientali della capitale. Una vasta area povera e proletaria, rifugio di gang criminali e schiere di derelitti sin dai tempi di Jack lo Squartatore, restava ancora in quegli anni un posto accuratamente evitato dai ceti benestanti, figuriamoci dalla famiglia reale.

Avrebbe mai potuto immaginare la Queen Mum che un giorno il destino della sua nobile schiatta avrebbe incrociato una famiglia uscita da quelle viuzze sconnesse, dove la gente faticava a tirare la carretta? Nemmeno la potente fantasia di Charles Dickens, crudo narratore di questi luoghi, avrebbe potuto concepire un simile intreccio. Eppure, è proprio qui che bisogna cercare le radici del povero albero genealogico della futura regina Catherine, nata Kate Middleton il 9 gennaio 1982, cinque mesi prima dell'uomo che avrebbe sposato. «Middle» – media – veramente in tutto, dal cognome ai redditi alla classe allo stile di vita, sebbene questo approdo borghese già volesse dire per metà della famiglia un salto sociale rispetto agli avi, recenti e lontani.

Incapace di rassegnarsi all'evidenza di una plebea sul trono, l'usuale snobismo inglese si è messo affannosamente alla ricerca di antenati altolocati. L'esperto di araldica Patrick Cracroft-Brennan, che con un nome così merita un posto negli ilari romanzi *upper class* di P.G. Wodehouse, ha annunciato al mondo che William e Kate sono nientemeno cugini. Beh, non proprio vicini: per la precisione cugini di quindicesimo grado. Che vuol dire? Che andando indietro di quindici generazioni avrebbero un antenato comune, il quale nella fattispecie sarebbe l'uomo di Stato sir Thomas Fairfax, progenitore comune degli Spencer (Diana) e dei Middleton (Michael). Un po' come vantarsi che siamo tutti figli di Adamo ed Eva e cugini di Caino e Abele.

Lasciamo pertanto perdere i vani, per quanto indefessi, sforzi di attribuire alla signorina Kate Middleton qualche sedicesimo di sangue blu. Per rimanere invece al criterio di distinzione sociale stabilito dalla regina Camilla, non ci sono dubbi che i loro mobili i Middleton li hanno dovuti comprare. E il background della famiglia è quanto di più distante si possa concepire dall'ambiente in cui è nato e cresciuto l'erede al trono d'Inghilterra.

Tra gli imponderabili fattori che hanno reso possibile questa improbabile congiunzione astrale di un principe e una borghese (piccola piccola), va sicuramente inclusa la circostanza che, negli stessi anni in cui William affrontava la sua tormentata infanzia, la sua futura sposa godeva invece del calore di una famiglia felice. L'acquisto dei mobili (e anche di un piccolo maniero) non era stato facile per i Middleton, ma ce l'avevano fatta, e in più non avevano problemi a riempire d'amore la loro casa. È quel che ha illuminato il percorso di Kate dall'oscurità dei suoi antenati allo splendore della Corona.

Piuttosto che l'albero genealogico, l'unico punto di contatto accertato tra Kate e William sono le miniere di carbone. Dopo le regine Catherine di Valois, Catherine d'Aragona, Catherine Howard, Catherine Parr, Catherine di Braganza, la prossima Catherine sul trono d'Inghilterra discende per via materna dal minatore John Harrison, il trisavolo che scavava coke nella contea di Durham, al confine con la Scozia. Guarda caso, le miniere in cui lavorava appartenevano ai Bowes-Lyon, la famiglia della Queen Mum, ovvero la bisnonna di William. E fu il prolifico John Harrison (nove figli con la moglie, una domestica di nome Jane Hill) a mettere al mondo il bisnonno di Kate, Thomas, che era abbastanza in gamba da evitare i pozzi di carbone.

Da bravo falegname, negli anni Trenta del secolo scorso si trasferì a Londra con la moglie Elizabeth, sistemandosi nel sobborgo di Southall, vicino al deposito delle ferrovie dell'Ovest. Evidentemente gli affari gli andavano bene, se partendo da zero riuscì perfino a comprarsi una casetta con due camere da letto giusto sulle rive del Grand Union Canal, la via d'acqua lunga oltre duecento chilometri che collega Londra a Birmingham. E lì venne al mondo e fu cresciuta Dorothy, la formidabile nonna materna di Kate.

Questo è un altro tratto che accomuna la famiglia numero uno del regno con una delle tante. Non c'è storico che non concordi: senza le sue regine, la monarchia in Inghilterra probabilmente non sarebbe sopravvissuta. La grande Vittoria, con la sua esaltazione dei valori della famiglia, salvò la Corona dall'universale disprezzo in cui l'aveva precipitata la dissolutezza degli avi Hannover. La Queen Mum contribuì a restituirle rispetto dopo l'abbandono di Edoardo VIII. Ed Elisabetta II ne ha fatto l'icona planetaria venerata dai sudditi.

Nel suo piccolo, Dorothy Harrison si issò sui gomiti per tirar fuori dalla penuria e dall'anonimato il suo piccolo clan, e la sua ambizione indicò la strada alle due intelligenti, abili, determinate discendenti, la figlia Carole e la nipote Kate.

Dorothy, come tutte le figlie del popolo a quel tempo, lasciò presto la scuola per andare a lavorare come commessa in un negozio della catena di moda Dorothy Perkins. In qualche modo, era già un salto di classe – dai lavori servili all'impiego commerciale –, ma non era solo per questo che la giovane donna veniva motteggiata da parenti e amici come «lady Dorothy». Non è che si desse proprio delle arie ma si considerava evidentemente lontana dalla parentela proletaria. «Si comportava come se fosse superiore a tutti noi» ha ricordato acidamente il cugino Pat Chapman quando la nipote di Dorothy ha portato la famiglia all'onore delle cronache. «Pensavamo tutti che fosse un po' snob» ha fatto sapere la nipote acquisita Ann Terry, che ha lavorato al suo fianco in una gioielleria. «Voleva sempre migliorare la sua vita.» Non avrebbe potuto avere maggior successo.

Nel 1953, giusto due mesi dopo l'incoronazione di Sua Maestà Elisabetta II, «lady Dorothy», appena diciottenne, sposò il muratore ventiduenne Ron Goldsmith. E in fatto di donne forti e volitive, nemmeno i Goldsmith scherzavano: mamma Edith, fumatrice accanita da un pacchetto al giorno, aveva messo al mondo sei figli e, rimasta vedova, era andata a lavorare in una fabbrica di marmellate per tirarli su al meglio. La vita di Ron e Dorothy si prospettava meno dura ma certo non una passeggiata. Agli inizi, rimasero a vivere nella periferica Southall, costretti ad accontentarsi di un appartamentino esiguo e senza riscaldamento in una *council house*, una casa popolare sovvenzionata dal Comune.

Fu lì che nacque Carole, nel 1955, e i sogni di Dorothy si concentrarono sulla figlia sin dal primo giorno. Per lei voleva il meglio, a cominciare dal passeggino. Così, tra l'invidia e le maldicenze dei parenti, la bebè dei Goldsmith fu adagiata in una sontuosa Silver Cross, la Rolls-Royce delle carrozzine, acquistata a caro prezzo in uno di quei grandi magazzini in cui nessuno della famiglia si era mai sognato di entrare.

Il passo successivo per i Goldsmith, dopo una dozzina d'anni nel buchetto all'ultimo piano di Southall, proprio sotto la linea d'atterraggio e decollo dell'aeroporto di Heathrow, fu l'acquisto della loro prima vera casa. Una comoda abitazione a Norwood Green, vicino a Ealing, all'estremità elegante di Southall. Avevano finalmente messo piede sul primo gradino della scala proprietaria. Carole, crescendo, imitava in tutto e per tutto la madre, secondo i ricordi dell'antipatizzante cugina Ann Terry: «Le piaceva vestire bene, ascoltare musica pop e ballare in camera. Era una bambina molto femminile, dolce e educata».

Frequentò la locale scuola pubblica fino ai sedici anni, poi lasciò perdere lo studio, visto che comunque papà Ron non si sarebbe potuto permettere la spesa del college. Andò a lavorare ma, per la prima volta nella storia della famiglia, come «colletto bianco»: impiegata presso la Prudential Insurance Company, che gli inglesi chiamano affettuosamente «la Pru», nel centralissimo quartiere di Holborn. Buckingham Palace diventava più vicino.

Non durò molto. Da ragazza sveglia, capì che non aveva grandi prospettive di carriera se non migliorava il suo livello d'istruzione. Perciò tornò da papà pregandolo di fare un ultimo sforzo, e lasciarle completare la scuola almeno fino all'esame di maturità, quello che gli inglesi chiamano A level. Le sue materie erano economia, geografia, letteratura inglese e arte. Ce la fece benissimo, e i buoni risultati le guadagnarono un posto in un molto ambito corso d'addestramento per manager commerciali presso il più snob dei grandi magazzini londinesi, John Lewis. Carole fece esperienza di gestione nel reparto vetri e porcellane della sede più chic della società, la branca Peter Jones sui cinque piani del lussuoso edificio déco che si affaccia su Sloane Square, il cuore di Chelsea. Un altro pianeta rispetto alla natìa Southall. L'esperienza fu esaltante per la ragazza, e la convinse che questo era il lavoro che le interessava. Purtroppo, i dirigenti di

John Lewis avevano altri programmi per lei e la retrocessero per sei mesi al ruolo di semplice commessa dietro il bancone. Lei li mandò al diavolo senza pensarci due volte, come confessò in un'intervista al *Telegraph* nel 2018: «Fare quello per sei mesi! Era troppo noioso».

Perciò, addio John Lewis e fantasie manageriali. Ancora diciottenne, nel 1973, entrò nella BEA, antenata dell'odierna British Airways, certamente ignara che il suo temporaneo lavoro di hostess avrebbe guadagnato un giorno alla primogenita Kate gli sfottò più crudeli degli amici snob di William. «*Hands to manual*», consultate il manuale, era il saluto degli aristocratici compagni di spasso del principe quando lei compariva: un'allusione all'ordine impartito dalle hostess della BA in caso di emergenza. In realtà di voli Carole ne fece ben pochi, ottenendo di essere assegnata al personale di terra. Fu il suo cuore invece a spiccare un gran balzo quando incontrò sul posto di lavoro Michael Middleton, un dirigente del traffico aereo sei anni più vecchio lei. Scoppiò il grande amore e nel 1980 arrivò il matrimonio.

A Southall, lady Dorothy gongolava. Il genero non avrebbe potuto corrispondere meglio ai suoi sogni di avanzamento sociale. Michael era un bell'uomo, aperto, simpatico e di buone maniere, parecchio più in su nella scala sociale, e pure – cosa che non guasta mai – con un po' di denaro. Non mostrava un carattere forte ma, quanto a questo, meglio così: Carole ne aveva in abbondanza per entrambi. A differenza dei Goldsmith, che come tutti i poveri non avevano storia, i Middleton erano in grado di rintracciare i loro antenati sino all'epoca Tudor e di rivendicare l'appartenenza alla *gentry*, vale a dire la classe dei proprietari terrieri non titolati.

Sono loro gli avi che gli esperti di araldica si sforzano di collegare, sia pure a distanza di anni luce, ai reali progenitori di William. Ma soprattutto in tempi meno nebulosi, e pur senza insegne araldiche, erano stati in grado di ammassare una cospicua fortuna con la produzione della lana in piena rivoluzione industriale. Il quadrisavolo paterno di Kate, Frank Lupton, aveva fatto della sua società una

Le principesse del Galles. *Da sinistra a destra.* Joan di Kent, 1328-1385 (Hulton Archive/Getty Images); Anne Neville, 1456-1485 (Print Collector/Getty Images); Caterina d'Aragona, 1485-1536 (Photo12/Universal Images Group via Getty Images); Caroline di Brandeburgo-Ansbach, 1683-1737 (VCG Wilson/Corbis via Getty Images); Augusta di Sassonia-Gotha-Altenburg, 1719-1772 (WPA Pool/Getty Images)

Le principesse del Galles. *Da sinistra a destra.* Caroline di Brunswick, 1768-1821 (Print Collector/Getty Images); Alessandra di Danimarca, 1844-1925 (Photo12/Universal Images Group via Getty Images); Mary di Teck, 1867-1953 (Universal History Archive/Universal Images Group via Getty Images); Diana Spencer, 1961-1997 (Tim Graham Photo Library via Getty Images); Camilla Shand (1947) che però non è mai stata principessa del Galles; prima di diventare regina consorte è stata duchessa di Cornovaglia (WPA Pool/Getty Images).

A sinistra. Kate Middleton alle elementari, alla St Andrew's Prep School di Pangbourne. (Camera Press)

A destra. Kate con il padre Michael e la sorella Pippa a Jerash, in Giordania, nel periodo in cui il padre lavorava ad Amman.
(Middleton Family/Clarence House via Getty Images)

Sotto. Kate (la prima seduta a sinistra) con alcune compagne della St Andrew's Prep School.
(WPA Pool/Getty Images)

A sinistra. Kate il giorno della laurea all'università di St Andrews.
(Camera Press)

Sotto. Con il padre poco prima della cerimonia di laurea.
(Indigo/Getty Images)

A sinistra. Con il famoso abitino trasparente alla sfilata di moda organizzata dall'ateneo, il 26 marzo 2002.
(M. Neilson/Getty Images)

A sinistra. Kate e William il giorno della laurea di entrambi, il 23 giugno 2005.
(Camera Press/Rota/Contrasto)

A sinistra. Kate all'Accademia militare di Sandhurst in occasione della consegna del diploma al principe William, il 15 dicembre 2006. (Tim Ockenden/AFP via Getty Images)

Sotto. I principi Harry e William con Kate alla partita tra Inghilterra e Italia del torneo Sei Nazioni a Londra, il 10 febbraio 2007. (Richard Heathcote/Getty Images)

Sopra. Dopo la rottura con William, Kate arriva al Mahiki di Londra con la nuova fiamma Henry Ropner, il 30 maggio 2007. (Camera Press/Mark Stewart/Contrasto)

A destra. Kate, determinata a divertirsi anche senza il suo principe, a Londra l'11 maggio 2007. (Mark Milan/ Getty Images)

Sopra a sinistra. L'annuncio ufficiale del fidanzamento tra William e Kate, con l'anello con zaffiro e diamanti appartenuto a Diana, il 16 novembre 2010. (Chris Jackson/Getty Images)
A destra. Kate accompagnata all'altare dal padre nell'abbazia di Westminster, il 29 aprile 2011. (Photoshot/Sipa Press/Mondadori Portfolio)

Sopra. Il principe William bacia la novella sposa sul balcone di Buckingham Palace.
(Peter Barrit, Robert Harding Picture Library/Mondadori Portfolio)

Sopra a sinistra. Kate e William presentano il primogenito George alla folla assiepata fuori dal St Mary's Hospital di Paddington, il 23 luglio 2013. (Cawthra/Sipa USA/Mondadori Portfolio)

Sopra a destra. Con la secondogenita Charlotte, il 2 maggio 2015. (Zak Hussein/Corbis via Getty Images)

A destra. Con il terzogenito Louis, il 23 aprile 2018. (Samir Hussein/ Getty Images)

Sopra. Le prime pagine dei quotidiani britannici dopo l'annuncio della malattia di Kate, avvenuto il 22 marzo 2024. (Mark Case/Getty Images)

A sinistra. I giornali commentano la fotografia di Kate con i figli rilasciata da Kensington Palace il 10 marzo 2024, rivelatasi manipolata e respinta dalle principali agenzie di informazione. (Paul Ellis/AFP via Getty Images)

A sinistra. Kate torna in pubblico dopo sei mesi di assenza, alla parata del *Trooping the Colour*, il 15 giugno 2024. (Karwai Tang/Wireimage/Getty Images)

Sopra. I quotidiani britannici all'indomani dell'annuncio di Kate di avere ultimato la chemioterapia, avvenuto il 9 settembre 2024. (Benjamin Cremel/AFP via Getty Images)

A sinistra. Kate ritorna agli impegni reali dopo la fine della chemioterapia, per le commemorazioni del *Remembrance Day*, il 10 novembre 2024, a cui partecipano anche re Carlo III e William. (Chris Jackson/Getty Images)

primaria ditta di manifattura tessile e alla morte, nel 1884, aveva lasciato proprietà terriere di valore equivalente a 40 milioni di euro attuali. Era proprio Lupton a poter vantare la discendenza dal famoso sir Thomas Fairfax, ed era stata sua figlia Olive a sposare nel 1914 Noel Middleton, giovane avvocato della stessa classe sociale. Il più piccolo dei loro tre figli, Peter, sarebbe diventato il nonno di Kate. Coraggioso pilota della RAF durante la guerra, passò poi alla compagnia di bandiera e nel 1962 fu scelto dal principe Filippo per l'equipaggio dell'aereo usato in un lungo tour del Sud America.

Si può dire che quello sia stato il primo contatto dei Middleton con la casa reale. Del resto i soldi dei Lupton, ben investiti, erano serviti ad alimentare il benessere e lo status sociale della famiglia per svariate generazioni. Purtroppo, alla nascita del padre di Kate, nel 1949, erano quasi completamente esauriti. Le residue rendite del trust di famiglia bastarono appena ad assicurare al ragazzo i privilegi di un'educazione privata. Michael aveva frequentato il Clifton College, la migliore *public school* di Bristol, che aveva poi lasciato con la speranza di diventare pilota della British Airways. Il sogno si era infranto contro i problemi di una vista debole, che gli lasciava solo la possibilità di una carriera a terra. Si occupava della gestione dei voli e degli equipaggi, e questo gli aveva offerto l'occasione di incontrare Carole. Dopo tre anni di convivenza, decisero di metter su famiglia.

Si sposarono il 21 giugno 1980, nella chiesa medievale di St James the Less, nel Buckinghamshire, in una cerimonia in stile alla quale la sposa, accompagnata dal padre Ronald, arrivò con tanto di carrozza trainata da una coppia di cavalli. «Lady Dorothy» era raggiante per il successo della figlia e fu ben attenta a invitare al matrimonio solo un paio di parenti della vasta tribù Goldsmith, quelli che riteneva «più presentabili». Carole era d'accordo, e almeno qualcuno tra gli esclusi manifestò comprensione: «Si sposava con un uomo che veniva da una famiglia ricca e con le conoscenze giuste. Non voleva che qualcuno la mettesse in imbarazzo o le ricordasse la classe sociale da cui veniva». Il denaro (residuo) di Michael bastò a comprare una casetta nel pittoresco paesino di Bradfield Southend, e fu nel vicino Royal Berkshire Hospital di Reading che il 9 gennaio 1982 venne al mondo la nostra eroina, Catherine Elizabeth Middleton, una bella e sana bambina dai capelli scuri.

La famigliola fa appena in tempo ad arricchirsi, l'anno dopo, di un'altra bimba, Philippa detta Pippa, che è tempo di fare le valigie. Papà Michael viene trasferito ad Amman, in Giordania, a dirigere lo scalo di BA e le sue donne lo seguono. A tre anni Kate viene iscritta all'asilo Al-Sahira, e stando ai testimoni impara a cantare *Happy Birthday* in arabo prima ancora che in inglese. Tornano tutti in patria nel 1987. Carole, a trentadue anni e incinta del terzo figlio James, si chiede che fare del suo tempo, visto che ha lasciato il lavoro alla British Airways e la vita a Londra è decisamente più cara che ad Amman. Non che le manchi il daffare, con tre bambini piccoli a cui badare: su e giù tra la casa e la chiesa di St Peter, dove Kate e Pippa frequentano l'asilo, e le mamme siedono a chiacchierare mentre tengono d'occhio i più piccoli. Per fortuna ci sono anche i nonni, paterni e materni, sempre disponibili a dare una mano.

Probabilmente proprio tutto il tempo passato da Carole con i bambini, i suoi e quelli delle altre, fa germogliare il progetto che le cambia la vita, e se è per questo, anche quella dell'intera nazione. Un'idea semplice semplice ma geniale. Dopo aver organizzato un'infinità di festicciole per infanti di ogni taglia, confezionando personalmente tutto il necessario, dai gioiellini colorati ai giocattoli, Mrs Middleton decide di sfruttare la sua abilità per diventare imprenditrice. Sono gli anni d'oro della Thatcher, della scossa che la premier ha impresso all'Inghilterra al grido (mutuato dall'ottocentesco François Guizot) di: «Arricchitevi!» Carole la prende sul serio. Mette in piedi una società di ordini postali per offrire ai genitori indaffarati la possibilità di scegliere e farsi spedire in un colpo solo tutto il necessario per le festicciole dei loro capricciosi bambini: piatti e tovaglie di carta, posate e tovaglioli, coriandoli, striscioni, trombette, corone, candeline, abiti di fantasia, palloncini di ogni misura... Per le mamme in carriera e affluenti, le *yuppie mummies* dell'era thatcheriana, è una manna. E lo è anche per lei, la vulcanica Carole.

Nell'estate 1987, con James appena nato e Kate di cinque anni, fa due mosse cruciali: affitta un capannone industriale dismesso non lontano da casa, poi prende la macchina e se ne va a Birmingham. Lì, alla Fiera di primavera, contatta un certo numero di produttori di piatti e bicchieri di carta. Poi prepara da sola un dépliant pubblicitario che elenca tutti gli articoli da lei realizzati e lo infila in mezzo agli esempi della sua merce, di cui inzeppa le coloratissime *party bags* esposte sul tavolo della cucina. Le mamme degli amichetti dei suoi bambini sono le prime clienti, a conferma che l'intuizione è giusta. È nata Party Pieces, la società che farà dei Middleton dei nuovi milionari.

«Quando abbiamo cominciato, eravamo praticamente gli unici a fare questo genere di cose» ha ricordato con legittimo orgoglio Carole nella citata intervista al *Telegraph* del 2018, in occasione del trentesimo anniversario della fondazione della ditta. «Ero sicura che avrebbe funzionato. Dopotutto, gestire un business è davvero molto semplice: compri delle cose e le rivendi per un profitto.» La verità è che a far esplodere il nuovo business fu soprattutto l'arrivo di Internet. I Middleton furono tra i primi imprenditori a comprenderne le potenzialità, e conseguentemente a beneficiare della rapidità offerta dalla Rete. Soprattutto della sua capillarità, che diventò ben presto la polpa più succosa della loro attività. I loro ricchissimi elenchi di mamme dal borsellino gonfio diventarono rapidamente merce preziosa per chiunque volesse vendere qualcosa, qualunque cosa, on line. Ogni lista di mille nomi valeva 100 sterline a ogni giro di pubblicità. Più che piatti di carta e palloni colorati, probabilmente è questa la fonte più generosa della fortuna dei Middleton.

La differenza con qualsiasi altro tipo di affari condotto lontano da casa stava però nella qualità della vita famigliare che questo consentiva. Carole e Michael, che aveva lasciato il lavoro per aiutare il decollo dell'azienda, non permisero mai che l'impresa commerciale ostacolasse il loro lavoro di bravi genitori. Amavano profondamente i figli, e ne erano ricambiati. In più, i bambini furono coinvolti da subito nella nuova attività. Ovviamente soprattutto Kate, che era la più grande. Indossava per prova gli scintillanti abitini da principessa, i diademi di carta, i gioielli di plastica prima che fossero impacchettati e spediti ai clienti. Spesso era invece, con i fratellini, una deliziosa modella per le brochure che mamma preparava lei stessa, e Kate finì con il vestitino della festa su uno dei primi cataloghi di Party Pieces: si può star sicuri che diventerà oggetto da collezionisti l'istante stesso dell'incoronazione.

Con il tempo, tutti e tre i ragazzini presero a contribuire in modo sostanziale all'azienda famigliare, che li stava rendendo ricchi. Kate in particolare dimostrò, stando alla madre, formidabili doti di negoziatrice, pari almeno alle sue. Tanto per dare un'idea di cosa parliamo, il soprannome che le controparti commerciali avevano affibbiato a Carole era *Hurricane*, Uragano: a contraddirla o a tirare troppo sul prezzo si rischiava un'esplosione di urla che andavano ben oltre la cornetta del telefono. La figlia sembra più suadente ma pare che sia solo questione di stile, perché – giura l'orgogliosa genitrice – «Catherine aveva tutti i numeri di un fantastico commerciante». Le torneranno utili anche sul trono.

Figli e ditta crescevano assieme. La richiesta c'era e gli ordini fioccavano a migliaia. A sette anni, per Kate si aprirono le porte di una scuola che nonna Dorothy non avrebbe potuto nemmeno immaginare. La retta della St Andrew's, nella vicina Pangbourne, costava la bellezza di 20.000 sterline, ma le valeva tutte. L'istituto era una residenza vittoriana circondata da 21 ettari di bosco e prati, completo di campi per ogni tipo di gioco, dal tennis al cricket. Insomma, nella descrizione di Carole, «il genere di scuola in cui sognavo di andare ma non me lo potevo permettere». Poteva però permetterlo ai suoi figli, e lascia interdetti e ammirati il salto compiuto dalla famiglia in due generazioni.

Kate bambina rispondeva a meraviglia alle aspettative dei genitori.

Era cresciuta molto, più alta delle coetanee, matura nello studio ed eccezionale nello sport. Primeggiava in tutte le discipline, dal basket al tennis, dalla pallavolo all'hockey all'atletica leggera (suo il record di salto in alto imbattuto per anni nella scuola). Michael e Carole non appartenevano alla deprecabile categoria dei genitori tifosi, ma da coppia amorevole e ambiziosa avevano trasmesso ai figli un forte spirito di competizione, soprattutto a Kate. E da sportiva appassionata, lei si trovava ovviamente in mezzo alla folla che nella primavera 1991 corse ad assistere alla partita tra la squadra di hockey della scuola e i rivali locali della Ludgrove School, guidati da un certo principino William, a nove anni già una stella mondiale. Le ragazzine, inclusa Catherine (come voleva essere chiamata già allora), non avevano occhi che per lui. La piccola Middleton del resto non si perdeva una sua apparizione, fosse in tv o sui settimanali. E pur essendo per educazione famigliare intransigente avversaria della caccia, non esitava a giustificare il principino che come da tradizione reale era invece cacciatore sfegatato. Quando gli animalisti sollevarono un vespaio per i due conigli che lui aveva ammazzato in due ore di caccia a Balmoral, la sua (ancora) ignota ammiratrice lo scusò con le amichette: «Può essere che gliel'abbia ordinato la regina».

Lei era studiosa, tranquilla, riservata, abbastanza timida di natura, e tuttavia precocemente portata per le luci della ribalta. A dieci anni cantava *I Could Have Danced All Night* come Eliza Doolittle in *My Fair Lady*, e per la recita finale della scuola si esibì, registrata su video, nel ruolo della protagonista femminile di un dramma vittoriano, *Murder in the Red Barn*, di John Latimer. Per chi crede nelle premonizioni, ecco un caso di scuola. All'indovina che le predice l'incontro con «un bell'uomo, un ricco gentiluomo», Kate – vestita in un lungo abito bianco e coi nastri intrecciati nei capelli – risponde: «È quello che ho sempre sperato di incontrare. E si innamorerà di me?» «Certo.» «E mi sposerà?» «Sì» risponde l'indovina «ti sposerà.» «Oh, il mio cuore palpita di gioia» è la battuta finale di Kate mentre porta le mani al petto. Manca solo la data dello sponsale ma noi l'abbiamo: 29 aprile 2011...

Mentre la piccola palpitava, i Middleton prosperavano (al momento del matrimonio reale erano accreditati di una fortuna attorno ai 40 milioni di euro, poi la ditta di famiglia è finita in liquidazione). Nel 1992 Carole lanciò il sito web di Party Pieces, ed ebbe la sagacia di registrarne subito il nome. Gli ordinativi esplosero. Nel 1995 l'azienda si trasferì in un capannone più grande ad Ashampstead Common, nel Berkshire, i dipendenti arrivarono a sfiorare la trentina e le sedi si moltiplicarono, quattro nel mondo con un fatturato annuo attorno ai 2 milioni di euro. Era tempo che la famiglia si spostasse in una residenza adeguata. La trovarono nei pressi dell'azienda, nel villaggio di Bucklebury, sempre in quel Berkshire che nella classifica del *countryside* inglese è il massimo dello chic (dopo i Cotswolds). Oak Acre era una villa signorile in stile Tudor, coi muri ricoperti di glicine e all'interno sei camere da letto, cinque caminetti e un solarium, il tutto celato agli occhi del volgo da alte siepi perfettamente curate. Insomma, una magione adeguata per una famiglia che a buon titolo adesso poteva dire di essere *gentry*. Fino a un certo punto.

Lo snobismo inglese non risparmia i ragazzini. E il profumo di denaro fresco anticipò Catherine nell'istituto d'élite, esclusivamente femminile, dove mamma l'aveva iscritta nel settembre 1995, proprio mentre William cominciava il primo anno a Eton. Downe House era la classica scuola privata *posh*, ovvero elegante e pretenziosa, dove i Middleton si sentivano ormai in diritto, per censo e status sociale, di spedire la loro prole. Purtroppo per Kate, le viziate fanciulle che erano sue compagne di scuola non erano dello stesso parere. Presto finì bullizzata e ostracizzata, presa di mira in classe e sui campi da gioco, dove veniva spintonata e strattonata. Insomma, un inferno, e trattandosi – come d'abitudine per le classi alte dell'isola – di una *boarding school*, ovvero un collegio, non poteva nemmeno contare sul sostegno e il calore di una famiglia vicina. Lei – ricorda una compagna del tempo – «era una ragazza molto dolce e cordiale ma le altre ce la mettevano tutta per farla sentire a disagio».

Ex malo bonum, insegna sant'Agostino. Agli inizi del 1996, preoccupati per il benessere della figlia ormai quattordicenne, i Middleton la ritirarono da Downe House. E non è un caso che la scuola, di cui indubbiamente Kate è oggi la più famosa ex allieva, non abbia inserito il suo nome nell'albo d'onore degli alunni, che comprende invece la modella Sophie Dahl e la figlia dei principi di Kent, lady Gabriella Windsor. Miss Catherine Middleton figura invece nei registri del ben più prestigioso ed esclusivo Marlborough College, dove i genitori la iscrissero subito dopo: una delle migliori *public schools* dell'isola, e anche un'autentica autostrada verso il mondo dorato dei *great and good*, i potenti del regno. Né Kate né alcun altro al mondo potevano saperlo, ma la profezia della finta indovina cominciava a realizzarsi.

Marlborough è proprio quel tipo di grande scuola privata in cui gli allievi si mescolano regolarmente con i virgulti di casa reale. Per dire, una delle migliori amiche di Kate, Jessica Hay, era la ragazza del Molto Onorevole Nicholas Knatchbull, pronipote di lord Mountbatten, nume tutelare di Filippo d'Edimburgo e dei suoi discendenti. E un'altra compagna di classe era quella Emilia d'Erlanger, nipote del decimo visconte Exmouth, che nell'agosto 1999 era stata invitata, come abbiamo già visto, dal principe William a unirsi a lui per dieci giorni di crociera su un superyacht. Questo era l'ambiente sociale in cui era entrata la nipotina di «lady Dorothy», e non ne sarebbe uscita mai più. Alla ripresa delle lezioni, Emilia si presentò con una fantastica abbronzatura ma a fare sensazione fu Miss Middleton. Nella pausa dell'estate era sbocciata in un'autentica bellezza. Alta, snella, flessuosa, i colleghi maschi che al suo arrivo due anni prima l'avevano snobbata con il nomignolo di *Middlebum* (chiedo scusa: Medioculo), adesso non le toglievano gli occhi di dosso.

Non sapremo mai quanta di questa storia, famigliare e personale, turbinava nella testa di Kate nei difficili giorni dopo essere stata «scaricata» per telefono dal giovane uomo al quale aveva affidato la sua vita. Né sapremo quanti degli infiniti commenti dedicati dai giornali alla fine della storia avrà letto. Nella circostanza, lo snobismo che aveva coraggiosamente ignorato nei lunghi anni di vicinanza al principe tornò a esibirsi con maggiore impudenza (e vigliaccheria). La famiglia fu riportata al centro della scena, ma solo per rilevarne l'inadeguatezza delle origini sociali rispetto allo status eccezionale della regalità. Fu ovviamente riesumato il nomignolo affibbiato a Kate e alla sorella Pippa di *Wisteria Sisters*, nel senso esplicitato dalla bibbia degli snob, *Tatler*: «Molto decorative, terribilmente fragranti e con una feroce abilità ad arrampicarsi». Poteva una simile arrampicatrice sociale aspirare seriamente a sedere un giorno sul trono? Non scherziamo.

E con quella mamma, poi... Con che scandalo, con che disgusto fu rievocata da non pochi commentatori la scena registrata nel dicembre appena passato. Mentre i cadetti marciavano impeccabili davanti alla regina, al duca di Edimburgo, al principe del Galles e alla duchessa di Cornovaglia, insomma la cuspide della piramide sociale, che cosa faceva Carole Middleton? Seduta in prima fila col marito e la figlia, era stata vista – orrore – masticare una gomma. Sebbene si trattasse di un chewing-gum alla nicotina per aiutarla a smettere di fumare, nessuno dei severi giudici dell'etichetta dubitava che la sventurata Carole avesse mancato di rispetto alla cerimonia del giuramento dei cadetti e, anche peggio, alla sovrana. Così facendo, aveva solo tristemente confermato la sua appartenenza al mondo dei «non-U». Bisogna essere inglesi per capire che questo è un marchio incancellabile.

Nel 1956, un noto saggio del linguista Alan Ross spiegava, tra ironia e provocazione, che la lingua divide in due parti la società britannica: ci sono parole e accenti accettabili per gentlemen e ladies, e deplorevoli errori linguistici tipici invece della «piccola gente». I primi sono le persone con la «U», i secondi sono i «non-U». «U», si capisce, sta per *upper class*. La differenza fondamentale è nella dizione. I fortunati «con la U» si rivelano all'orecchio, per il modo in cui pronunciano certe parole. «In Berkeley, Berkshire, clerk, Derby, gli "U-speakers" fanno suonare la prima sillaba come la "a" di *dark* (o *bar*) mentre i "non-U" come la "e" chiusa di *mirk* (o *burr*)». Il lessico è non meno rivelatore dell'effettiva posizione sociale. L'estraneo intrufolatosi nell'*upper crust*, come anche si definisce l'élite, sarà inesorabilmente smascherato se dirà *take a bath* anziché *have a bath* (fare un bagno), *sweet* invece di *pudding* (il dolce), *wealthy* al posto di *rich* (ricco), *toilet paper* invece di *lavatory paper* (inutile la traduzione...). Ecco, quando venne fuori che Mrs Middleton chiedeva della *toilet* anziché del *lavatory*, la sentenza fu pronunciata. Non era dei «nostri», quelli «con la U».

Perciò, quando William lasciò Kate per telefono, con viltà tipicamente maschile ma inaspettata assenza di stile per un presunto gentleman, la conclusione di legioni di invidiosi, cortigiani e aspiranti tali fu che era inevitabile: la giovane non aveva il *breeding*, il famoso lignaggio, necessario per diventare regina. Era insomma, come per i cani di razza, una questione di pedigree.

Figuratevi dunque la costernazione di questi autonominati custodi della purezza del sangue reale quando solo dieci settimane e mezzo dopo la separazione, il 24 giugno 2007, il *Mail on Sunday* sparò a tutta prima pagina la sua esclusiva mondiale a firma di Katie Nicholl: Wills e Kate di nuovo insieme, «*Are Dating Again*». La notizia aveva evidentemente l'imprimatur dall'alto. Dopo averla lasciata per telefono, l'erede della corona dei Windsor voleva far sapere a tutto il mondo che «l'adorabile Kate» era tornata nel suo cuore. Anzi, non ne era mai uscita.

INTERMEZZO

Le ripudiate

13
La prima ribelle

BISOGNA arrivare alla love story di William e Kate nel ventunesimo secolo perché la parola amore faccia capolino nelle scelte matrimoniali dei principi del Galles. È uno dei tanti paradossi della monarchia che in un'istituzione basata sulla famiglia, in quanto fonte di legittimità del sovrano per via ereditaria, il principale vincolo famigliare – ovvero proprio l'amore – conti poco o nulla. Questo non vuol dire che in due o tre casi, sulle dieci principesse del Galles registrate dalla storia, non si sia stabilito a nozze avvenute un legame affettivo. Ma fino al Novecento la scelta della consorte è sempre stata un affare di Stato, non di cuore. La regola rifletteva gli antichi imperativi del potere, che trasformavano le unioni regali in strumenti di alleanze dinastiche e influenza geopolitica. Trascinata fino ai giorni nostri, quando le residue monarchie sono ormai vuoti gusci cerimoniali, appariva come una delle più deplorevoli giacenze medievali di quell'anacronismo che è la Corona.

I tempi moderni ci hanno consegnato l'icona di Diana come «principessa triste», immagine plastica della desolazione prodotta da un matrimonio dettato da convenienza anziché reciproca attrazione. Ma già alla fine del Settecento le vicende degli Hannover (quale era allora il nome della dinastia di origine tedesca) avevano offerto ai sudditi e al mondo lo spettacolo avvilente di una rissa coniugale targata Galles. La «Diana prima di Diana» si chiamava Caroline di Brunswick, ed era l'infelice sposa di George, principe del Galles e a lungo anche Principe Reggente causa follia del padre Giorgio III. Caroline ne divenne moglie nel 1795, e lo avrebbe rimpianto per il resto della vita.

Era la sesta principessa a fregiarsi del titolo. Per quasi due secoli dopo Caterina d'Aragona nessuna donna della famiglia reale lo aveva mai più portato, nell'intreccio di conflitti e rovesci dinastici che segnarono il tramonto dei Tudor e l'epoca Stuart. Solo agli inizi del Settecento, con l'arrivo sul trono dei protestanti Hannover graditi all'aristocrazia antiassolutista, la consorte di George August, erede al trono del nuovo sovrano Giorgio I, venne di nuovo insignita del titolo. Gli inglesi, che le si erano affezionati, la chiamavano Caroline, ma era nata Wilhelmina Carolina Carlotta di Brandeburgo-Ansbach. E prima di narrare i tormenti, cui ho appena accennato, dell'altra Caroline di fine secolo, vale la pena soffermarsi brevemente pure sulle vicende fra tragico e picaresco di questa principessa del Galles, celebrata in gioventù come «la più amabile principessa in Germania». Le sue braccia venivano esaltate «per il loro candore e la loro eleganza» e lei costantemente elogiata per l'occhio penetrante e il volto espressivo. Era divertente, acuta, pronta di spirito e parlava inglese «con precisione non comune per qualcuno nato fuori dall'Inghilterra». Colta e curiosa, era amica dei più grandi filosofi dell'epoca, Gottfried Leibniz e Isaac Newton.

In breve, sarebbe stata un'erede al trono di gran lunga più apprezzata del marito, se solo le chance offerte alle donne dal diciottesimo secolo non fossero state così scarse. In compenso, era lei che in modo gentile ma fermo teneva il consorte sotto il pollice, sempre facendo in modo che «le sue opinioni apparissero come proprie del coniuge».* Il futuro Giorgio II sarebbe passato alla storia britannica non solo

* William Coxe, *Memoirs of the Life and Administration of Sir Robert Walpole*, Cadell, Londra 1798, vol. I, pp. 272-73.

come l'ultimo re a condurre personalmente in battaglia le truppe ma pure per il pessimo carattere e i modi tirannici. Brusco e rozzo anche con Caroline, pomposo e un po' ridicolo, era pure facilmente irritabile e vendicativo, e a redimerlo almeno in parte c'era solo l'amore appassionato che nutriva per la moglie.

La circostanza non gli impediva però di infliggerle la peggiore delle umiliazioni: come al solito una sfilza di amanti, ma soprattutto una in pianta stabile, Henrietta Howard, che altri non era se non la *Woman of Bedchamber*, la dama addetta alla cura personale della principessa. La mattina Henrietta (sfortunata anche lei...) era costretta ad aiutare Caroline a lavarsi, e ogni sera a ricevere suo marito, puntualmente alle 19, nel suo appartamento a Corte. Il *ménage à trois* durò più di vent'anni, a conferma che i matrimoni «troppo affollati» sono consolidato costume tra i principi del Galles...

Il dolore più grande di Caroline non derivò tuttavia dalle infedeltà del marito, in un'epoca in cui le favorite facevano quasi parte dei doveri reali, ma dalla crudeltà del suocero Giorgio I. I rapporti tra padre e figlio erano pessimi sin dall'infanzia. Il sovrano, quando era ancora un semplice principotto dell'Hannover, convinto che la moglie lo tradisse, aveva fatto uccidere il presunto amante e rinchiuso la fedifraga in una fortezza-prigione. George August non gli aveva mai perdonato il feroce trattamento della madre, e nemmeno il trasferimento a Londra aveva migliorato i rapporti tra i due. Ma fu una comica questione di etichetta a produrre una frattura insanabile, suggellata dal dramma.

Il 13 novembre 1717 Caroline, che aveva già messo al mondo un maschio e tre femmine, partorì un altro piccolo principe. Il nonno monarca arrivò per congratularsi, ma tutti i cortigiani presenti notarono che si guardò bene dal rivolgere la parola al figlio. Per aggiungere insulto all'offesa, decretò che il piccolo sarebbe stato tenuto a battesimo non dai padrini scelti dai genitori ma dal suo favorito, l'odioso duca di Newcastle. Costretto a obbedire, a cerimonia conclusa il fumantino principe del Galles non trattenne la furia contro il duca, e fu udito dire: «Voi, mascalzone, vi combatterò».

Subito tutta Londra si riempì della voce che Sua Altezza Reale aveva sfidato a duello il duca, con ciò chiaramente insultando la volontà paterna. George August tentò di giustificarsi, sostenendo di aver detto: «*I'll find you*» (vi troverò) e non «*I'll fight you*» (vi combatterò). Insomma, si trattava di un qui pro quo originato dall'atroce accento della Vestfalia che deturpava l'inglese del principe. Vero o falso, non aveva importanza: poiché il figlio rifiutava di chiedere scusa, il monarca lo buttò all'istante fuori di casa. Letteralmente.

George August e Caroline furono costretti a lasciare i loro appartamenti nella reggia di St James's. L'ostracismo del sovrano si spinse fino a vietare ai cortigiani di rendere loro visita nella nuova residenza di Leicester House, pena il bando dalla reggia. Ma il peggio non era questo. Stranamente, l'ordine di sgombero emesso dal re non nominava i nipotini. Una distrazione, pensarono i Galles. Macché. I piccoli, cioè le principesse Anne, Amelia e Caroline, il maschietto Frederick e il neonato George William, dovevano tutti restare a St James's. Secondo la legge inglese, il monarca aveva pieno diritto di prendere il controllo dei propri eredi, e Giorgio I aveva deciso di esercitare il suo potere per punire il figlio e la nuora. Alle nove di sera del 2 dicembre 1717, Caroline semisvenuta per lo choc e George August piangendo a dirotto uscirono da St James's Palace, lasciando nella reggia i loro bimbi in lacrime, affidati alle cure di una governante.

Nei mesi seguenti l'intera Europa assisteva allibita e incredula agli sviluppi della ridicola «disputa del battesimo». Non solo i piccoli dei Galles erano sequestrati dal nonno, intanto ribattezzato «l'orco di St James's», ma alle povere creature veniva pure impedito di vedere i genitori, a loro volta disperati e furibondi. Finché a metter fine alla diatriba irruppe la tragedia. Nei primi mesi del 1718, Giorgio I stabilì che per l'estate la Corte si sarebbe trasferita nel palazzo di Kensington, tre secoli fa ancora oltre gli estremi confini di Londra. Circondata da campi e giardini, la residenza era poco più di una casa di campagna, ma l'atmosfera era più rilassata e l'aria certo più salubre di quella della metropoli. Perciò l'infante George William fu mandato avanti con tutto il suo corteggio di *nannies*, valletti e camerieri. Appena arrivato a Kensington, il bimbo di pochi mesi cominciò però a tossire senza requie e a respirare con difficoltà. Arrivò subito il cerusico di Corte, ma inutilmente. Nello spazio di poche ore una violenta crisi di convulsioni si portò via la vita del principino.

Per la povera Caroline il dolore fu atroce, accompagnato dal rimorso per non aver ceduto al diktat del suocero pur di rimanere accanto ai suoi bambini. Ma nemmeno il lutto riuscì a riunire la famiglia, e passarono ancora anni prima che solo la convenienza politica imponesse una riappacificazione di facciata. La quiete in realtà sarebbe tornata soltanto con la scomparsa di uno dei due contendenti. Il più vecchio sgombrò infine il campo nel 1727 e Giorgio II salì al trono con la sua *Queen Consort* al fianco. Ma per poco. Nel 1737 un'ernia ombelicale non curata spegneva nel giro di una settimana quella che gli storici britannici considerano «la regina più intelligente mai vista sul trono d'Inghilterra».*

Assai meno lusinghiero, settant'anni dopo, il giudizio di metà del regno su Caroline di Brunswick. Dico metà, perché l'altra metà invece la adorava. Anche in questo la storia del matrimonio e (tentato) divorzio reale somiglia come una goccia d'acqua a quella di Carlo e Diana. Pure nella Londra della Reggenza l'opinione pubblica si divise e polarizzò attorno alle ragioni dell'uno o dell'altro coniuge, trasformando un *mismatch* matrimoniale in una contesa politica che scosse il trono. Tutto cominciò perché George Augustus Frederick, principe del Galles, figlio ed erede di Giorgio III (chiedo scusa per la possibile confusione ma i nomi degli Hannover son sempre gli stessi...), aveva un disperato bisogno di soldi.

Nell'abbondante e svariata letteratura sulla *débauche* reale *questo* principe del Galles occupa un posto di assoluto e ineguagliabile rilievo.

* Lucy Worsley, *Courtiers*, Faber and Faber, Londra 2010, p.10.

Dite un vizio, e lui l'aveva. Carte, alcol, donne, sperpero di denaro: quando, dopo lui e il fratello Guglielmo IV, sul trono arrivò nel 1837 la virginea nipote Vittoria, gli inglesi designarono collettivamente i suoi reali parenti come «*the wicked uncles*», gli zii malvagi.

Dopo aver fatto follie per sposare segretamente la borghese Maria Fitzherbert, senza peraltro mai rinunciare a tradirla, infine la liquidò per lettera (non c'era ancora il cellulare...), infatuato com'era dell'ultima amante, l'adultera lady Jersey. Il guaio per il principe innamorato era di essere pure schiacciato da una montagna di debiti. Le spese folli per i suoi piaceri e i sontuosi palazzi – il Padiglione di Brighton, Clarence House, più lussuosa perfino di Buckingham Palace – avevano lasciato Sua Altezza in rosso per la monumentale cifra di 375.000 sterline, ai valori di oggi almeno un centinaio di milioni.

Il principe rivolse un accorato appello al Parlamento perché si accollasse il mostruoso debito. Il re suo padre, momentaneamente rinsavito dai periodici attacchi di follia, rifiutò di sostenere la richiesta a meno che lo stagionato Ganimede, ormai arrivato a trentadue anni, non si sposasse e producesse un erede. I Comuni appoggiarono il sovrano, e George fu messo con le spalle al muro. Poteva scegliere solo tra due candidate, entrambe sue cugine: o la nipote della regina, Luisa di Mecklenburg-Strelitz, bella, raffinata e piena di talenti, o la nipote del re, figlia della sorella maggiore Augusta, cioè Caroline di Brunswick. Scelse la seconda, e ne incolpò per sempre il demonio. Ma avrebbe dovuto prendersela piuttosto con lady Jersey, che lo indirizzò ovviamente verso quella che sembrava la rivale meno temibile (vi ricorda per caso Camilla e la giovane, innocua Diana?). Fatto sta che accettò di sposarla senza averla nemmeno mai vista.

Il primo incontro avvenne solo qualche mese dopo, il 5 aprile 1795, giusto alla vigilia del matrimonio. La reazione di George si può ben intuire dalla battuta consegnata alla storia. «Harris, vi prego» disse al suo aiutante, il barone di Malmesbury «non mi sento bene. Datemi un bicchiere di brandy.» Per il principe considerato il più raffinato d'Europa, la presentazione di una promessa sposa poco graziosa e parecchio rozza fu comprensibilmente uno choc. Ma soprattutto le abitudini igieniche del ducato da operetta in cui Caroline era cresciuta lasciavano parecchio a desiderare perfino in una Corte, come quella di Londra, non particolarmente rinomata per la pulizia. I testimoni concordano che, sprofondata nell'inchino al promesso sposo sconvolto, la sventurata puzzava come se fosse appena uscita da una stalla.

Mentre lui se la dava a gambe per correre a lamentarsi dalla madre, anche la fidanzata manifestava a Malmesbury, che aveva fatto da sensale matrimoniale, tutta la sua delusione. Anzitutto per l'evidente villania del principe, e poi per il suo aspetto, sul quale era stata chiaramente ingannata: «Penso che sia molto grasso [verissimo (*N.d.A.*)] e per niente bello come nel suo ritratto».

In effetti, a parte il reciproco disgusto, mai coppia fu peggio assortita. Caroline, a ventisette anni suonati, era goffa, rubizza ed elegante suppergiù come una qualsiasi contadina del suo paesello. Insomma, non era bella né ricca né pegno di un'importante alleanza internazionale. La sua unica dote stava nell'essere figlia della sorella preferita del re d'Inghilterra. Ma questa forse era pure la sua dannazione. Perché un rivolo della follia ereditaria esplosa clamorosamente in Giorgio III sembrava scorrere anche nelle vene della sua nipotina. Due fratelli della futura principessa del Galles avevano manifesti problemi mentali, e nel giudizio dei posteri parecchie delle sue stramberie ed eccentricità recano i segni della pazzia. Di certo il promesso sposo non aiutava.

Se agli occhi dell'opinione pubblica Caroline appariva come una vittima sacrificale, pure George riscuoteva la stessa commiserazione: era stato costretto a sposarsi contro la sua volontà e le sue preferenze, solo per ottenere il pagamento dei vecchi debiti e la libertà di contrarne di nuovi per soddisfare i suoi costosi piaceri. È vero che l'affare per lui era economicamente assai vantaggioso. Si portava a casa, cortesia dei sudditi, la colossale cifra di un milione di sterline (all'incirca mezzo miliardo di oggi) come prezzo per sposare una donna che gli ripugnava. Tutta la Londra elegante era solidale con lui, giudicando la nuova venuta «una delle donne meno attraenti e più repellenti, soprattutto per un uomo raffinato, che si potesse trovare nelle famiglie reali tedesche».

Alla vigilia delle nozze, l'erede al trono in procinto di diventare bigamo incaricò il fratello, duca di Clarence, di recapitare un breve messaggio alla moglie morganatica Maria Fitzherbert: «William, dille che è l'unica donna che amerò per sempre». Dopodiché, si dispose al matrimonio come a un'esecuzione.

L'8 aprile l'arcivescovo di Canterbury officiò una cerimonia nuziale che sembrava un funerale. Il principe piangeva senza ritegno, particolarmente quando il prelato chiese due volte, certo non a caso, se vi era qualche impedimento legale all'unione. Lady Maria Stuart, testimone oculare, ha lasciato scritto: «Lui sembrava come la Morte e pieno di confusione, come se volesse nascondersi agli sguardi di tutto il mondo. Credo che sia molto da compatire». Tanto George era disperato quanto Caroline allegra e su di giri. Esaltata dall'eccezionale cambiamento della sua fortuna, sembrava al settimo cielo. Sorrideva e salutava a destra e a manca, ma al momento del ricevimento fu tra i pochissimi ad assaggiare la torta nuziale, che rimase in gran parte intatta e destinata a finire tra gli avanzi per la servitù.

Com'è facile immaginare con queste premesse, la prima notte di nozze non poteva che essere tragicomica. La neoprincipessa raccontò senza falsi pudori che il fresco marito aveva trascorso l'intera nottata sdraiato ubriaco sul pavimento, accanto al camino. Lui a sua volta disse disgustato di aver avuto la sensazione che la virtù della consorte fosse stata «già esplorata». Inoltre, rinnovando il trattamento riservato alla moglie dal nonno Giorgio II, il principe aveva avuto il tatto di nominare dama di compagnia della consorte la sua amante lady Jersey. Siamo insomma alla solita replica del «matrimonio un po' troppo affollato». Ma il *vaudeville* stavolta fu molto più breve. Dopo una luna di miele che non avrebbe potuto essere più disastrosa, tempo due o tre settimane la coppia non viveva già più come moglie e marito. E il reciproco disprezzo sarebbe presto tracimato nella «guerra degli Hannover».

George, come molti suoi antenati e discendenti, era certamente principe ma non gentiluomo. Furioso perché i Comuni non gli avevano aumentato abbastanza l'appannaggio, scaricò la rabbia sull'infelice sposa. Non solo la insultava in tutti i modi, ma arrivò a svuotarle l'appartamento privato di tutti i mobili di pregio e si fece perfino restituire i braccialetti di perle che le aveva regalato. In aggiunta, alla povera Caroline toccò l'oltraggio di vedere i suoi gioielli ai polsi di lady Jersey, alla quale l'amante li aveva donati. Né poteva sperare di trovare conforto nei reali parenti. La regina madre Charlotte di Mecklenburg la odiava perché aveva soffiato il posto alla diletta nipote Luisa, e per spregio sosteneva pubblicamente la relazione adulterina del figlio con la Jersey. L'ultima speranza della malcapitata principessa era dare alla luce un erede.

E in questo almeno la coppia male assortita era stata fortunata. Nove mesi esatti dopo le nozze, il 7 gennaio 1796, Caroline partorì una bambina alla quale fu imposto lo stesso nome della nonna, Charlotte Augusta. Ma se sperava che questo potesse guadagnarle la gratitudine del marito e rivitalizzare l'unione, si sbagliava. Accadde esattamente il contrario. George rese noto che con l'arrivo dell'erede, benché femmina (ma per il trono inglese non vige la legge salica), considerava di aver assolto alla sua parte del contratto, e di avere dunque diritto a riguadagnare la libertà. Nulla avrebbe potuto essere più eloquente di quel che accadde il primo anniversario delle nozze, l'8 aprile: Caroline fu lasciata come sempre a cenare da sola mentre il marito, con lady Jersey al braccio, trascorreva la serata in lieta compagnia di mamma e sorelle.

Informato del disastro coniugale, re Giorgio III impose né più né meno la stessa soluzione prescritta da Elisabetta II a figlio e nuora: salvate le apparenze. E anche quel che seguì è incredibilmente simile a ciò che sarebbe accaduto due secoli dopo. La principessa si disse disponibile a continuare a vivere sotto lo stesso tetto in un matrimonio puramente nominale, purché il coniuge le mostrasse almeno rispetto formale allontanando dalla Corte l'amante. Come per Carlo, anche la risposta di George fu un no secco. Anzi, su richiesta della consorte, mise nero su bianco il suo ripudio.

La lettera, scritta dal castello di Windsor e datata 30 aprile 1796, è un documento di straordinario interesse, anzitutto per l'algida brutalità che esibisce. «Le nostre inclinazioni non sono in nostro potere» si autoassolve Sua Altezza, di conseguenza «nessuno di noi dovrebbe essere tenuto a rispondere all'altro, giacché la natura non ci ha fatti adatti l'uno all'altra.» C'è sempre naturalmente, trattandosi di matrimonio reale, la questione della successione, ma George chiarisce che nemmeno «nell'evento di un incidente, che confido la Provvidenza vorrà sempre evitare, a mia figlia» ed erede, nemmeno in quel tragico caso muteranno «i termini della nostra separazione, proponendo in qualsiasi momento un rapporto di natura più particolare». Tradotto, nemmeno qualora fosse necessaria la produzione di un erede sostitutivo il principe tornerebbe mai a dividere il letto con la moglie. La prima notte di nozze sarebbe rimasta anche l'unica, come si dice oggi, *one-night stand.* A un milione di sterline, certo la meglio pagata della storia.

Costretta a rassegnarsi, Caroline del Galles diventò Caroline di Blackheath, come si chiama l'elegante collina al limite campestre della città dove andò ad abitare, a Montagu House. Lì cominciarono a farle visita frotte di ammiratori, i tavoli – come racconta lord Minto – «venivano apparecchiati in una piccola striscia di giardino sotto un filare di alberi» e la sua vita riprese una parvenza di normalità, sia pure condita di rancorosa curiosità per quel che accadeva lontano, a Corte. Ma alla nostalgia si sostituì presto un sentimento più feroce, il desiderio di vendetta. E come punire un traditore se non ripagandolo con la stessa moneta? La principessa era stata offesa e umiliata dagli adulteri seriali del marito, glieli avrebbe restituiti moltiplicati.

La villa di Blackheath diventò l'epicentro dei pettegolezzi londinesi e offrì materiale in abbondanza ai fogli scandalistici, che incitavano gli inglesi a far fare al loro re la stessa fine appena riservata dai francesi a Luigi XVI. Vero o falso che fosse, la villa della donna ripudiata divenne nei racconti il luogo di mille licenze, l'alcova di mille amanti. Lungi dallo smentire queste storie, che secondo lord William Pitt Lennox «gareggiavano in popolarità con quelle delle *Mille e una notte*», Caroline le alimentava sfidando le rigide regole di comportamento imposte a una «donna perbene». E se questo gettava ombre nerissime sulla sua reputazione, lei non se ne curava, anzi sembrava pensare che almeno in parte la sua vergogna sociale potesse danneggiare anche l'odiato marito.

Purtroppo si sbagliava, perché al principe non importava affatto. Lui era riuscito nell'impresa, resa ancora più difficile dagli scrupoli morali e religiosi di Maria Fitzherbert, di riconciliarsi con la moglie morganatica. Sembrava finalmente felice, e figurarsi se quel che accadeva a Blackheath poteva sfiorare il suo monumentale egoismo. Fu forse anche per effetto di questa ostentata indifferenza se il comportamento di Caroline si fece sempre più sfrenato e sconsiderato. Perfino la governante della figlia, lady Clifford, minacciò di denunciare al re le maniere e il linguaggio sconvenienti che usava pure di fronte alla bambina. La lista dei presunti amanti si allungava di giorno in giorno, e sebbene spesso si trattasse di fantasie maschili, non mancavano i seduttori che se ne gloriavano apertamente, come il celebre politico George Canning o il pittore Thomas Lawrence, che la ritrasse con la figlia.

Nell'immaginazione popolare come nei pettegolezzi di Corte, l'ex contadinotta del Brunswick si era insomma trasformata in una Circe mangiatrice d'uomini. Non c'è dubbio che lei godesse nell'alimentare questa leggenda nera, esibendosi in comportamenti scioccanti. La moda dell'epoca Impero aveva, è vero, autorizzato generosi décolleté femminili, ma i suoi erano decisamente scandalosi, e per di più offerti anche quando la moda era passata da un pezzo. Così, esibiva il seno abbondante con una generosità e audacia da cantante pop contemporanea piuttosto che da gentildonna ottocentesca. Un visitatore del suo salotto si sentì obbligato a girare il capo da un'altra parte quando la principessa gli si parò davanti «abbigliata molto poco giudiziosamente, avvolta in una leggera vestaglia rosa». E il severo William Wilberforce, il profeta della lotta alla schiavitù, che le era sinceramente amico, la pregò quando andava all'Opera di «coprirsi il collo», ma voleva dire il petto.

Questa fama poco lusinghiera offrì però al marito fedifrago l'attesa occasione per staccarla dalla figlia, con il consenso di un'opinione pubblica scandalizzata. Quando nel 1811 re Giorgio III, che l'aveva fino ad allora in qualche modo protetta, cadde vittima dell'ultimo e definitivo attacco di follia, per Caroline si spalancarono le porte dell'inferno. George diventò Principe Reggente, e usò i nuovi e ampi poteri anzitutto per regolare i conti in famiglia. Deciso a staccare dalla madre la giovane Charlotte, impose alla moglie ripudiata di chiedere il permesso per visitarla perfino il giorno del suo compleanno, e in ogni caso sempre a condizione di non fermarsi se non per il mattino. Le vessazioni del padre costrinsero la povera ragazza a un'adolescenza tormentata ma non riuscirono ad allontanarla da Caroline se non quando questa, isolata e disperata, prese la decisione di godersi quel che le restava della vita. Dal momento che ciò non le era permesso in Inghilterra, fuggì Oltremanica. Verso il sole. Verso il mare. Verso l'eccitante carnalità promessa dalle sponde del Mediterraneo.

Tra il 1814 e il 1820, in una frenesia di viaggio, scoperta e piaceri, la principessa attraversò mezza Europa, si fermò sul lago di Como e a Capri, arrivò a Gerusalemme, sbarcò a Tunisi, sedusse re e banditi, comprò casa a Milano e una seconda a Pesaro, danzò seminuda a Napoli mascherata come Genio della Storia, conquistò una leggenda come Gioacchino Murat, re napoleonico del Sud Italia, e incontrò mille uomini. Ma da uno solo non si separò mai, e proprio questo legame sarebbe stata l'arma finale nelle mani del marito. Bartolomeo Bergami, ex furiere dell'armata napoleonica, aveva incontrato la principessa appena arrivata a Milano. Alto, atletico, basettoni e baffi a manubrio, oggi sembrerebbe la parodia del latin lover. Ma certo non alla principessa, che lo assunse come maggiordomo e ben presto lo accolse nel suo letto, senza peraltro che lui pretendesse mai l'esclusiva.

Le notizie volano, e nell'Ottocento solo un po' più lentamente. Al ritorno in patria, i viaggiatori inglesi in Europa erano prodighi di storie sulle imprese amatorie della consorte separata del Reggente. Il principe, ormai prossimo al trono, vide l'occasione che aspettava: spedì i suoi emissari in Italia per raccogliere prove dello scandaloso comportamento di Caroline e far votare al Parlamento il sospirato divorzio. Scelta dettata non solo dal disgusto personale ma dalla necessità politica. Nel 1817 l'unica figlia ed erede Charlotte era morta di parto assieme al neonato, e il cinquantacinquenne, terribilmente grasso George coltivava l'idea di risposarsi e generare altri eredi. Ma prima che il piano potesse andare in porto, Giorgio III esalava l'ultimo respiro, il 29 gennaio 1820. Il figlio diventò Giorgio IV, e l'abbandonata Caroline la sua regina consorte.

Il sovrano schiumava di rabbia. Tanto più che lei non perse tempo a reclamare i propri diritti. Lasciò in Italia l'amato Bergami e si precipitò a Londra. Il marito le offrì una somma colossale per il tempo – 50.000 sterline l'anno – purché rimanesse sul continente, ma lei rifiutò. Voleva vendetta. E il re voleva distruggerla. Su sue istruzioni, nell'agosto 1820 il governo guidato dal conte di Liverpool presentò in Parlamento un disegno di legge – il *Bill of Pains and Penalties* – che decretava la dissoluzione del matrimonio a causa dell'adulterio della regina. Fu un grave errore di valutazione che accese la miccia di mesi di battaglia politica, con serie ripercussioni sulla stabilità della monarchia.

La Caroline tornata a Londra a cinquant'anni suonati presentava in verità una figura patetica, più simile secondo i testimoni a una sciupata cortigiana mentalmente squilibrata che a una regina. Ciononostante, attorno alla sua «causa» si coagularono tutti gli scontenti e i radicali del regno, che la trasformarono in una bandiera di rivolta contro il monarca odiato per la *débauche* e lo sperpero. Nella sua residenza di Brandenburgh House, nel quartiere periferico di Hammersmith, i sudditi arrivavano in processione da ogni angolo dell'isola per presentare le loro doglianze nelle mani della sovrana e sottoporle le loro petizioni. I fogli dell'opposizione liberale ne dipingevano intanto un ritratto ideale, esaltandola come simbolo di virtù e invocando sulla sua innocenza la protezione del cielo. Caroline forse non se ne rendeva nemmeno conto, ma nell'ombra le fila del suo partito erano tirate da sapienti burattinai, politici e finanzieri della City, che abilmente sfruttavano la disputa coniugale degli Hannover per assestare un colpo al potere reale. Il popolino se ne curava poco. Per le masse di miserabili che affollavano gli slum di Londra e odiavano tutto ciò che aveva a che fare con la Corte, Caroline era diventata una teutonica Giovanna d'Arco in difesa degli infelici e degli oppressi.

Il processo davanti alla Camera dei Lord non fece che rafforzarne la posizione e ridicolizzare il re. L'accusa aveva speso migliaia di sterline per far venire dall'Italia decine di domestici, valletti, cameriere, parrucchieri, cocchieri, lavandaie, facchini, perché testimoniassero sulla condotta scandalosa della sovrana. Ogni loro deposizione offriva nuovi spunti ai fogli satirici per sghignazzare del re e del governo: il «Non ricordo» opposto dal servo Majocchi a ogni domanda diventò una popolarissima *catchphrase*, un ironico modo di dire. Dopo due mesi di una dannosissima farsa, sommerso dal ridicolo, il gabinetto Liverpool ritirò la legge per evitare sommosse di piazza.

Caroline aveva vinto. E si guadagnò celebrazioni degne di un Cesare. Quella notte tutte le case di Londra rimasero illuminate, e tutte le navi nel porto sul Tamigi issarono gran pavesi risplendenti di luminarie, manco fosse l'annuncio di una nuova Trafalgar. Le campane suonavano a festa e nei teatri, prima delle rappresentazioni, il pubblico era invitato a intonare in coro *God Save the Queen*. Le carrozze che lasciavano la capitale sventolavano in trionfo i nastri bianchi simbolo dell'innocenza della regina, perfino i più famosi club esclusivamente maschili di Pall Mall, dal White's al Brooks's, che all'inizio del processo scommettevano contro di lei, adesso esponevano nel chiarore delle torce le sue iniziali regali. Fiumi di messaggi di congratulazioni inondarono Brandenburgh House, trasormatosi da rifugio di una reietta in palazzo di potere. Inebriata dal successo, Caroline decise di recarsi addirittura a un *Te Deum* di ringraziamento nella cattedrale di St Paul scortata da una cavalcata di gentiluomini, ognuno con una rosa bianca al bavero e altre due sul capo del cavallo.

La gente era doppiamente felice, per la vittoria della regina e forse ancora più per avere evitato il pericolo di una rivoluzione, che ribolliva nella pancia del Paese. Dopo tanta battaglia ed eccitazione, i sudditi non vedevano l'ora di tornare alle proprie occupazioni e ai propri piaceri. Chissà se, mentre assaporava il gusto dolcissimo del trionfo, Caroline avvertì l'amaro presentimento dell'oblio. In ogni caso, avrebbe presto avvertito sulla pelle la volubilità del mostro chiamato opinione pubblica. Man mano che la memoria del processo si spegneva, la sua popolarità svaniva. Più il tempo passava, più era ridotta a vivere da autoreclusa senza più seguaci nell'ambiente bucolico di Brandenburgh House. E, per converso, aumentava il consenso dell'odiato consorte, abilissimo a dar fondo alla sua illimitata prodigalità per conquistarsi i sudditi con sontuosi baccanali e palazzi sfarzosi.

A quel punto, Giorgio IV si sentì abbastanza sicuro da fissare per il 19 luglio dell'anno successivo la sua grandiosa incoronazione a Westminster Abbey e invitò alla cerimonia sovrani da ogni parte del mondo. Con una sola esclusione: sua moglie.

Regina per la legge, nessuno per il mondo. L'ultima umiliazione si abbatteva su una donna che era ormai l'ombra della guerriera degli ultimi vent'anni, la parodia della sovrana. Lei stessa se ne rendeva conto, quando confidava agli intimi di annoiarsi a morte ai ricevimenti dell'alta società. La sola cosa che veramente desiderava era tornare nella villa di Pesaro dove Bergami la aspettava. Ma non l'avrebbe mai data vinta all'uomo che l'aveva trattata così crudelmente.

Non capiva che il *mood* del pubblico era cambiato. La folla adorante di pochi mesi prima si era stancata e la considerava ormai «il peggior pomo della discordia che donna sia mai stata». Nei teatri che prima l'accoglievano con l'inno nazionale, adesso trovava solo bordate di fischi. Le ovazioni erano riservate al re: «*Long live George the Fourth!*» Intanto, lei scriveva lettere su lettere al premier, all'arcivescovo di Canterbury, al Lord Ciambellano esigendo di sapere quale posto le era riservato nella cerimonia d'incoronazione. La risposta fu brutale: nessuno. Sua Maestà, semplicemente, non voleva vederla. E la legge era dalla sua. Consultati i precedenti, il Privy Council aveva decretato che la regina non aveva alcun diritto di essere incoronata assieme al marito, se lui non voleva.

Non le restava che perseguire testardamente la vendetta. Caroline si convinse che sarebbe bastata la sua presenza nell'abbazia a rovinare la festa di George. Chiese un biglietto da spettatrice. Le fu rifiutato. Allora si decise per la prova di forza che avrebbe decretato la sua rovina finale. Aveva annunciato pubblicamente che si sarebbe presentata comunque a Westminster alle otto del mattino del 19 luglio, in realtà puntava sul fattore sorpresa: alle cinque e mezzo la sua carrozza si fermò davanti al tempio imbandierato per l'incoronazione e il suo ciambellano lord Hood scese dalla vettura per chiedere al guardiano sul portone «ammissione per la regina». Quello rispose che aveva ordine di non far entrare nessuno senza il biglietto d'invito per i Pari.

«Osi respingere la tua sovrana?» tuonò lord Hood, ma l'uomo non si fece smontare. Il ciambellano allora estrasse un biglietto d'invito intestato a un certo Mr Wellington e lo offrì a Caroline. «Ma entra solo uno» avvertì il guardiano, e dinanzi all'ignominia di accedere da sola senza uno straccio di seguito, perfino lei si arrese e risalì in carrozza. Mentre si allontanava tra le lacrime, poteva udire al di là del finestrino le urla di scherno della folla in attesa della cerimonia: «Vai via!» «Vergogna!» «Tornatene a casa!» E anche un invito più dettagliato: «Tornatene da Bergami!»

Probabilmente avrebbe voluto farlo. Ma non ne ebbe il tempo. Due settimane dopo, il 5 agosto 1821, gli amici allarmati riportavano notizie di un'infiammazione intestinale della regina. Il giorno seguente la visitò il dottor Matthew Baillie e la diagnosi fu confortante: l'ostruzione dell'intestino era stata rimossa. Ma nemmeno ventiquattr'ore dopo, il 7 agosto verso le tre del pomeriggio, la paziente ebbe una ricaduta e la fine arrivò rapidissima. Caroline chiese che le portassero un certo vestito e la mettessero a sedere. L'abito che aveva voluto indossare era una vera opera d'arte, costato 500 ghinee, tutto merletti e con uno strascico lungo sei metri. Era il vestito in cui ventisei anni prima aveva sposato suo cugino, il principe del Galles. Così abbigliata fece testamento, salutò gli amici e aspettò la morte, che sopraggiunse poco prima delle dieci e mezzo della sera. Le sue ultime parole furono: «Alla fine mi hanno distrutta, ma li perdono. Muoio in pace con il genere umano». Il giorno dopo, il *Times* listato a lutto annunciava che «la più grande, forse la migliore donna dei suoi giorni, è stata schiantata da quella che può essere chiamata una morte prematura».

Perfino nel momento dell'addio Giorgio IV si mostrò meschino. Respinse la proposta del governo di proclamare il lutto nazionale (all'inizio, nemmeno Elisabetta lo voleva per Diana...) e vietò al corteo funebre, che accompagnava la bara al porto per il trasferimento a Brunswick, di attraversare la City. Temeva manifestazioni ostili in nome della scomparsa. Invece, proprio il divieto provocò una mezza rivoluzione. La mutevole folla londinese, che in morte aveva riscoperto la sua beniamina, ingaggiò con l'esercito una battaglia di strada perché il feretro della sfortunata sovrana potesse attraversare i quartieri dei suoi sostenitori. I soldati aprirono il fuoco, ferendo due uomini e spedendo una pallottola nel cappello del cocchiere del carro funebre. Ma furono giocati dai rivoltosi. Le barricate erette strategicamente ottennero l'effetto sperato di spingere il feretro prima verso lo Strand, e poi nel mezzo della City. Lì il Lord Mayor di Londra accorse per pronunciare il panegirico della defunta davanti a Temple Bar. «Caroline, offesa regina d'Inghilterra» – come aveva voluto si scrivesse sulla bara – aveva alla fine ricevuto l'omaggio del suo popolo, e ottenuto la vendetta postuma sull'uomo che le aveva rovinato la vita.

14

Morte nel tunnel

La donna che più di ogni altra avrebbe reso il titolo di principessa del Galles doppiamente sinonimo di *glamour* e malasorte, noto in ogni angolo di mondo, entrò nella storia come una ragazzona timida, impacciata, facile ad arrossire. E quando succedeva, era deliziosa, pure nei giorni in cui era ancora soltanto una diciottenne paffutella. Ma bastò una foto, nella calda estate 1981, a far intuire che «bomba sexy» poteva diventare. Diana Spencer, che di lì a poche settimane avrebbe sposato il trentaduenne erede al trono Carlo, fu ritratta dai paparazzi con un bimbo in braccio nella scuola materna londinese dove lavorava. Faceva caldo e indossava un'ampia gonna di cotone lunga ben sotto il ginocchio, in ossequio alle rigide regole di abbigliamento di casa Windsor. Ma non si era resa conto che, controsole, l'indumento era in pratica trasparente. Tutti i maschi d'Inghilterra fischiarono idealmente d'ammirazione davanti al fenomenale paio di gambe esibito senza volerlo dalla futura principessa del Galles.

Nessuno dubitava, il 29 luglio 1981, che le nozze celebrate quel giorno in terra fossero state davvero decise in cielo. L'austero arcivescovo di Canterbury, che officiava la cerimonia nella cattedrale di St Paul, cominciò la sua predica nuziale con le parole: «Qui c'è il materiale di cui sono fatte le favole». Istantaneamente il mondo si innamorò della principessa delle fiabe. L'ondata di una popolarità che non si vedeva dal 1953 fece credere a Elisabetta II che il suo trono si trovasse su un terreno solido e sicuro. Undici anni dopo, ironia della storia, la fine di quello stesso matrimonio avrebbe trascinato la monarchia nella crisi più seria dai giorni dell'abdicazione, sollevando dubbi perfino sulla sua stabilità dopo la fine del regno di Elisabetta.

Retrospettivamente, sembra facile osservare che nessun *love match* poteva apparire più improbabile – anche alla regina – di quello tra l'erede al trono e lady Diana Spencer. Il divorzio acrimonioso dei genitori aveva danneggiato l'infanzia della giovane aristocratica in modo irreparabile. Abbandonata a sei anni dalla madre, la bambina felice, sorridente, socievole era diventata un'adolescente depressa, priva di autostima, a un tempo timida e ostinata. La tristezza di quegli anni la trasformò in una giovane avida di divertimenti, felice sulle piste da ballo e nei night club. Si trovò invece un marito che preferiva una tranquilla serata a casa accanto al fuoco e un libro sotto gli occhi. Oltre, naturalmente, agli abbracci della donna che già amava da quando Diana aveva solo dieci anni.

Ci vollero quasi tre lustri dal sì pronunciato a St Paul perché Diana consegnasse a Martin Bashir, davanti alle telecamere della BBC, la sua frase certamente più famosa: «Eravamo in tre in questo matrimonio, un po' troppo affollato». Ma che «fossero in tre» non poteva averci messo molto a capirlo. Per quanto ingenua ed entusiasta fosse a vent'anni, davvero non le sembrò strano vedersi affibbiare, come chaperon prenuziale, quella Camilla Parker Bowles che era stata una *girlfriend* del marito? O era l'unica a ignorarlo alla Corte di Londra? E cosa avrà mai pensato quando, ai primi tempi del corteggiamento, Carlo le imponeva di chiamarlo Sir, mentre alla sua storica confidente Camilla era consentito l'uso del nomignolo Fred (e lui ricambiava chiamandola Gladys)?

Ogni eventuale dubbio era comunque già svanito quando alla vigilia del matrimonio una Diana piangente confidò agli amici di avere scartato per errore un pacchetto regalo arrivato a Palazzo, solo per scoprire che non era un dono di nozze per lei ma un braccialetto d'oro a catena con due iniziali intrecciate: «F» e «G», ovviamente Fred e Gladys, o anche *Girl Friday*, la ragazza venerdì, un altro dei vezzeggiativi che il principe-Robinson Crusoe riservava alla vecchia amica. Fu questo il motivo che fece scappare Diana in lacrime dal campo di polo su cui giocava il fidanzato, e non la reazione nervosa di una ragazza spaventata dall'eccessiva pubblicità. Fu una fuga che probabilmente spesso rimpianse di non aver compiuto per sempre.

Al pubblico sfuggiva che la coppia all'apparenza perfetta non poteva in realtà essere peggio assortita. La distanza tra i due appare subito siderale. Lui ama la campagna, la cura del suo giardino, le lunghe passeggiate. Lei detesta la quiete campagnola, sentendosi viva solo in una frenetica attività sociale, pranzi e feste e danze e pettegolezzi ai tavoli dei prediletti ristoranti italiani, il San Lorenzo a Kensington o La Famiglia a Chelsea. Per dirla con Nigel Blundell, che ha seguito tutta la discesa agli inferi di questo matrimonio, «lei era la Principessa Pop, lui il Principe Filosofo». Abbondano i racconti di lei che si muove a passo di danza per i saloni di Kensington Palace con le cuffie del walkman incollate alle orecchie. O della sua ossessione compulsiva per lo shopping che manda fuori dai gangheri il marito attento ai soldi.

La madre Frances aveva piantato il marito conte Spencer e i quattro figli perché – spiegò – si sentiva soffocare nell'isolata esistenza di Althorp, la secolare tenuta di famiglia nel Norfolk. E come lei Diana si sentiva mancare l'aria a Kensington Palace, incatenata dalle regole, dalla disciplina, dal senso del dovere imposto dal matrimonio con il principe del Galles. Nella sua ansia di liberarsi da queste costrizioni, Lady Di a poco a poco trasformò radicalmente l'immagine che si era formata del marito: dal «principe meraviglioso» e senza macchia che si era dipinta nell'innamoramento adolescenziale, Carlo diventò il ranocchio della favola, un estraneo, un uomo ordinario con piaceri, opinioni e interessi del tutto diversi dai suoi. E questa divergenza di caratteri purtroppo era drammaticamente vera.

La principale differenza tra i due coniugi, al di là dei dodici anni in meno di Diana, era proprio il livello di educazione e istruzione, a cominciare dai *curricula* scolastici: il principe intellettuale e la ragazza semplice che in undici anni di scuola non era mai riuscita a superare un esame. La circostanza la imbarazzava molto, e per nasconderlo ricorreva all'autoironia sulla sua mancanza di *brainpower*, di intelligenza. Lo faceva soprattutto per difendersi dal marito che la prendeva in giro, imitato dal resto della famiglia reale. «Non riesco mai a capire cosa c'è dietro quella bella testolina» si sfogò una volta Elisabetta, anche se forse non si era mai troppo curata di scoprirlo. La giovanissima nuora ne soffriva, come confidò a Sarah Ferguson, all'epoca cognata e amica. «È una cosa che mi fa desiderare di accartocciarmi e morire. Odio fare discorsi perché so che cosa diranno tutti loro dopo. Perfino la regina mi guarda in modo strano dopo che ho fatto un discorso, e questo mi snerva.»

Il matrimonio da favola, com'è noto, trasformò dalla sera alla mattina questa giovane impacciata e timida, di poche letture ma intelligenza istintiva, di antica famiglia ma carattere umile, nella prima megastar globale. Lei si atteggiava a vittima, faceva mostra di odiare l'attenzione senza sosta di cui era oggetto, lamentava di non poter mettere il naso fuori casa senza essere fotografata. Ma non aveva nessun desiderio di isolamento o solitudine. Sapeva perfettamente che essere principessa del Galles era una carriera oltre che un matrimonio. E trovarsi sotto i riflettori era qualcosa che le piaceva e la esaltava, così come essere acclamata da folle adoranti.

Agli inizi del 1983 Harry Arnold, inviato del *Sun*, fu accusato di aver provocato con la sua invadenza la fine anticipata delle vacanze dei Galles sulla neve del Liechtenstein. Lui rispose sinceramente indignato che Diana sembrava non apprezzare il fatto di essere la *cover girl*, «la ragazza-copertina» numero uno al mondo. In realtà si sbagliava. Lei aveva imparato a valutare pienamente la circostanza. I suoi costosi vestiti alla moda, l'acconciatura dei capelli sempre all'ultimo grido, i cappelli eleganti, la forma fisica perfetta conquistata col duro lavoro in palestra indicavano che lo status di megastar non era casuale ma ricercato. E nella guerra contro i Windsor sarebbe diventato la sua arma principale.

Con l'abituale autoindulgenza Carlo si è sempre assolto da ogni colpa per il fallimento dell'unione, quando invece appare evidente che l'atteggiamento glaciale suo e della famiglia ha avuto la responsabilità primaria del crescente disagio psichico di Diana e di molte sue scelte successive. Fa impressione che nessuno a Palazzo, nei giorni dei suoi primi trionfi mediatici, si sia chiesto quale effetto l'adorazione planetaria avrebbe potuto produrre su una giovane donna così palesemente impreparata per il ruolo. Invece nessuno, in famiglia o tra i dignitari di Corte, fece il minimo sforzo per aiutare l'inesperta principessa a dare una prospettiva diversa alla sua vita. Né il marito né i reali suoceri. E nemmeno il potente cognato, sir Robert Fellowes, che era a capo della segreteria della regina.

Nel giro di un paio d'anni Diana si convinse – a ragione – di possedere il potere di incantare i media e la gente, e avrebbe presto scoperto di poter esercitare questo talento a suo esclusivo vantaggio. Tanto più che i Windsor lo rifiutavano, accecati com'erano dalla gelosia e dall'altezzosità. Non ci volle molto perché lei, abituata a uno stile di vita libero e informale, a Buckingham Palace si sentisse soffocare, sottoposta da un lato a regole ferree e dall'altro all'incessante attenzione dei media. Le due gravidanze aggravarono il problema: si sentiva grossa e brutta, così evitava di apparire in pubblico segregandosi a Kensington Palace, a volte per settimane intere.

Questo groviglio di frustrazioni si scaricò su Carlo e avvelenò un rapporto già labile per natura, tra l'inesperienza di lei e l'indomabile amore di lui per Camilla. Dal marito Diana cercava l'amore che non aveva avuto da bambina e ragazza, sollecitava conforto, rassicurazione, una conferma di quel che valeva. Probabilmente per qualunque uomo sarebbe stato difficile rispondere a una richiesta affettiva così ingente. Ma certo il principe del Galles era il meno adatto. Di sicuro non era l'amore il valore principale che la sua famiglia gli aveva trasmesso, ma semmai il senso del dovere, anche se evidentemente lui se ne riteneva esentato riguardo all'amante Camilla. A differenza del prozio Edoardo, però, lui non era affatto disposto a rinunciare per lei alla Corona: Carlo voleva l'una e l'altra. Le liti coniugali cominciarono presto dopo le nozze. Nella reggia di Kensington spesso il personale sentiva Diana all'inizio supplicare il marito: «Per piacere, non lasciarmi. Ti prego, ti prego, amore, non lasciarmi. Non ce la faccio senza di te». Poi la voce, dinanzi alle ragioni più o meno ufficiali addotte da lui per uscire, saliva inevitabilmente di tono, fino a esplodere in un urlo stridulo: «Lo capisci che ho dannatamente bisogno di te qui? Hai mai dannatamente considerato me e i miei bisogni?» Finiva con lui che se andava scosso e mogio, e lei in lacrime nelle sue stanze.

Nemmeno la nascita di William, il 21 giugno 1982, migliorò le cose, anzi. Diana si sentiva in trappola e rifiutava i suoi doveri reali. A novembre, nell'annuale ricorrenza in onore dei caduti della Grande Guerra, pregò il marito di risparmiarle la cerimonia alla Royal Albert Hall. Voleva restare a casa con il bambino e voleva che lui rimanesse con loro. La discussione si trasformò presto in litigio, con toni così violenti da essere uditi dai domestici. Carlo sembrava sbalordito dal repentino cambiamento d'umore di Diana, continuava a ripeterle che era suo dovere presenziare alla celebrazione, e il dovere veniva sempre per primo. Lei *doveva* capire questo fatto. Alla fine andò da solo alla Royal Albert Hall, farfugliando qualche scusa per l'assenza della moglie. Che però, cinque minuti dopo, faceva da sola il suo ingresso in sala. A convincerla erano stati i consiglieri di Palazzo, ma troppo tardi. Al pubblico sembrò evidente che il principe del Galles non avesse idea di cosa facesse la consorte.

Diana si convinse che i collaboratori del marito fossero contro di lei. Erano in buona parte vecchi amici del principe, come Oliver Everett, o fidati collaboratori di Casa Reale per tradizione famigliare, come Edward Adeane, figlio dell'ex segretario privato di Elisabetta e pronipote del vecchio lord Stamfordham, che era stato il principale consigliere di Edoardo VII e Giorgio V. La principessa chiese e ottenne dal marito, in nome della pace famigliare, la testa di entrambi. Furioso, Adeane se ne andò prevedendo seri problemi per il matrimonio e lamentando che il principe consentisse alla moglie di esercitare simile influenza e potere.

Non bastò comunque a placarla, perché l'angoscia di Diana si aggravò clinicamente dopo la nascita dei due figli. Il ginecologo reale George Pinker, che l'assisteva, sembrò non rendersi conto che la sua paziente soffriva seriamente di depressione post-natale e aveva bisogno di uno psicologo o uno psichiatra, anche per aiutarla a superare i suoi disordini alimentari. Che qualcosa non andasse glielo si leggeva in faccia. La stessa Elisabetta se ne accorse, e pochi mesi dopo la nascita di William un giorno le chiese: «Ti senti bene? Sembri un po' smunta». Diana fece un mezzo sorriso e disse che si sentiva stanca. La regina pensò che fosse l'effetto dell'allattamento del neonato e non andò oltre. Non si trattava di disinteresse verso la nuora. Quello era il tasso d'attenzione di cui avevano potuto godere anche i suoi figli. La sovrana aveva già troppo da fare con le cure dello Stato.

Dopo la nascita di Harry nel 1984 la depressione post-partum fu anche peggiore. In una spirale diabolica, la principessa che temeva di perdere l'amore del marito non faceva che aumentare la sua domanda di ascolto e di affetto, alimentando una pressione alla fine insostenibile per Carlo. Era stanco delle scenate improvvise, dei pianti per qualunque sciocchezza, dell'inesauribile richiesta di attenzione. Le suggerì di consultare un medico ma lei rispose che «non c'è niente che non vada in me. Sto perfettamente bene. Sei tu che sei cambiato». Era il 1985, e il principe ignorava che la moglie soffrisse di anoressia nervosa. A questa seguì la bulimia, parimenti ignorata.

La disperata richiesta di aiuto di Diana trovò purtroppo un marito che – in puro stile Windsor – era incapace di mostrare un po' di calore, di comprensione, perfino di gentilezza. Da piccolo era cresciuto con genitori che manifestavano la stessa indifferenza verso i suoi problemi e le sue debolezze, e ora ne imitava la reazione: scrollava le spalle e usciva da casa lasciando la moglie a disperarsi con la sola compagnia dei due bambini. Più lei diventava imprevedibile e irragionevole, più Carlo si convinceva di aver fatto tutto quanto era in suo potere per aiutarla a adattarsi alla nuova vita reale. Non c'era altro che potesse offrire. E invece aveva sempre a portata di mano la donna che sembrava capace di *offrire a lui* tutto quello che desiderava. Il loro addio, appena alla vigilia del matrimonio con Diana, era stato solo formale. Camilla Parker Bowles non se n'era mai veramente andata.

La principessa ne era perfettamente consapevole, e a ragione attribuiva il fallimento del matrimonio, ormai sotto gli occhi di tutti, in buona misura all'ingombrante presenza dell'ex amante nei pensieri e negli affetti del marito. Agli inizi del 1986 a Diana non restò che considerare finito il suo rapporto con Carlo. Gli inveiva contro a ogni occasione, si rifiutava di seguirlo nelle cerimonie pubbliche, e soprattutto queste assenze equivalevano per lui a una diserzione sul campo. La considerava un'imperdonabile manifestazione di egoismo da parte della moglie. Lei trovò conforto negli oroscopi dell'astrologa Penny Thornton, che le predisse un meraviglioso futuro. E per il presente, si affidò alle carezze della sua guardia del corpo, Barry Mannakee, il suo primo amante. Carlo tornò, semplicemente, nelle braccia di Camilla. Erano stati amanti già due volte, nel 1973 e nel 1979, ma stavolta non si sarebbero più lasciati. Camilla diventava per Carlo «non negoziabile».

Sette anni prima il principe era stato tentato di rinunciare al trono per sposarla ma era stata lei, donna di buon senso, a dissuaderlo. Lei a ricordargli il consiglio di zio Dickie: divertiti, e poi sposa una giovane vergine. E così proprio nell'orto della casa di campagna di Camilla, tra le file dei cavoli, Carlo aveva chiesto a Diana di diventare sua moglie. Ma il sacrificio della sua personale felicità al dovere verso la Corona non aveva funzionato. E adesso sentiva il diritto di non rinunciarci più.

Agli inizi del 1987, l'erede al trono stabilì che il matrimonio si era disintegrato e non era ricomponibile. Se le cose stavano così, allora ognuno per la sua strada, ovviamente salvando le apparenze per dovere istituzionale. Carlo era sicuro che anche Diana si sarebbe rassegnata. Dopotutto, pensava, lei era troppo attaccata ai vantaggi del suo status come principessa del Galles, e ancor più ai due figli, per mettere tutto in gioco. Il presente avrebbe continuato ad assicurarle amici, servitori, conti in banca e privilegi reali. E il futuro addirittura la prospettiva di essere incoronata regina d'Inghilterra.

Questo calcolo conferma che Carlo non aveva mai capito sua moglie. Nonostante i tradimenti incrociati, lei fu emotivamente devastata dall'abbandono del marito e, come Shakespeare aveva già capito, «l'inferno non è mai tanto scatenato quanto una donna offesa». Sicura della tresca con Camilla, che Carlo continuava a presentarle solo come l'amica più fedele, un giorno del gennaio 1987 Diana si mise in macchina con la sua guardia del corpo e piombò inattesa nella casa di campagna a Highgrove, verso le 8.30. Lei stessa raccontò l'episodio a un'amica: «Mentre entravamo vidi una macchina che si allontanava veloce da un'altra uscita. Era Camilla. Andai dritta da Carlo che stava facendo colazione. Gli chiesi se Camilla era stata lì, e lui, guardando da un'altra parte, mi domandò perché lo volevo sapere. Ci vidi rosso e mi precipitai su per le scale nella camera da letto, la mia camera da letto, e il letto era sfatto. Era chiaro che ci avevano dormito due persone quella notte. Tornai giù e gli chiesi di nuovo se Camilla era stata lì. Non rispose. In quel momento seppi per certo che aveva una relazione».

Diana perse il controllo, lo insultò dicendogli che era una «*shit*» (m...a) ad avere un *affaire* con una vecchia amica, e che trattava anche lei da *shit* lasciandola «a Londra con i bambini mentre lui se ne andava a scopare a Highgrove». Ma la verità, confessa, è che era distrutta e in lacrime. «Non sapevo che fare. Tutte le mie peggiori paure erano confermate. Sapevo che non mi amava più. Sapevo che amava qualcun altro. Era orribile, orribile.» Fu, disse poi in un pranzo con le amiche più strette, «il peggior momento della mia vita. Mi sembrava che la vita fosse finita e, peggio di tutto, non sapevo cosa fare o a chi rivolgermi».

Diana seguì il consiglio che le diede la madre: lascia che Carlo faccia la vita che vuole e tu fai la tua, goditi i tuoi amici e, ovviamente, i tuoi figli. Nel giro di poco tempo la timida Lady Di sparì dalla scena lasciando il posto a una regina del jet set, e per di più astuta manipolatrice della stampa. Non c'era evento sociale a cui non partecipasse, e alle vecchie amiche come l'ereditiera Kate Menzies e Anne Beckwith-Smith rese chiaro il suo desiderio di far festa anche con il gruppo di affascinanti giovani gentlemen che erano state sue vecchie fiamme, come il maggiore David Waterhouse della Brigata delle Guardie e il banchiere della City Philip Dunne. Alla lista degli uomini che l'attraevano fisicamente lei stessa aggiunse il maggiore James Hewitt, che le aveva insegnato ad andare a cavallo. Lui a tempo debito avrebbe venduto ai tabloid la sua storia per un paio di milioni di sterline.

La successione di feste, cene, cocktail, cinema, teatro, balli fino a notte fonda diventò così vorticosa che il suo segretario privato sir John Riddell chiese a Carlo di intervenire sulla moglie, per evitare le modifiche a capriccio di un'agenda ufficiale fissata da mesi. Come prevedibile, lei gli rispose a muso duro: «È la mia vita, e come te io farò quello che mi va di fare». Al segretario non restò che dimettersi, e Diana continuò nella sua vita scatenata. Non c'era ballo in cui non flirtasse spudoratamente. E non si fermava lì. Ebbe relazioni con una dozzina di amanti, inclusi Dunne, Waterhouse ed Hewitt, e non si curava che il marito lo sapesse. Cercava però di essere cauta di fronte alla stampa perché non voleva che anche Elisabetta ne fosse messa al corrente. Nella sua naïveté immaginava che le sue guardie del corpo dovessero rispondere soltanto a lei. Ignorava che ogni sua avventura notturna finiva nel mattinale trasmesso dai suoi «angeli custodi» a chi di dovere, e da qui recapitato direttamente sulla scrivania di Sua Maestà.

Diana temeva Elisabetta. Sapeva che il potere della monarchia era nelle mani della suocera, che non esitava a usarlo per proteggerne reputazione e futuro. Sapeva che non bisognava provocarne la collera, nemmeno per gioco. Una sera di qualche anno prima, a Balmoral, con l'intera famiglia riunita in attesa che la regina scendesse per cena, lei si era permessa di parodiarla adottando la stessa vocina acuta e patetica prestata al pupazzo della sovrana nel famoso show tv *Spitting Image*, Immagine sputata, una satira feroce della famiglia reale. Diana dava le spalle alla scala e non si accorse dell'arrivo della suocera se non quando una cappa di gelido silenzio era già scesa sulla sala. Si voltò e fu incenerita con uno sguardo. Come al solito arrossì violentemente e tentò di scusarsi: «Stavo solo scherzando». Elisabetta non si degnò di replicare ma non le rivolse la parola per l'intera serata.

Preoccupata di non incorrere nell'ira reale, la nuova Diana ribelle si rese conto che aveva anzitutto bisogno di recuperare il sostegno popolare vanificato dalle leggerezze degli ultimi mesi. Sino ad allora aveva assicurato il suo patrocinio a un numero ristretto di organizzazioni benefiche, era tempo di allargare il ventaglio ed essere molto più presente sui media. Sapeva di avere successo nel rapporto con la gente. Era una dote istintiva, la capacità di far sentire agli altri una simpatia autentica, un interesse non finto per la loro vita. Era qualcosa che i Windsor non avrebbero mai imparato nemmeno andando a lezione tutta la vita. E l'operazione simpatia ebbe pieno successo, particolarmente quando la principessa accettò di rappresentare associazioni filantropiche da cui gli altri reali si tenevano alla larga, tipo quella per i malati di AIDS. Lei non aveva paura di toccarli, di abbracciarli, di mostrarsi sinceramente amica.

Secondo i cinici era solo ricerca di pubblicità sulle disgrazie altrui, e certo la sua bellezza ed eleganza stridevano con i drammi umani su cui si chinava. Qualcuno la battezzò «Madre Teresa con un diadema», ma la verità è che lei lavorava duro per le sue buone cause. Le persone in prima linea lo sapevano e contavano su di lei. Alla fine degli anni Ottanta si era assunta il patrocinio di più di centodieci organizzazioni benefiche ma i suoi fan, o piuttosto i suoi adoratori, non potevano nemmeno sospettare che l'immagine da santino celasse una vita privata scatenata, una carriera di seduttrice decisa a recuperare il tempo perduto e assolutamente indifferente allo scandalo suscitato nella sua stessa cerchia. Si era liberata della timidezza, dei disordini alimentari, aveva preso coscienza dei suoi poteri di seduzione – che rafforzava con una cura maniacale per il corpo – e li usava sfacciatamente. Se un uomo le piaceva, lo rendeva manifesto di fronte a tutti, passandogli le mani tra i capelli o muovendosi con lui nel ballo come se stesse facendo l'amore. Sulla pista (e non solo) Dunne e Waterhouse furono tra i suoi partner preferiti.

A questo punto era pronta a sferrare il colpo contro i Windsor. Nell'autunno 1990 Carlo telefonò alla madre chiedendo di vederla, e le comunicò che la moglie voleva la separazione ufficiale. Incredula, Elisabetta convocò la principessa. Probabilmente non si aspettava che Diana tenesse testa anche a lei. Voleva la separazione – spiegò – perché non era più la moglie di Carlo e sentiva che era meglio se le cose venivano messe in chiaro. Elisabetta le ricordò che non c'era alcuna possibilità che lei e il marito divorziassero, e anche sulla separazione doveva chiedere il parere dei costituzionalisti. Le ricordò le sue responsabilità come moglie del principe del Galles, il suo dovere di considerare la successione al trono e il ruolo che avrebbe giocato come regina d'Inghilterra.

Diana annuiva, ma non cambiò idea. Se ne andò con l'impegno di Elisabetta a rifletterci su, ma in cuor suo era certa che la regina non avrebbe mai permesso la separazione. Per le stesse ragioni per cui lei la voleva: perché avrebbe mostrato al mondo che la convivenza con il principe del Galles era insopportabile, perché gli avrebbe causato il massimo imbarazzo possibile, e perché avrebbe potuto godere anche lei di una vita indipendente del tutto separata da quella di un coniuge ormai detestato e disprezzato. Diana sapeva che avrebbe dovuto lottare ma sapeva pure di avere dalla sua un alleato eccezionale: il popolo britannico. La gente la adorava, non c'era reale che potesse competere con lei in popolarità, nemmeno la regina o Carlo. Un sondaggio Gallup del 1991 confermava che era lei la più amata del reame, con il 22 per cento dei voti, quasi il doppio del 1988. Carlo, che era stato primo, scivolava invece al secondo posto assieme alla sorella Anna con il 15 per cento dei consensi. Terza la novantenne Queen Mum con il 14 per cento, e buon'ultima la regina con solo il 12 per cento.

Elisabetta ne fu profondamente disturbata. Trovava quasi offensivo che una *parvenue* come Diana, che con il suo comportamento da *cocotte* minacciava solo problemi, fosse diventata la beniamina dei sudditi. Di questi numeri certamente si ricordò quando infine giunse la deflagrazione. Con il suo intimo amico – e poi amante – James Gilbey (famiglia del gin), la principessa aveva orchestrato la pubblicazione del libro di Andrew Morton, *Diana, Her True Story*. Il volume uscì nel maggio 1992, ma la principessa – che lo aveva praticamente dettato – ne fu inferocita perché, oltre a riportare storie inventate come i tentativi di suicidio, lasciava chiaramente trasparire che dietro l'autore c'era lei. Qualcun altro era anche più furioso. Elisabetta.

Tre mesi dopo l'uscita del libro, Camilla Parker Bowles fu invitata, assieme al marito brigadier generale Andrew Parker Bowles, notoriamente *cuckold* – cornuto –, nel recinto reale al torneo di polo di Windsor Park. Fotografi e cameramen si scatenarono, ma non avevano ancora visto il meglio. Sotto gli sguardi di tutto il mondo, la regina agitò educatamente la mano all'indirizzo di Camilla. E non contenta, all'intervallo del tè, fece venire Mrs Parker Bowles per scambiare due chiacchiere davanti agli allibiti presenti. Non c'era bisogno di essere *royal watcher* per comprendere che quei gesti equivalevano a una pubblica dichiarazione. Sua Maestà aveva dato la sua tacita approvazione alla relazione dell'erede al trono con Camilla. E aveva lanciato a Diana non solo un affronto ma un chiaro avvertimento del trattamento che poteva aspettarsi se non stava in riga.

Nei pochi mesi successivi gli avvenimenti precipitarono verso l'epilogo inevitabile. La spinta decisiva arrivò dalla pubblicazione delle imbarazzanti conversazioni telefoniche tra Diana e l'amante Gilbey, e poi tra Carlo e Camilla, entrambe dagli espliciti contenuti sessuali. La famiglia reale ne usciva come una *dynasty* da soap opera ed Elisabetta si convinse che non c'era più tempo da perdere. Nell'autunno 1992 intensificò i contatti con il primo ministro John Major, il primate anglicano George Carey, la Regina Madre e i maggiori esperti della non scritta Costituzione britannica. Alla fine cercò un'ultima volta di rimettere assieme i cocci di un matrimonio di facciata. A malincuore Carlo si disse disponibile in nome della salvezza della Casa di Windsor. Diana rispose scuotendo la testa e dichiarando alla suocera che in tutta coscienza lei non poteva continuare quel matrimonio, e chiedeva il permesso di separarsi. Elisabetta non aveva altra scelta. Il 9 dicembre 1992 il premier Major annunciava ai Comuni che il principe e la principessa del Galles avevano deciso amichevolmente di dividersi dopo undici anni di matrimonio. Non ci sarebbe stata nessuna implicazione di carattere costituzionale e Diana a suo tempo sarebbe stata ancora incoronata regina. Il resto è storia, molto diversa da quella che l'Inghilterra intera immaginava nell'estate 1981.

Fino al tragico epilogo sotto il tunnel dell'Alma, il conflitto tra Diana e i Windsor avrebbe riservato ancora molti colpi di scena. Compreso un fallito tentativo di salvare il matrimonio. Il piano, elaborato da un ristrettissimo gruppo di dignitari vicini al trono, aveva addirittura un nome in codice: «Progetto Zenda». E occupò buona parte dell'estate 1993. Sir Gordon Reece, influentissimo consigliere politico di Elisabetta, si assunse il compito di avvicinare personalmente la principessa del Galles, designata nel piano con il nome Flavia, come l'eroina del popolare romanzo di Anthony Hope *Il prigioniero di Zenda*. Flavia, in effetti, le somigliava in tutto – bellezza, intelligenza, grazia – e anche per la circostanza che era amata da tutti tranne che dall'unica persona per la quale spasimava. Suo marito, il re.

Stavolta la reazione di Diana all'approccio di sir Gordon, forse spaventata dalle conseguenze della separazione, fu entusiastica. Dichiarò di desiderare una riconciliazione per il bene della regina, dei propri figli e dell'intero Paese. E anche – secondo l'illustre interlocutore – per il suo stesso bene. In ogni caso, la sua più cara amica del momento, Lucia Flecha de Lima, conferma che Lady Di era disposta a riprendersi il marito anche a dispetto delle recenti umiliazioni, ma poneva una sola condizione: che Carlo giurasse di non rivedere mai più l'amante.

La risposta del principe fu identica a quella dell'antenato Giorgio IV a Caroline di Brunswick. Un secco no. Il fatto è che non aveva mai provato per Diana ciò che lei, almeno da ragazza, aveva sentito per lui. La sua passione stava altrove, e non voleva più nasconderla. Alla fine pure i sondaggi gli diedero ragione: anche dopo la separazione, tre quarti degli inglesi pensavano che con o senza Diana lui dovesse comunque salire al trono dopo la madre. Come è accaduto, e con accanto Camilla.

Ma tutto sembrò tornare in gioco, e la stessa monarchia sull'orlo di un precipizio, quando Diana comparì, lugubre e dolente come una moderna Elettra, dagli schermi della BBC nella famosa intervista a *Panorama*. Un evento che continua ad agitare la storia contemporanea della Gran Bretagna, soprattutto quando l'inchiesta affidata a lord Dyson ha scoperto, trent'anni dopo, che l'intervista-confessione fu in qualche modo estorta alla principessa da Bashir con l'inganno e con pressioni indebite. Lei la concesse con un obiettivo preciso. Sentiva che la sua immagine di moglie che aveva subito molti torti franava sotto le rivelazioni di stampa sui suoi multipli adulteri: Voleva perciò restituire agli inglesi il suo ritratto autentico, almeno per come si vedeva lei: non una viziata «schizofrenica», secondo le maligne insinuazioni degli amici di Camilla, non una sfrenata mangiauomini, ma una donna sola contro le istituzioni più potenti del Paese, una moglie che ci aveva provato ma aveva rimediato solo umiliazioni, una madre innamorata dei figli che rischiava invece di perderli di fronte alla ragion di Stato.

Il risultato dell'intervista, messa in onda il 20 novembre 1995, fu la nascita di un mito. E per converso l'esplosione di un furore e un odio incontrollabili tra le fila nemiche. A mettere in coda le reazioni di esponenti dell'establishment si rimane quasi costernati dalla loro violenza. Il grande intellettuale Woodrow Wyatt, amico pluridecennale della Regina Madre, si trasformò in psichiatra: «Questa creatura psicopatica e schizofrenica è matta da legare» annotò nei suoi famosi diari. Sulla stessa linea diagnostica Nicholas Soames, nipote di Churchill e intimo di Carlo: Diana era vittima «di una paranoia in stadio avanzato» dichiarò al programma di news in onda sulla BBC subito dopo *Panorama*. E la principessa Alexandra, cugina di Elisabetta, riflettendo forse i sentimenti della famiglia, non concesse nemmeno le attenuanti della malattia: «Non è solo pazza, è la cattiveria in persona». Come sempre più sobria, Elisabetta – riportano gli intimi – profferì una sola frase: «*This is where we are*». A che punto siamo.

Non aveva torto. Perché ai ventitré milioni di sudditi incollati agli schermi – un'audience record – Diana non aveva solo consegnato per sempre il mito della «principessa triste», incolpevole martire degli spietati Windsor, ma anche una condanna senza appello del marito e della Corona. Con la veemenza di un anarchico rivoluzionario, era niente meno che la principessa del Galles a sollecitare la Casa regnante a cambiare se voleva sopravvivere, a spronarla addirittura «a migliorare il rapporto incerto e a volte complicato tra la monarchia e il popolo. Penso che potrebbero camminare mano nella mano invece di guardarsi da lontano». Elisabetta avrà avvertito queste parole come uno schiaffo in faccia. Dopo quarant'anni di servizio al Paese, la *parvenue* senza alcuna esperienza si permetteva di mettere in dubbio la profondità e saldezza del suo legame con i sudditi.

Al reato di lesa maestà Lady Di aggiunse il crimine di alto tradimento, quando affondò la lama contro il marito, con l'aria di compatirlo: conoscendone il carattere, disse, il ruolo di monarca «lo limiterebbe enormemente e non so se sarebbe in grado di adattarsi a tutto quello che comporta». Il significato e l'obiettivo dell'attacco erano chiari: una «squalifica» dell'erede al trono voleva dire implicitamente il passaggio della successione a William, adolescente ancora legatissimo alla madre. Diana, che non sarebbe più stata regina accanto a Carlo, puntava a esserlo attraverso il figlio? Lapidario il commento di un esperto di cose monarchiche come Brian Hoey: «D'ora in poi nessuno potrà più accusarla di avere un cervello da gallina».

Il 20 dicembre, tornata a Londra da un lungo viaggio trionfale in Argentina e a New York, trovò ad attenderla una missiva di Elisabetta.

«Carissima Diana» esordiva la lettera con cui la regina le chiedeva di acconsentire a un rapido divorzio dal figlio «nell'interesse del Paese», e concludeva: «Con affetto, mamma». Due parole che tra lei e la nuora (ormai ex) erano sempre suonate vuote. Diana obbedì ma in cambio pretese la colossale «liquidazione» di 17 milioni di sterline e la conservazione del mirabolante acronimo HRH, Sua Altezza Reale. Ottenne i 17 milioni, prestati a Carlo dalla madre, ma sul titolo Sua Maestà fu irremovibile: sarebbe rimasta principessa del Galles, mai più Altezza Reale.

Il divorzio fu formalizzato nel luglio 1996, quando ormai il consolidarsi della sua celebrità su scala planetaria aveva reso Lady Di un'autentica miniera d'oro per la stampa popolare. La sua presenza riluceva in ogni settore. Era la più bella. La più alla moda, con il suo codazzo di grandi sarti italiani. Era la più buona, con l'infinità delle opere filantropiche in cui era impegnata, comprese quelle che gli altri non avevano abbastanza coraggio per affrontare: abbracciava i malati di AIDS che il resto del mondo trattava da appestati, e in Indonesia aveva fatto lo stesso in un ospedale per lebbrosi.

Come se questo non bastasse, c'era anche qualcosa di più. Questa reale così poco convenzionale era diventata il simbolo e lo specchio di una Gran Bretagna che stava cambiando pelle. Finita da un pezzo «l'età della deferenza», stava tramontando anche l'antica divisione sociale in caste, e l'immigrazione massiccia aveva prodotto una spinta inarrestabile verso un Paese multietnico e multiculturale. Qualunque cosa volesse dire, la gente voleva una monarchia *in touch*, ammoniva Diana, più disponibile all'ascolto e più vicina alla vita reale. Quanto bastava perché il premier laburista Blair la battezzasse post mortem *People's Princess*, principessa del popolo, sebbene il suo stile di vita non fosse certamente popolare. L'omaggio all'ex nuora comunque costò a Blair il risentimento imperituro della regina, che gli avrebbe fatto aspettare quattordici anni l'ammissione all'Ordine della Giarrettiera.

Se il divorzio non mise la sordina, come forse Elisabetta si era illusa, all'insostenibile gara di popolarità con Diana, servì almeno a offrire ai due ex coniugi l'opportunità, dopo molti anni, di raggiungere la felicità personale. Ma dei due era lei, stavolta, a dare l'impressione di non avere idee molto chiare su come arrivarci. Era libera infine di sposare chi le pareva, e il nuovo marito sarebbe diventato a quel punto parente acquisito del ragazzo – William – futuro re d'Inghilterra. Dopo molte avventure passeggere, Diana avviò un'appassionata, per quanto inverosimile, relazione con il cardiochirurgo pakistano Hasnat Khan. Anche lui era innamorato, ma fuggì spaventato davanti alle implicazioni di un legame più solido. Gli sarebbe stato impossibile continuare a fare il suo lavoro dopo aver sposato, come lei sognava, la donna più famosa e più fotografata al mondo.

In amore la principessa era una *bad loser*, una cattiva perdente, e l'abbandono di Hasnat la ferì profondamente. Per farlo ingelosire, quell'estate 1997, accettò la corte del playboy angloegiziano Dodi al-Fayed. Che fosse vero amore o, molto più probabilmente, un semplice flirt estivo, il 31 agosto la tragedia dell'Alma pose fine a tutte le illazioni sul futuro della loro storia. Ma ebbe una ricaduta politica devastante. L'incontenibile dolore popolare sembrò minacciare una frattura definitiva tra i Windsor, sospettati di impensabili complotti, e i sudditi sconvolti dalla perdita della principessa. Fu per Elisabetta la prova più ardua del suo regno, e le rivelò in modo inatteso quanto l'interminabile «guerra dei Galles» avesse minato la sua «magia». Superò la crisi con un *mea culpa* in diretta tv, dichiarando di aver appreso «la lezione» contenuta nella breve vita della principessa.

Gli ultimi mesi prima dello schianto sotto l'Alma avevano reso evidente l'ambizione di Diana: diventare, e in parte già lo era, una specie di «regina» rivale non ufficiale. Una «regina dei cuori», come aveva detto nell'intervista a Bashir, forte com'era di uno sbalorditivo sostegno di stampa e di popolo. Non solo in Gran Bretagna. La sua campagna contro l'uso delle mine antiuomo le aveva guadagnato perfino l'ammirazione e l'appoggio delle Nazioni Unite. E l'ex ragazzona timida si era trasformata in una voce autorevole a tal punto da essere intervistata da *Le Monde*, al quale regalò cinque giorni prima di morire la sua ricetta di salute planetaria: «Se la gente si baciasse di più invece di spararsi, il mondo si avvierebbe alla salvezza». Troppo semplice, forse, ma efficace. È per questo che, retrospettivamente, l'*Economist* l'ha definita nel 2020 «la principessa populista».

PARTE TERZA

Apprendista regina

15
La lunga via per l'altare

SIN dalla sua prima apparizione sulla scena pubblica Kate Middleton era stata costretta, volente o nolente, a indesiderati paragoni con l'immagine di Diana. In realtà questo sembrava un destino a cui non poteva sottrarsi nessuna delle giovani donne apparse di volta in volta accanto a William e Harry. L'Inghilterra ufficiale poteva anche fingere di aver dimenticato la *People's Princess*, ma il suo fantasma incombeva su ogni nuova arrivata imponendole un esame difficile da superare. Finché era rimasta protetta nel semianonimato Miss Middleton aveva potuto sottrarsi a questo spietato scrutinio pubblico. Ma la gara impossibile da vincere si era riproposta appena era finita nel cono di luce. Da questo punto di vista, il doloroso abbandono di William le restituiva almeno il diritto di tornare a essere interamente sé stessa senza improponibili modelli. Perciò è utile fare un passo indietro rispetto all'annuncio della loro riunione, e tornare a quel giorno dell'aprile 2007 in cui il principe l'aveva lasciata per telefono.

Sul momento niente poteva alleviare in Kate il lutto per il fallimento della relazione. Corse a casa dei suoi, a Bucklebury, cercando il conforto soprattutto di mamma e sorella. Certo non condivideva il sollievo dei suoi vecchi amici, che tra di loro ringraziavano il cielo per la fine di una storia che l'aveva allontanata da loro. Molti erano arrabbiati con lei – ha rivelato uno del giro – perché negli anni accanto al suo Wills non aveva più fatto il minimo sforzo di vederli. Le cose cambiarono presto. A metà aprile, giusto qualche giorno prima che la notizia della separazione fosse ufficiosamente confermata da Clarence House, Kate raggiunse mamma Carole a Dublino per la mostra personale di una pittrice amica di famiglia, Gemma Billington. Ovviamente, era una specie di «personale» anche per Miss Middleton: prima apparizione pubblica da single, ma non sconfitta. O almeno, non permise mai a nessuno di vederla come tale.

Dopo i primi giorni passati in campagna, spesi in lunghe passeggiate o cavalcate in solitudine, Kate si persuase a seguire il consiglio dei famigliari. Se il suo ex voleva divertirsi, lo stesso avrebbe fatto lei. Perciò, col prezioso sostegno della fedele Pippa, inaugurò una stagione di grande presenzialismo mondano. Mostre d'arte, gallerie, tour culturali o semplicemente spensierati. La vecchia amica Emilia Jardine-Paterson, che sarebbe stata una delle madrine del principe George, l'accompagnò in vacanza a Ibiza, e le due si immersero con entusiasmo nella vita notturna dell'isola, facendo festa fino all'alba. Per i paparazzi, che non smettevano di inseguire l'ex fidanzata reale, fu una pacchia. Centinaia di foto di Kate che usciva da una discoteca o qualche altro locale alla moda, spesso accompagnata dalla sorella Pippa. I giornali, sempre alla ricerca di titoli a effetto, le ribattezzarono le *Sizzler Sisters*, le sorelle roventi.

A Londra Miss Middleton era fissa in pista nei soliti night della gioventù dorata. Al Mahiki e al Boujìs passava le notti a danzare con gli amici del circolo di William ma anche con nuovi ammiratori. E certo c'era molto da desiderare in questa nuova Kate splendida, allegra e sexy che aveva trovato un inatteso alleato anche nel sodale più snob del principe, e che più l'aveva avversata, Guy Pelly. Fu lui invece a darle stavolta un ottimo consiglio disinteressato: lascia a Wills un po' di spazio. E anche lei, finalmente, se ne prese un po' per sé.

La vita da single aveva spalancato la porta del mondo decisamente claustrofobico in cui la relazione con William l'aveva confinata per anni. Miss Middleton alla scoperta della libertà, si potrebbe intitolare questo capitolo della sua esistenza. Via gli abiti di tweed e l'abbigliamento da guardaroba reale. La nuova Kate portava tacchi più alti ed era molto più «scoperta»: top dalle spalle nude, gonne a vita bassa che mostravano il ventre piatto dalla pelle abbronzata. Assieme alle foto di lei che si scatenava nel ballo con una frotta di ammiratori, uscivano anche storie sui suoi flirt, veri o presunti. Si diceva che avesse cominciato a fare coppia con sir Henry Ropner, milionario erede di una famiglia di armatori.

Immagini e notizie sulla magnifica giovane donna che flirtava nei locali alla moda con miniabiti e stivali sopra il ginocchio raggiungevano costantemente i tabloid. E sicuramente anche il lettore a cui Kate teneva maggiormente. Guardando le immagini di lei che rideva e si divertiva, William poteva adesso apprezzare pienamente ciò a cui aveva rinunciato. E non era soltanto la stampa popolare a ricordarglielo. Perfino *Tatler*, la bibbia degli snob, adesso votava la bella ex fidanzata come «l'ospite più desiderato» di ogni party. Lei non solo solcava il mondo con l'aria di una che non aveva pensieri, ma ne approfittava per disegnare finalmente una nuova immagine di sé, di una giovane donna indipendente e ansiosa di impegnarsi in qualcosa di utile. Trovò facilmente una buona causa in cui mettere a frutto i suoi talenti sportivi. Una delle sue più vecchie amiche, Alicia Fox-Pitt, apparteneva a un'associazione femminile chiamata The Sisterhood, La Sorellanza, che pianificava la traversata a remi della Manica per raccogliere fondi a favore di una *charity* per l'infanzia.

La Sorellanza, che includeva tra le altre una modella, due maratonete estreme, una ballerina e una donna che aveva attraversato l'Atlantico remando con un solo braccio, si definiva «un gruppo di élite di atlete donne, allenate alla perfezione, belle da morire, in missione per continuare ad andare coraggiosamente dove nessun'altra ragazza è andata prima». In un certo senso, Kate lo aveva già fatto. Ma in questo nuovo mondo le donne non si preoccupavano di accudire gli uomini. Erano loro le protagoniste, in qualche caso anche grazie ad attività imprenditoriali, diciamo così, eccentriche.

La più chiacchierata, e perciò anche quella che attraeva maggiore pubblicità prima dell'arrivo di Kate, era Emma Sayle: sofisticata figlia di diplomatico, attraverso la sua agenzia organizzava raffinati *sex parties* per consentire alle donne di realizzare le loro fantasie sessuali in un contesto senza rischi. Una compagnia che poteva apparire alquanto osé per una ex fidanzata reale, ma lei non fece una piega quando i tabloid si buttarono sulla notizia. Aveva già mostrato che voleva scrollarsi di dosso il suo abito di buone maniere e compostezza, e non aveva esitato a comparire a una festa con le orecchie da coniglio di una *Playgirl* per promuovere, niente meno, un documentario sul Rampant Rabbit (un vibratore...).

A fine aprile, di mattina presto alle 6.30, la nuova Kate «coniglietta» si presentò per il primo allenamento con il resto dell'equipaggio lungo il Tamigi. Le sue riconosciute doti sportive le valsero presto il posto di timoniere, e appena luogo e orario delle sessioni divennero di dominio pubblico i paparazzi presero posizione lungo il tragitto del legno. Ma stavolta nessuna delle ragazze si lamentava, nemmeno Kate. Era tutta pubblicità per una buona causa, anche quando le foto della bella timoniera apparvero su *Hello!*, che le spacciò per un'esclusiva sulla nuova vita della mancata principessa. Mancata? Un momento.

Non ci vollero troppe settimane prima che le altre «sorelle» si accorgessero di un traffico telefonico sempre più intenso sul cellulare della compagna d'avventura, in cui il nome «Wills» ricorreva costantemente. A quanto pare la più scontata delle strategie di riconquista di un innamorato fuggiasco, ovvero farlo ingelosire, stava proprio funzionando. Secondo quello che hanno riferito gli amici più stretti del principe, l'idea della «sua» splendida ragazza «che si rotolava nell'erba» tra le braccia di qualcun altro lo faceva letteralmente impazzire. Gli toccava insomma sperimentare l'opposto di quello che aveva immaginato di raggiungere con la separazione.

Anziché fargli apprezzare nuove compagnie e offrirgli l'occasione di correre un po' la cavallina, la recuperata condizione di single si portò dietro uno spiacevole senso di solitudine e di perdita. Intanto, il corteggiamento di altre ragazze del solito circolo aristocratico si rivelò più complicato del previsto, perché molte in realtà annusavano, con buon istinto femminile, che la storia con Kate non era finita. E poi, in modo forse anche più decisivo, William avvertiva la mancanza della famiglia. Non la sua, quella dei Middleton. Che però, nell'arco dell'ultimo anno e mezzo, era arrivato a sentire come la «sua» vera famiglia.

I dodici mesi trascorsi all'Accademia Militare gli erano sembrati molto più accettabili proprio grazie alle fughe di ogni fine settimana verso l'idilliaca magione dei Middleton nell'incanto della campagna del Berkshire. Ma non erano tanto gli esterni quanto gli interni ad attirare il giovane cadetto. Tra le mura accoglienti di Oak Acre William trovava quel calore famigliare che prima di allora non aveva mai conosciuto. Il venerdì sera dai Middleton era il sogno realizzato di una vita normale apparsa sempre irraggiungibile. E invece eccola lì, tra la cura materna di Carole e la paterna disponibilità di Michael, tanto più pronto di Carlo a prestare orecchio a certe confidenze del giovane cadetto. Presto il futuro re si abituò a chiamarlo *dad*, papà, probabilmente con più confidenza di quella che aveva verso il padre vero.

La partita di calcio seguita in tv stravaccati sui divani con una ciotola di pop-corn, il barbecue in giardino nelle belle giornate di sole, la corsa in quad per la campagna ondulata attorno al villaggio di Bucklebury... Un giorno i libri di storia avrebbero registrato che il futuro William V era stato il primo reale britannico a passare vacanze e week-end ospite dei parenti acquisiti decisamente non reali, ma al momento per il giovane Windsor contava solo il benessere fisico e spirituale che quella vicinanza gli regalava. E che cominciò a mancargli come l'aria nel momento stesso in cui disse addio a Kate.

Addio, poi... In realtà, dopo la presunta ultima telefonata, le chiamate del principe ripresero presto, già in quello stesso mese di aprile e poi a maggio. Un amico dei Middleton, ben a conoscenza dell'intimità maturata tra la famiglia e il principe, il giorno in cui la separazione era diventata una notizia sui giornali aveva profetizzato a

Simon Perry, giornalista di *People*: «Non penso che sia davvero finita. Non credo che questa sia l'ultima volta che vedremo quei due assieme».

Giusto dieci settimane e mezzo dopo la separazione, il 24 giugno 2007, come abbiamo visto Katie Nicholl sparò sul *Mail on Sunday* la sua esclusiva mondiale sulla riappacificazione. In effetti, rivelava Nicholl, la coppia era stata vista ballare allacciata stretta e baciarsi a una festa nella caserma di William a Bovington, nel Dorset. La descrizione della giornalista non si esimeva dai dettagli adatti a soddisfare il voyeurismo dei lettori: «Non riuscivano a tener giù le mani l'uno dall'altra», stando alle parole di un testimone-guardone. «Ma a William non importava che la gente stesse osservando. Verso mezzanotte, ha cominciato a baciarla e a limonare con lei. I suoi amici scherzavano, invitandoli a "prendersi una camera". E in effetti non ci è voluto molto prima che William riportasse Kate nel suo appartamento.»

Non si trattava solo di un passeggero ritorno di fiamma. Nicholl aveva con ogni evidenza ottenuto il benestare da entrambe le parti interessate, quando spiegava che la rottura c'era stata «perché William non voleva impegnarsi in una relazione a lungo termine e, in definitiva, nel matrimonio», ma ora la situazione era cambiata e il principe «ha detto a Kate che è molto serio nel voler tornare assieme... Vuole che tra loro funzioni e ha detto che se si rimettono insieme, stavolta sarà una cosa seria». Per rafforzare il concetto, un amico di William sentì di dover confermare che «lui continua a dire che lei è una ragazza straordinaria e la migliore cosa che gli sia mai capitata. È assolutamente serio sul tornare insieme». E la paziente Miss Middleton? Sentiamo anche, per interposta Nicholl, la sua voce: «Lei sa che se tornano insieme, non ci saranno marce indietro. Dovrà esserci un fidanzamento e poi il matrimonio».

Ma al di là dello scoop del *Mail* la conferma ufficiale tardava, e si avvicinava invece il grande concerto organizzato per il 1° luglio a Wembley dai figli di Diana per celebrare, a un decennio dalla morte, quello che sarebbe stato il quarantaseiesimo compleanno della principessa. La sera prima del grande *happening*, destinato a essere trasmesso in diretta tv, William e Harry erano assieme ad ascoltare le prove di Joss Stone, cantante favorita del primogenito, quando qualcuno gli chiese se Kate fosse stata invitata all'evento. Il principe annaspò prima di riuscire a formulare una risposta che apparisse vincolante in un senso o nell'altro: «Tutti gli amici sono stati invitati». Harry sogghignò: «Bravo William, davvero scansata bene, molto diplomatico». E intanto se la rideva sotto i baffi perché sapeva bene che il fratello avrebbe passato la notte con Kate a Clarence House.

La sera dopo al concerto le telecamere inquadrarono Kate seduta nella fila dietro i due giovani Windsor, e ne intercettarono gli sguardi spesso puntati sul suo principe. I due continuavano a tenere la bocca chiusa sulla loro relazione ma anche al pubblico televisivo appariva evidente che la riconciliazione c'era stata, tanto più quando Kate in coro con gli spettatori cominciò a cantare parola per parola la canzone dei Take That *Back for Good*, Tornato per sempre. Finito il concerto, gli invitati all'afterparty non furono invece lasciati nell'incertezza: cullati dalla musica William e la sua ritrovata ragazza cominciarono a ballare allacciati stretti, apparentemente dimentichi del resto del mondo.

La coppia mantenne segreto il ritorno di fiamma per parecchie settimane. Si immagina anche su suggerimento dei dignitari di Corte, comprensibilmente ansiosi di avere maggiori certezze sui sentimenti dell'erede al trono. Ma alcuni indizi erano inoppugnabili per chi era vicino ai protagonisti. E non tutti ne furono felicissimi. Non, per esempio, le ragazze della Sorellanza quando Kate le informò in agosto, giusto una settimana prima della traversata, che avrebbe abbandonato l'equipaggio. Non poteva ovviamente dire loro che il consiglio era venuto dai legali della famiglia reale, preoccupati di non riuscire a tenere a bada l'orda scatenata dei fotografi, ma le *sisters* capirono e non la presero bene. E non solo perché faceva mancare il suo contributo all'iniziativa benefica, ma perché il ritorno al fianco del principe sembrava loro una capitolazione, la rinuncia alla sua indipendenza di donna moderna, sacrificata sull'altare della solita sicurezza matrimoniale.

Emma Sayle cercò di convincerla al telefono: «Questo impegno non è solo per una buona causa ma per te stessa. Per piacere, non mollare. Per la prima volta nella tua vita stai concretamente facendo qualcosa per te stessa». Non ci fu verso. Mentre le ragazze della Sisterhood remavano attraverso la Manica a velocità strabiliante, strappando il record mondiale e raccogliendo oltre 100.000 sterline, Kate e William si apprestavano a lasciare il paradiso tropicale dell'isola di Desroches, nelle Seychelles esterne, dove sotto il nome di Martin e Rose Middleton avevano passato una meravigliosa settimana a riaccendere il fuoco della passione. A fine agosto lui tornò a Londra, in tempo per commemorare il decimo anniversario della morte della madre, e lei all'abituale attesa. La sua relativa indipendenza era durata nemmeno tre mesi. La sua pazienza invece avrebbe avuto ancora qualche anno per esercitarsi.

William era tornato con la precisa dichiarazione che stavolta era per sempre, e dunque con la prospettiva del matrimonio saldamente in vista. Si trattava ormai di una conclusione così scontata che i bookmaker smisero di accettare scommesse sulle nozze. Solo che il principe, confermando il ben noto tratto di testardaggine, al momento era intenzionato a tenere ancora la carriera davanti alla vita personale. A gennaio 2008 cominciò presso l'Accademia della RAF a Cranwell, nel Lincolnshire, un corso di quattro mesi di addestramento intensivo al volo, e alla fine l'11 aprile una felice e orgogliosa Kate era lì a vedere, nella cerimonia conclusiva, i gradi di ufficiale pilota appuntati sul petto del suo uomo direttamente dal Maresciallo Capo dell'Aria, che guarda caso era proprio papà Carlo.

Come pilota, William sapeva il fatto suo. Ma forse aveva una certa tendenza a un'interpretazione personale dei regolamenti. Il fine settimana dopo la conquista dei gradi, il principe faceva parte dell'equipaggio dell'elicottero Chinook per il trasporto truppe che atterrò nella caserma di Woolwich, a Londra, per imbarcare il fratellino

Harry lì acquartierato prima di levarsi di nuovo in volo. Direzione sud, verso l'isola di Wight. Missione di addestramento? Non proprio. Sull'isola era programmato lo *stag party*, ovvero l'addio al celibato, del cugino Peter Phillips, che avrebbe sposato Autumn Kelly il 17 maggio. Stranamente, ulteriori voli di addestramento del principe con elicotteri militari usavano frequentemente per atterraggio e decollo un campo vicino alla casa dei signori Middleton nel Berkshire, o anche le vaste tenute di papà e nonna nel Gloucestershire e nel Norfolk, senza neppure escludere il castello in Scozia dove lo aspettava Kate per le nozze di lady Iona Douglas-Home, comune amica dei tempi di St Andrews.

Il ministero della Difesa, sollecitato, mise in chiaro che i voli erano tutti regolarmente autorizzati. Ma qualche inveterato repubblicano in Parlamento non rinunciò a sottolineare che 162.000 sterline (circa 200.000 euro) per l'addestramento esclusivo di Sua Altezza somigliavano molto a uno spreco di denaro pubblico, visto che un elicottero militare – disse il liberaldemocratico Nick Harvey – non dovrebbe essere usato come taxi per uno *stag party*. Anziché scusarsi, William si mostrò oltraggiato: «Sto lavorando sulla mia licenza di volo. Perciò cerco di volare più che posso». In effetti, a settembre annunciò l'intenzione di diventare pilota d'elicottero nelle unità di ricerca e soccorso.

Nel frattempo Kate diventava pratica del gran mondo. In assenza del suo bel principe impegnato nel servizio militare, c'era lei a rappresentarlo in alcuni dei principali eventi sociali della stagione: a maggio il matrimonio del cugino Peter Phillips nella cappella di St George a Windsor in presenza della regina, che non mancò l'occasione per studiare da vicino la candidata principessa. E a luglio un altro matrimonio di parente reale, lady Rose Windsor, figlia del duca di Gloucester, cugino di Elisabetta.

Per la prima volta, quell'estate 2008, Kate non mancò nemmeno uno dei principali appuntamenti reali della stagione. Quando William, nell'annuale cerimonia di giugno, ricevette dalla nonna l'investitura come millesimo cavaliere dell'Ordine della Giarrettiera, la sua bella e sorridente ragazza, benché non ancora fidanzata ufficiale, era comunque lì a prenderlo allegramente in giro insieme con quella peste del futuro cognato Harry. Assieme festeggiarono ancora il ventiseiesimo compleanno di Wills al ballo annuale del Beaufort Polo Club, e poi con lui o senza di lui Kate fu vista praticamente ovunque, da un incontro di boxe a un match di tennis a Wimbledon al concerto a Hyde Park in onore del novantesimo compleanno di Nelson Mandela. Seguì a settembre una vacanza con i Middleton nella superesclusiva Mustique, e al ritorno la partecipazione a una gara di pattini a rotelle per beneficenza, conclusa con un capitombolo immortalato con suo gran dispiacere dagli immancabili paparazzi. I tabloid, sempre alla ricerca di punti deboli, smisero di chiamarla *Waity Katie* per passare al *sobriquet Queen of Mustique*, certo più raffinato ma egualmente derisorio.

Lei non aveva in effetti molto altro da fare, con il suo spasimante o in volo o in giro per il mondo a sostenere le più svariate fondazioni filantropiche. Sud Africa, Lesotho, poi in qualche località segreta per addestrarsi con le forze speciali della Royal Navy, da dove tornò con una barba motivo di spasso per fidanzata e fratello. Per Kate i night di Londra diventavano un ricordo, mentre il mondo dei Windsor la assorbiva sempre di più. A novembre Carlo la invitò a Buckingham Palace per la celebrazione dei suoi sessant'anni, una grande festa zeppa di celebrità come Rod Stewart, Mr Bean alias Rowan Atkinson, Joanna Lumley, Stephen Fry. A Natale la «regina di Mustique» se ne tornò con la famiglia nei suoi domini tropicali, ma a Capodanno era di nuovo ospite con il fidanzato da papà Carlo a Birkhall, in Scozia.

L'anno 2009 cominciò e passò senza nessun segno che il fatidico matrimonio fosse finalmente più vicino. E mentre il (potenziale) promesso sposo continuava a svolazzare per il mondo, il peso della curiosità del pubblico e dell'intrusione dei media ricadeva in misura sempre più pesante sulla famiglia Middleton.

Gli avvocati che tentavano di arginare l'offensiva dei tabloid avevano un bel sostenere che Kate fosse «una ragazza qualunque». Giornalisti e paparazzi la trattavano già, non a torto, come una figura pubblica, che non poteva contare però su nessuna protezione. Non solo lei ma anche i suoi famigliari. Foto del fratello James che, ubriaco, urinava per strada contro una siepe, o indossava un abitino a pois della sorella, uscirono sui settimanali stranieri. E Pippa fu gratificata dell'ingiusta accusa di approfittare delle connessioni reali per favorire la ditta organizzatrice di eventi per la quale lavorava.

William sembrava impermeabile alle traversie della sua ragazza. A gennaio 2010 volò un'altra volta in Australia e Nuova Zelanda per il suo primo tour ufficiale da solo. Ai giornalisti che lo premevano perché finalmente rivelasse le sue intenzioni matrimoniali, si limitò a rispondere sorridendo: «*Wait and see*», aspettate e vedrete. Ma gli editorialisti dei tabloid non erano altrettanto educati con la fidanzata in paziente attesa e senza alcun serio impegno. Sul *Daily Mail*, Amanda Platell interpretò con notevole virulenza la crescente irritazione di giornali e opinione pubblica: «Dov'è un vero lavoro? Dov'è la dedizione al dovere e alla filantropia che sono così radicati nella vita dei reali preferiti d'oggigiorno? Invece, tutto ciò che vediamo da Kate è solo una testarda protezione della sua privacy... L'ultima cosa di cui la Gran Bretagna ha bisogno è una pigra Regina delle Tortine senza alcun talento».

Finalmente sull'orologio del Big Ben scoccò l'anno 2010, e il momento della svolta. Dopo una vacanza sugli sci a Courchevel con Kate e famiglia, William entrò nella fase finale della formazione di pilota. Dopo un corso accelerato di guida degli elicotteri Sea King, fu spedito alla base RAF sull'isola di Anglesey, nel nord del Galles, per entrare nel servizio di elisoccorso. Lì, nella tenuta di campagna della famiglia Meyrick (discendenti dalla guardia del corpo di Enrico VIII), affittò un cottage isolato con quattro camere da letto che diventò ben presto il nuovo nido d'amore della coppia. Kate, che formalmente viveva ancora in casa dei genitori, in realtà trascorreva quasi tutto il tempo ad Anglesey, nella prima vera esperienza di vita coniugale con il suo amato.

Non si era ancora mai visto niente del genere in casa Windsor. Secoli di morale filistea finivano alle ortiche, così come la pretesa di illibatezza della futura sposa reale. Anche la monarchia inglese era entrata nel ventunesimo secolo, almeno per le relazioni sentimentali. Ma pure il mai sopito nazionalismo gallese aveva di che gioire. Erano secoli che il principe titolare, quale William era destinato a essere, non andava a vivere sulla sua terra. E adesso proprio la piatta isoletta che era stata teatro dell'ultima disperata resistenza ai guerrieri di Edoardo I, accoglieva l'erede lontano del sovrano conquistatore con la promessa di regalare a lui e alla sua compagna giorni indimenticabili.

Ad Anglesey, Babykins (bambolina) e Big Willies – i nomignoli con cui si chiamavano i due innamorati – vissero uno dei momenti più felici e sereni della loro storia. Compravano pizza e patatine surgelate al locale supermarket, lei si occupava della casa e della cucina quando lui correva sull'elicottero per salvare incauti escursionisti, e quando invece era libero saltavano sulla sua Ducati per correre lungo le coste dell'isola o andare a mangiare granchio fresco al White Eagle, il pub locale, o a vedere un film al cinema Empire a Holyhead. A settembre, infine, i ventun mesi di addestramento intensivo del pilota Galles si conclusero e arrivò il momento che Kate pazientemente attendeva da sette anni.

Nell'ottobre 2010, il futuro re condusse di nuovo in Africa la sua bella, in una vacanza-safari alle pendici del monte Kenya. Erano in realtà un'altra volta a Lewa Downs, nella tenuta di Jecca Craig. Ma lei non era più una rivale per Kate, e i suoi genitori Ian e Jane restavano una seconda famiglia per il principe. Lì Wills organizzò una battuta di pesca e affittò solo per loro due un rustico capanno di legno sulle sponde del lago Rutundu. Appena arrivati si misero a pescare ma senza risultato. Tornati al pomeriggio nel lodge, di fronte a un tramonto d'Africa, William s'inginocchiò davanti alla sua quasi decennale fidanzata e la chiese finalmente in moglie offrendole quel certo famoso anello, uno zaffiro circondato da diamanti, reso celebre dalla madre Diana. Se l'era portato dietro nello zaino tutto il tempo, senza mai separarsene: «Sapevo che se fosse sparito mi sarei trovato in un mare di guai» confessò dopo.

Manco a dirlo, l'anello di fidanzamento offerto da Carlo a Diana calzava perfettamente al dito di Kate, e sul suo sì non potevano esserci dubbi. Perfino lo champagne infilato nella primitiva ghiacciaia del lodge era freddo al punto giusto: si può credere alla principessa quando, ricordando il momento, sostiene che «c'è un vero romantico» nel marito. Nonostante la proposta non arrivasse certo troppo presto, lei ha sostenuto che non se l'aspettava: «Sì, forse immaginavo che magari ci avesse pensato, ma quando me lo chiese fu uno choc totale». Nel libro dei visitatori del capanno, Catherine Middleton – come si firmò – ha lasciato scritto: «Grazie per queste meravigliose 24 ore! Purtroppo non abbiamo trovato nessun pesce ma ci siamo molto divertiti a cercarlo. Amo il caldo del camino e le luci delle candele – è così romantico! Spero di tornare presto». Un'autentica principessa dell'*understatement*.

Poco più di sei mesi dopo, il 29 aprile 2011, William Mountbatten-Windsor portava all'altare Catherine Middleton nell'abbazia di Westminster. Allo sposo mancavano due mesi per il compimento dei ventinove anni. Dopotutto, aveva concesso uno sconto rispetto all'intenzione di non sposarsi prima dei trenta.

16
«You are so beautiful»

Il fastoso matrimonio dei futuri sovrani d'Inghilterra, in mezzo a una folla di un milione di persone che aveva invaso le vie di Londra, fu uno di quegli eventi memorabili che saldano periodicamente la vita della monarchia a quella dei sudditi. Ma prima di arrivare al corteo nuziale sotto la volta dell'abbazia da dieci secoli cuore dell'Inghilterra, il protocollo imponeva una serie di passaggi pubblici equivalenti a una specie di tirocinio reale. *In primis*, la presentazione ufficiale della futura regina ai sudditi, che la conoscevano ormai come una di casa ma non l'avevano mai sentita parlare. L'evento si verificò il 16 novembre 2010. Catherine, come lei voleva ormai essere chiamata, fece il suo ingresso nella *Entrée Room* del palazzo di St James's sotto un diluvio di flash, e nessuno dei presenti poté fare a meno di pensare alla giovanissima donna che ventinove anni prima aveva fatto la stessa apparizione nella stessa sala al braccio di un principe diverso. Dentro di sé, ognuno sperava che il figlio di Carlo sapesse dare alla sua sposa ciò che il padre aveva negato a Diana.

Anche la ritualità, ovviamente, fu la stessa di tre decenni prima. Incredibilmente simile il vestito blu delle due donne, identico l'ambiente e lo sfondo, così come le voci e il linguaggio del corpo, sciolto e disinvolto William da sempre abituato al pubblico, timida e impacciata la borghese che si avvicinava al trono. E poi c'era l'anello, il vero protagonista di entrambe le presentazioni. Tutti ricordavano come Diana lo sfoggiasse con orgoglio, e Catherine non era da meno, soprattutto adesso che era un segno tangibile dell'eredità della più famosa e amata principessa del Galles. «Per me» disse «è molto, molto speciale.» Probabilmente lo pensava davvero, conquistata dal modo sentimentale in cui William aveva presentato la sua decisione di scegliere proprio *quell'anello*: «Pensavo che potesse essere bello perché ovviamente [mia madre (*N.d.A.*)] non sarà qui con noi a condividere tutta la gioia e l'eccitazione. Questo è stato il mio modo di tenerla vicina». Parole toccanti, senza dubbio, ma che non convinsero tutto il pubblico, in particolare molte donne.

Quell'anello era dopotutto la testimonianza di un matrimonio fallito e una morte precoce. Non si può dire che fosse di buon augurio (e in tanti si sarebbero chiesti anni dopo, al tempo della malattia di Catherine, se la sua frequente scomparsa dall'anulare della principessa fosse soltanto casuale). In ogni caso, non c'era modo di sfuggire all'osservazione di Penny Thornton, ex astrologa di Diana: «L'anello sarà un potente e costante richiamo della sua vita e della sua morte». Il fantasma di Lady Di aleggiava inesorabilmente sul matrimonio del figlio e soprattutto imponeva un paragone impossibile alla sua sposa. Sin dal primo impatto con la stampa il giorno del fidanzamento ufficiale. Quando le chiesero della suocera, Kate rispose d'impeto che le sarebbe piaciuto conoscerla, mostrando però qualche difficoltà a concludere la frase con le parole adatte: «Naturalmente, lei rappresenta un'ispirazione a cui guardare». Una formulazione così vaga e diplomatica mostrava la consapevolezza che il discorso su Diana restava un campo minato su cui non voleva avventurarsi. In suo soccorso, William disse le parole sensate che un'opinione pubblica ancora orfana della principessa faticava evidentemente a introiettare: «Nessuna sta cercando di entrare nei panni di mia madre. Ciò che lei ha fatto è stato fantastico».

E Catherine? Lei cosa sarebbe stata capace di fare? Era già diventata quella che i giornalisti definivano «icona di stile», nel senso che tutto quello che indossava diventava subito di moda e andava immediatamente esaurito nei negozi di abbigliamento, comprese le innumerevoli repliche economiche del vestito blu di Issa indossato per l'annuncio di fidanzamento. Ma questo non bastava a dissipare i dubbi se sarebbe stata all'altezza del ruolo. Se lo chiedevano certo, a bassa voce, un buon numero dei parenti acquisiti ma pure nel complesso l'opinione pubblica. Si rendeva conto di che cosa volesse dire «diventare una reale»? le chiese un giornalista nella prima chiacchierata dopo l'annuncio. «È una prospettiva che intimidisce ma spero di affrontarla con calma. William è un grande insegnante, così sono sicura che sarà capace di aiutarmi.»

Più o meno le stesse cose aveva risposto Diana. Ma la differenza è che stavolta l'aiuto davvero non sarebbe mancato. E non solo del promesso sposo. Il principe istruì i cortigiani del suo staff perché in sua assenza prestassero a Kate l'assistenza necessaria in tutte le occasioni, soprattutto quelle pubbliche, e sir David Manning, ex ambasciatore negli Stati Uniti, ricevette l'incarico di preparare la futura principessa alle sottigliezze del protocollo e dell'etichetta reale. Tutte le attenzioni di William perché la sua ragazza borghese potesse scivolare gradualmente nel ruolo rimandavano del resto alla differenza fondamentale tra la sua unione e quella del padre. Il matrimonio di Carlo era stata una scelta frettolosa e azzardata, dettata dall'urgenza dinastica di produrre un erede. Trent'anni dopo, quell'erede aveva la fortuna di vivere in un mondo in cui era libero di corteggiare la donna del suo cuore, e non la vergine bianca, aristocratica e protestante imposta dal vecchio codice reale. Prima delle nozze, Carlo e Diana si erano visti da soli in tutto tredici volte. La relazione tra William e Kate era durata otto anni, e l'ultimo avevano in pratica vissuto insieme come marito e moglie.

Il commento di Carlo all'annuncio del fidanzamento del figlio voleva essere ironicamente compiaciuto ma era apparso un po' acido: «Beh, mi pare che abbiano fatto abbastanza pratica». In effetti la «pratica» era stata lunga, forse anche troppo, ma era la migliore garanzia che stavolta il matrimonio avesse successo. Se è vero che la famiglia reale aveva infine dovuto venire a patti col secolo, accettando che i suoi principi e principesse sposassero chi volevano e non chi dovevano, è altrettanto vero che la cautela di William, per quanto spossante per la sua innamorata, non era servita solo a lui per essere certo di non fare un errore ma anche a lei per valutare bene la sua scelta. La romantica convivenza nella base gallese della RAF era stata una specie di prova del nove. Come ha spiegato lui stesso, «volevo darle una chance di vedere da vicino e tirarsi indietro se necessario, prima che tutto diventasse troppo». Diana confessò che l'avrebbe fatto, se non avessero già prodotto – come le rammentò asciutta la sorella – milioni di souvenir con la sua faccia e quella del principe... «Sto cercando di imparare dal passato» fu invece la conclusione saggia e amara di suo figlio.

Il risultato fu che nel momento in cui si presentavano ufficialmente insieme sul palcoscenico del mondo, William e Kate apparivano già una coppia lungamente rodata, complici negli sguardi e nelle risate, consapevoli dei limiti e dei bisogni l'uno dell'altra. Contavano forse soprattutto l'intimità e la comprensione maturate nell'essere stati amici prima che amanti, il che voleva dire una comune visione del mondo, un'aspettativa condivisa. Era ciò a cui alludeva il principe nella prima intervista tv rilasciata insieme da fidanzati: «Quando ho incontrato Kate, all'inizio, sapevo che lei aveva qualcosa di molto speciale. Sapevo che c'era probabilmente qualcosa che io volevo esplorare. Abbiamo finito con il diventare amici per un po' e quello è stato un solido fondamento».

Perciò stavolta alla domanda di rito: «Siete innamorati?» non ci fu nessuna elucubrazione, nessuna sottigliezza filosofica del genere di quella accampata trent'anni prima dal principe-pensatore: «Qualunque cosa voglia dire essere innamorati». William lo sapeva perfettamente cosa vuol dire, così come la sua promessa: «Siamo enormemente eccitati e non vediamo l'ora di passare insieme il resto delle nostre vite».

L'evidente manifestazione d'amore della coppia ebbe un impatto immediato sull'opinione pubblica, ansiosa di rivivere la favola reale cancellata dagli scandali e dai tradimenti dei figli della regina, a cominciare dal primogenito. I sondaggi non lasciavano nessun equivoco. Già da tempo, in verità, la maggioranza dei sudditi indicava in William il successore preferito di Elisabetta al posto del padre, come avrebbe voluto Diana. L'ipotesi non solo era fuori dalle regole di successione ma, da buon figlio, risultava totalmente inaccettabile al giovane principe. Restava comunque il fatto che, interpellati nel week-end seguente al fidanzamento, due terzi degli inglesi desideravano i promessi sposi come prossimi re e regina.

Nessuno dei due voleva questo. Al contrario, desideravano ancora quanto più tempo possibile per vivere assieme senza la pressione del pubblico e per imparare il «mestiere» che li attendeva. Naturalmente, l'annuncio aveva già cambiato tutto. Adesso, ogni volta che si metteva alla guida della sua auto, accanto a Kate prendeva posto un'agente dello Special Branch incaricata della sua sicurezza. La qualità di fidanzata reale la poneva evidentemente tra gli obiettivi sensibili da proteggere. Nei giorni seguenti William riprese i suoi doveri di pilota d'elicottero di soccorso in Galles, Kate invece tornò a casa dei suoi nel Berkshire per trascorrere da loro in quiete relativa i mesi mancanti al matrimonio.

Anche qui, apparivano lampanti le differenze con la precedente vigilia di nozze reali. Diana era stata costretta ad allontanarsi da famiglia e amici per andare a vivere a Clarence House con la Regina Madre fino al giorno della cerimonia nuziale. Come rivelò al suo biografo Andrew Morton, si sentiva – di fatto, era – sola, privata di ogni aiuto, senza qualcuno in cui confidare. Una sorta di clausura monastica che alimentava il suo disagio psichico e le perplessità su quel che l'aspettava. La mancanza di consigli esperti l'aveva anche spinta a qualche passo falso nelle prime uscite pubbliche.

Niente di tutto ciò per Kate. I primi impegni ufficiali che la Corte organizzò in attesa delle nozze, fissate per il 29 aprile 2011, non chiedevano troppo alla novizia. Incontri pubblici senza fanfare, assai alla mano, nelle modalità semplici che la coppia aveva scelto non solo in vista del matrimonio ma come chiave del loro stile di vita reale. Primo impercettibile segno che qualcosa si avviava a cambiare nella pietrificata liturgia della monarchia. Un festival natalizio nel Norfolk, poi un ricevimento per il Teenage Cancer Trust organizzato da Emilie van Cutsem, amica intima della famiglia reale, che segnalava l'interesse di Kate per quello che sarebbe diventato il fulcro della sua attività filantropica, il benessere dell'infanzia. Si definivano nel frattempo i dettagli della cerimonia, a cominciare dal più importante: la scelta della chiesa.

La cattedrale di St Paul fu presto scartata. Diciamo che non aveva portato bene a Carlo e Diana. E dopotutto, sin dal Medioevo, tutti i riti di passaggio nella vita di monarchi e principi del sangue – incoronazioni, matrimoni, funerali – si erano sempre celebrati altrove, sotto le volte gotiche di Westminster Abbey. L'abbazia fu dunque la scelta della coppia, pubblicamente motivata certo non per ragioni scaramantiche ma – secondo le parole del portavoce di Palazzo – «per la sua bellezza mozzafiato, i suoi mille anni di storia reale e la sua relativa intimità a dispetto delle dimensioni». A condurre il rito religioso sarebbe stato il decano dell'abbazia John Hall, il matrimonio vero e proprio sarebbe stato celebrato secondo la tradizione reale dall'arcivescovo di Canterbury Rowan Williams, e al vescovo di Londra Richard Chartres, amico dei Windsor, fu chiesto di tenere l'omelia. Era lo stesso compito che il prelato aveva svolto a Westminster in un'occasione ben diversa: il funerale di Diana. Quattordici anni dopo era giunto il tempo di voltare pagina, e lasciare che dal suo ricordo zampillasse gioia.

Fu invece da sola, o piuttosto con l'aiuto di mamma e sorella, che Kate si accinse alla scelta più lieta e gradita di ogni promessa sposa: l'abito. Ricordo perfettamente che in quelle settimane che correvano verso l'evento, noi corrispondenti esteri – come il resto della stampa isolana – eravamo alluvionati di dettagli su quello che l'abituale enfasi dei media definiva, senza originalità, un altro «matrimonio del secolo». Ogni particolare veniva pubblicato e analizzato, dai costi della cerimonia alla lista degli invitati, dal numero dei souvenir prodotti a quello dei turisti attesi, ma su un solo argomento si stese un velo di riservatezza più impenetrabile di un segreto di Stato. Appunto, l'abito della sposa.

I guru della moda si scatenarono nelle ipotesi. Quando Carole e Pippa Middleton furono viste fuori della boutique a Knightsbridge di Bruce Oldfield, nome storico della *fashion* isolana e uno dei prediletti di Diana (nonché di Camilla), i bookmaker lo promossero subito tra i designer favoriti per l'incarico, assieme a un'altra famosa stilista inglese, Sarah Burton, direttrice creativa della maison Alexander McQueen. Forse punta sul vivo per non figurare nella rosa dei papabili, la decana della moda inglese Vivienne Westwood, ex regina del punk, sfoderò il pungiglione in occasione della London Fashion Week a febbraio: «Mi sarebbe piaciuto vestire Kate Middleton, ma devo aspettare finché non recupera da qualche parte un po' di stile». Non era l'opinione della maggior parte delle donne, e non solo sull'isola. Ogni capo d'abbigliamento che lei indossava diventava un successo immediato. Soprattutto colpiva, e spingeva a imitarla, la sua abilità a mescolare con lo stesso chic le grandi firme della moda con i capi della produzione di massa. Checché ne pensasse Westwood, era esattamente indizio di un senso innato del gusto che avrebbe decretato Miss Middleton un'icona della moda. Status confermato quando a marzo il vestitino trasparente della sua ormai celebre sfilata a St Andrews fu battuto all'asta per la bellezza di 78.000 sterline, quasi 100.000 euro.

L'abito da sposa rimase comunque un mistero finché Kate non emerse alla luce del sole il giorno delle nozze, grazie alla sua abilità a depistare ogni indagine e anche alla lealtà dell'ignoto stilista prescelto. La vigilia del resto era già abbastanza densa di rivelazioni, e discussioni. Molto rumore, per esempio, sulla lista degli invitati. Nonostante la sua imponenza, la capienza di Westminster Abbey non va in effetti oltre i duemila posti. Chi sarebbero stati i fortunati, oltre ovviamente a parenti, amici e inevitabili alti dignitari? Il matrimonio, secondo i desideri degli sposi, non sarebbe stata una cerimonia di Stato ma, nonostante la sua solennità, un evento semi-informale, e già questo dispensava dall'obbligo di invitare capi di Stato stranieri, anche nei casi in cui le consorti erano il massimo del *glamour* mondiale come la francese Carla Bruni in Sarkozy o l'americana Michelle Obama.

Ma sotto le volte dell'abbazia dovevano necessariamente trovare posto i membri delle famiglie reali straniere, quasi tutte imparentate, capi di Stato e primi ministri del Commonwealth, il governo, gli alti gradi delle Forze Armate e della diplomazia. Restavano poco più di un migliaio di inviti, che per volontà della coppia furono assegnati ai rappresentanti delle centinaia di organizzazioni filantropiche patrocinate dai reali, molte direttamente da William e presto anche da Kate. Era un segno preciso del progetto che andava prendendo forma nella testa del giovane principe, sulla scia della monarchia *in touch* vagheggiata dalla madre. Non più un sovrano remoto come una divinità dell'Olimpo ma una guida morale della nazione a contatto con il popolo, disponibile all'ascolto e attento ai suoi bisogni. Per questo nel giorno più felice per lui e la sua promessa sposa l'abbazia dei re si sarebbe riempita di gente comune.

Come quella che lo aveva accolto con commovente entusiasmo quando a marzo era volato in missione ufficiale, a rappresentare la regina, nell'Australia devastata dalle alluvioni, soprattutto nei due Stati di Queensland e Victoria. William ci era andato per testimoniare che la famiglia reale aveva guardato i disastri naturali con lo stesso choc, la stessa tristezza di ogni comune suddito australiano. Era lì per portare solidarietà ed era stato capace di farlo con umiltà. Si era mostrato pronto ad ascoltare le storie dei sopravvissuti e a offrire parole di conforto, disponibile a lasciarsi avvicinare come non si era mai visto con i reali. La stampa locale non aveva faticato a trasferire sul figlio di Diana il *sobriquet* di «principe di cuori», o anche *People's*

Prince. Più che un titolo di giornale, questo per lui sembrava un vero programma politico.

La sua promessa sposa, nelle poche settimane mancanti al matrimonio, mostrò subito di essere la partner adatta per lo scopo. A febbraio aveva esordito accanto a lui nel varo di un battello di salvataggio davanti a un migliaio di persone sull'isola di Anglesey, che anche dopo le nozze sarebbe stata la loro prima casa. Lì Catherine, come aveva reso noto di voler essere chiamata, esibì la mise perfetta per la circostanza. Che l'avessero consigliata o ci avesse pensato da sola, vestì un cappotto spinato di Katherine Hooker già indossato e che aveva fatto accorciare. Un dettaglio che nel clima di austerità seguito alla recente crisi finanziaria mostrò tatto e buonsenso, così come il simbolo dei Royal Welch Fusiliers appuntato sul cappellino fu balsamo per i sentimenti nazionalistici del pubblico gallese. L'inevitabile «tour delle quattro nazioni» che compongono il Regno Unito proseguì in Scozia nell'*alma mater* di entrambi, l'ateneo di St Andrews, come ricordò William all'assemblea di insegnanti e studenti: «Questo è un momento molto speciale per Catherine e me. Sembra di tornare a casa». L'ultima tappa fu Belfast, capitale dell'Irlanda del Nord, dove i due arrivarono senza annunci. Era martedì grasso e sebbene la platea nordirlandese fosse più ridotta delle altre si esibirono entrambi come da tradizione nella preparazione delle frittelle, lanciandole dalla padella in aria e riprendendole (lei più svelta).

E fu infine il 29 aprile. Il governo Cameron l'aveva proclamato festa nazionale, e collegato all'imminente *bank holiday* del 1° maggio sarebbe stato uno dei «ponti» vacanzieri più lunghi dell'anno. Londra straboccava di folla, come sempre quando la Corona mette in scena uno dei suoi grandiosi spettacoli di *pomp and circumstance*, pompa magna, come diciamo noi. È la genialità della monarchia inglese, notava nell'Ottocento lo scrittore, giornalista e costituzionalista Walter Bagehot, trasfomare un fatto normale nella vita di ogni essere umano in un evento universale. E stava per succedere di nuovo. Non che questo influenzasse in alcun modo il capriccioso tempo dell'isola.

Come in tante altre precedenti occasioni, la giornata si presentava grigia e piovosa. Salvo in tarda mattinata, proprio mentre Kate raggiungeva l'altare, lasciar spuntare dalle nubi un sole smagliante e di buon augurio. Questa era opera di Diana, si convinsero molti nostalgici della principessa nella folla assiepata lungo il tragitto da Buckingham Palace a Westminster, lo stesso di quell'atroce funerale quasi tre lustri prima. Il sole penetrò anche attraverso le meravigliose vetrate dell'abbazia, che si era riempita di invitati sin dalle nove del mattino.

Teste coronate e infermieri, diplomatici e postini, amici intimi e celebrità. Erano arrivati secondo gli scaglioni rigidamente fissati dal protocollo in modo che alle 10.45 la regina e Filippo facessero il loro ingresso per ultimi. E ora queste centinaia di persone da ogni corsia della vita erano tutte ai loro posti con gli occhi puntati sulla porta occidentale del tempio, da dove Miss Middleton avrebbe fatto il suo ingresso. Trattandosi di evento semiufficiale, la lista dei presenti era stata concordata e approvata dall'ufficio del Lord Ciambellano, il più alto dignitario di Corte, nonché dal Vicemaresciallo del Corpo Diplomatico e dal Foreign Office, il ministero degli Esteri. Ma anche i Middleton avevano potuto farsi sentire, confermando la loro capacità di creare un legame con la gente comune che in qualche modo rappresentavano.

Con una strizzata d'occhio a tutti i villaggi inglesi, i genitori della sposa si erano preoccupati di mandare l'invito anche alle persone presenti ogni giorno nella loro semplice vita a Bucklebury: il macellaio, il proprietario del pub, il postino. Nessuno avrebbe del resto potuto obiettare qualcosa. Con la regina e il principe Carlo, i Middleton avevano concordato di dividere le ingenti spese del matrimonio, incluso l'affitto dell'abbazia ed esclusa la sicurezza, garantita dagli organi dello Stato (quindi a spese dei contribuenti). Uno può solo immaginare che cosa avrebbe provato nonna Dorothy se fosse vissuta abbastanza per vedere sua figlia firmare uno cheque assieme alla regina. Papà Michael e mamma Carole misero mano orgogliosamente (e generosamente) al loro portafogli, occupandosi anche della prenotazione dell'intero hotel Goring – esclusivo albergo di lusso a un tiro di sasso da Buckingham Palace –, dove Kate avrebbe trascorso con la sua famiglia l'ultima notte da single.

Quella stessa notte, in un apprezzatissimo gesto di vicinanza agli ordinari britannici, William era uscito da Clarence House ed era sceso per strada lungo il Mall, in mezzo ai sudditi accampati alla meglio attorno alla reggia in attesa della cerimonia del mattino. Lo avevano accolto grida di giubilo, battute e auguri. Anche Catherine, a poca distanza, aveva comprensibilmente dormito poco. Si era comunque svegliata presto per l'acconciatura dei capelli affidata alle mani esperte del suo parrucchiere Richard Ward, e lo stesso avevano fatto la madre e la sorella Pippa, quest'ultima parte integrante dello show come damigella d'onore della sposa (non si sapeva ancora che le avrebbe rubato un attimo la scena con l'abito rivelatore del famoso «lato B»...).

Il fratello James, che più tardi in chiesa avrebbe letto con voce ferma un passo dalle Sacre Scritture, per il momento aveva percorso la breve distanza fino a Clarence House per fare colazione assieme ai suoi futuri cognati entrambi già nelle loro uniformi di gala, Harry in quella di capitano del suo reggimento, i Blues and Royals delle Guardie Reali, e William nella tunica rossa fiammante del suo nuovo grado di colonnello delle Irish Guards. Prima che si muovesse da casa per raggiungere l'abbazia, la nonna regina gli fece pervenire il suo dono di nozze: la patente reale che lo nominava Sua Altezza Reale il duca di Cambridge, conte di Strathearn e barone Carrickfergus. Al momento di dire «sì» la borghese Miss Middleton sarebbe diventata Sua Altezza Reale Catherine duchessa di Cambridge.

Alle 10.51 Kate, accompagnata dal padre, uscì dall'hotel Goring per salire sulla reale Rolls-Royce Phantom VI che l'avrebbe condotta all'abbazia. Nel tempio, accanto agli altri reali europei, a diplomatici e politici, sedeva la nuova aristocrazia delle celebrità, guidata da David e Victoria Beckham (i giornali, sempre amanti dei calembour, avevano ribattezzato la loro favolosa magione in campagna «Beckingham Palace»...). Il celebrato ex capitano della nazionale di calcio aveva stabilito un ottimo rapporto con il neoduca di Cambridge che era, tra l'altro, anche presidente della Football Association. Le telecamere della BBC inquadrarono pure Rowan Atkinson, sir Elton John, il regista Guy Ritchie (ex marito di Madonna), il campione olimpionico di nuoto Ian Thorpe. Anche mamma Carole, scicchissima in soprabito azzurro di crêpe e abito da giorno firmati da Catherine Walker, era già arrivata alle 10.22 per prendere il suo posto in prima fila. Da ultimi, alle 10.45, avevano fatto, come detto, il loro ingresso Elisabetta e Filippo. Alle 11 in punto la scena era pronta per accogliere la sposa.

Kate apparve alla porta occidentale dell'abbazia e il maggior mistero del matrimonio fu finalmente svelato. L'abito nuziale. La sposa al braccio di papà Michael cominciò ad avanzare lentamente lungo la navata centrale, trasformata in un fiabesco pergolato di aceri, e l'intera folla degli invitati parve restare senza fiato di fronte alla sua visione. Le telecamere cercarono il volto di Carole, che fece appena in tempo ad asciugare una lacrima di gioia prima che le scivolasse sulle gote. Accompagnata dall'inno *I Was Glad* di sir Hubert Parry, la prossima duchessa di Cambridge avanzava, esibendo una bellezza radiosa e uno stile veramente regale, verso il suo principe che l'aspettava all'altare. Accanto a lui, come testimone di nozze c'era il fratello Harry, che si chinò all'orecchio per bisbigliargli l'ammirazione per la cognata. William chiaramente la trovava meravigliosa. Quando finalmente Michael Middleton gli consegnò la mano della figlia, lui si chinò verso di lei sussurrandole con sguardo innamorato: «*You are so beautiful*».

L'intera audience televisiva planetaria di due miliardi e quattrocento milioni di spettatori avrebbe sottoscritto l'omaggio. L'abito disegnato da Sarah Burton, della maison Alexander McQueen, era perfetto nel fasciare la figura alta e snella di Kate e nel bilanciare – osservarono gli arbitri della moda – modernità e tradizione, lusso e *understatement*, offrendo plasticamente la cifra dello stile di Catherine. Lei d'altronde ci aveva lavorato a lungo con la stilista, in quella che

Sarah Burton avrebbe definito «l'esperienza professionale più significativa della mia vita». Il costo del vestito, secondo le indiscrezioni, superava le 100.000 sterline, interamente pagate dai Middleton, ma la cura artigianale dei dettagli e la sensazione che fu capace di provocare valeva certamente la spesa.

La gonna, notarono gli storici reali, mostrava evidenti richiami a quella indossata da Elizabeth Bowes-Lyon nel 1923 per le nozze con l'allora duca di York, e futuro Giorgio VI. Anche la Halo tiara di Cartier, prestata per l'occasione da Elisabetta II, era un regalo del marito alla venerata Queen Mum giusto poche settimane prima di succedere al fratello Edoardo VIII in fuga con la sua Wallis Simpson. Se in questo gioco di rimandi storici si voleva cogliere un messaggio della neoduchessa di Cambridge, risultava piuttosto chiaro. Elizabeth Bowes-Lyon, figlia di un conte, era stata la prima donna non di sangue reale a salire al trono ed era diventata famosa per il sostegno incondizionato offerto nei momenti più difficili al consorte che non desiderava la corona.

Era questo che anche la *commoner* Catherine intendeva dire al marito. Certo, William non era più il ragazzino che diceva alla mamma di non voler essere re (e Diana commentava che l'estroverso Harry in effetti sarebbe stato più adatto). Era diventato un uomo che accettava il proprio destino, anche testardo nel difendere le sue decisioni ma non per questo meno assalito da dubbi. La sua Kate sarebbe stata lì ad aiutarlo. E non sarebbe stata sola. Per restare ai simboli, a nessuno erano sfuggiti gli orecchini di diamanti sfoggiati dalla sposa nel gran giorno. Erano un regalo dei genitori e raffiguravano, stilizzata, la foglia di quercia che compariva nel nuovo stemma dei Middleton. Molti vi lessero, qualcuno storcendo il naso, una precisa dichiarazione d'intenti: la famiglia di lei sarebbe stata presente nella vita della coppia così come era stato nel lungo fidanzamento. Gli eventi degli anni a venire, e in particolare la malattia della figlia, lo avrebbero provato.

Nel momento solenne dei voti coniugali il sì di William fu detto a voce insolitamente profonda, mentre quello di Kate arrivò su un tono piuttosto debole e alquanto tremulo. Mantenere il controllo della tensione non era una sfida da poco davanti a due miliardi e mezzo di paia d'occhi ma ci riuscirono entrambi con successo, e almeno la sposa nel pronunciare la formula di rito non invertì la sfilza dei nomi di battesimo del fresco marito – William Arthur Philip Louis – com'era successo invece a Diana.

Il resto della cerimonia filò via liscio. L'omelia del vescovo di Londra esaltò ovviamente l'amore e la gioia della vita famigliare, ma fu soprattutto la preghiera che i due avevano scritto insieme a socchiudere uno spiraglio sul loro panorama interiore e sullo scopo comune che si proponevano: «Nella vita di ogni giorno tieni, Padre, i nostri occhi fissi su ciò che è reale e importante nella vita e aiutaci a essere generosi con il nostro tempo, amore ed energia».

Nel suo indirizzo augurale l'arcivescovo di Canterbury, Rowan Williams, lodò il loro «chiaro senso di ciò di cui credono di essere responsabili». Li descrisse come due persone «profondamente umili» e ammonì sui pericoli a cui li esponeva l'impegno pubblico che avevano assunto. Fu chiaro a tutti il riferimento a un passato non lontano. Ma questi – proseguì – sono «giovani ragionevoli e realistici. Conoscono quale potrebbe essere il costo e ci hanno riflettuto attentamente. E per questo avranno bisogno del sostegno, della solidarietà e delle preghiere di tutti coloro che oggi li guardano». Non gli sarebbero mancati, a giudicare dagli urrà entusiastici dei sudditi (e turisti) che avevano invaso il centro di Londra e gremivano le strade tra l'abbazia e Buckingham Palace, oppure seguivano la cerimonia sui grandi schermi a Hyde Park. In ogni caso, poiché come è noto nulla è più mutevole degli umori della folla, le misure di sicurezza erano imponenti (e costosissime). E non davano niente per scontato. Il postiglione in livrea dorata sulla piattaforma posteriore del Landau di Stato, che portava a Buckingham Palace i freschi sposi, era in realtà un agente speciale pronto a far scudo ai neoduchi.

Alla reggia li aspettava il rinfresco offerto dalla padrona di casa a seicento invitati. La regina aveva incaricato dell'organizzazione la cugina lady Elizabeth Anson, e benché il menù fosse ricco di piatti biologici e leccornie locali, il tono dell'evento fu come per il matrimonio solo semiufficiale, non un banchetto ma secondo il desiderio degli sposi una *champagne reception* conclusa dall'arrivo di ben due torte nuziali: la più grande una torre a otto piani di pan di Spagna, crema, frutta e fiori, e la seconda di biscotti e cioccolato. Questo era forse il tocco più intimo e famigliare, perché i cuochi reali, titolari della ricetta segreta, l'avevano preparata sapendo che era il dolce preferito di William da piccolo.

Ci fu un altro dettaglio che non sfuggì ai *royal watchers*. Secondo una vecchia tradizione inglese, gli sposi tagliano e conservano tante fette di torta nuziale quanti sono i figli che vorrebbero avere. E le consumano al battesimo del primogenito. Gli esperti garantiscono che l'alta concentrazione di zuccheri protegge l'alimento dai pericoli della muffa. Le fette tagliate dai Cambridge, secondo tutte le testimonianze, furono tre. E le aspettative, com'è noto, non sarebbero andate deluse.

Prima del ricevimento la coppia aveva posato per le foto ufficiali affidate al noto ritrattista Hugo Burnand, che aveva assolto allo stesso compito al secondo matrimonio di Carlo. Dopo la torta, arrivò invece quello che la marea umana lungo il Mall e sotto la reggia considerava certamente il momento clou, quello più atteso. Il bacio. Quando si presentò col marito sul balcone di Buckingham Palace, la neoduchessa di Cambridge non poté trattenere un'esclamazione sbalordita davanti alle centinaia di migliaia di persone con il naso all'insù: «Wow». Non c'è dubbio che fosse una vista capace di intimidire gli esordienti, ma i Cambridge sembravano felici e a loro agio, circondati dal resto delle loro famiglie, reale e borghese. La regina tra di loro appariva se non sorridente almeno serena, come una divinità benigna e soddisfatta. Il nipote aveva fatto la sua libera scelta, lei all'inizio aveva arricciato il naso, poi l'aveva approvata. Comunque andasse, stavolta nessuno poteva darle la colpa.

I più vecchi tra i cronisti ricordavano che quel luglio di trent'anni prima, sullo stesso balcone, Carlo aveva chiesto alla madre: «Posso?» prima di baciare Diana. Stavolta non ci fu nessuna richiesta di permesso. La folla desiderava un segno visibile di passione, e loro a quanto pare erano ben felici di soddisfarla. Per la delizia degli spettatori in mondovisione, oltre che del mezzo milione sotto il balcone della reggia, gli sposi si baciarono con evidente gusto, e non contento William si chinò una seconda volta per deporre un bacio sulle labbra della moglie. Chi poteva dubitare che stavolta fosse veramente amore?

Sempre sotto l'occhio delle telecamere, i Cambridge lasciarono subito dopo il palazzo, diretti a Clarence House per passare qualche tempo da soli prima della ripresa serale dei festeggiamenti. Per il breve tragitto di 500 metri papà Carlo gli aveva messo a disposizione la sua adorata Aston Martin Volante color blu vintage. Harry aveva tenuto fede alla sua fama di discolo coprendo parzialmente la targa JUST WED, sposini novelli, con una finta *L-plate*, quella per i guidatori principianti. E per soprammercato aveva legato al paraurti posteriore una bella scia di rumorosi palloni metallici. Lui peraltro fu anche l'anima del ricevimento più intimo della serata, offerto stavolta dal principe del Galles a «soli» trecento invitati tra famigliari e amici. Gli toccò anche ovviamente il discorso del testimone dello sposo, e ne approfittò per prendere in giro il fratello tra le risate generali. Quindi tutti in pista, con Buckingham Palace trasformata per l'intera notte in una disco scatenata. Nemmeno i freschi sposi si risparmiarono, lasciando la sala soltanto a tardissima ora per riparare esausti, tra gli auguri e gli evviva degli amici, nella Belgian Suite messa a loro disposizione da nonna Elisabetta. Dopo tre lustri di amarezza, la *commoner* arrivata da Bucklebury riportava a Palazzo la favola e la gioia. I Windsor tenevano le dita incrociate.

17
È nata una stella

Il matrimonio dei Cambridge aveva riportato la presenza di una donna giovane e bella nel cuore della famiglia. Una pacchia per i media che sognavano di ritrovare grazie a Catherine i giorni d'oro dell'epoca di Diana. Naturalmente anche i Windsor contavano sul fascino e lo stile della neoduchessa per rinfrescare il marchio un po' appannato della Ditta. Tanto più che lei aveva passato coi massimi voti l'esame di maturità rappresentato dalle nozze in mondovisione. Non aveva fatto un passo falso, e fu da lì che nacque tra invidiosi e antipatizzanti (in prima fila snob e femministe d'assalto) la fama e il nomignolo, tutt'altro che affettuoso, di «perfettina». Di fatto, i parenti acquisiti e l'opinione pubblica apprezzavano proprio la sua evidente consapevolezza che il nuovo «lavoro» richiedeva un esercizio costante di tatto, diplomazia e buone maniere. E adesso era il tempo di metterle alla prova nella prima missione internazionale per conto della *Firm*.

Elisabetta II considerava la sopravvivenza del Commonwealth, la lasca unione d'interessi degli Stati che furono un tempo colonie britanniche e mantengono un legame con l'ex metropoli, uno dei suoi compiti primari. Era stato il padre Giorgio VI a tenerlo a battesimo, e lei aveva preso il suo posto alla testa dell'organizzazione. Per di più, quattordici membri continuano a tenersi il monarca britannico come nominale capo di Stato. La prospettiva che i movimenti repubblicani, forti soprattutto nei Paesi più grandi come Canada e Australia, riuscissero ad avere la meglio era sempre causa di angoscia per la regina. Così, visto che il 2011 era pure l'anno precedente il suo Giubileo di Diamante, decise di giocare la carta dei Cambridge per rinvigorire il calante attaccamento dei canadesi alla Corona. E la coppia fu spedita oltreoceano per un tour dal 30 giugno all'8 luglio 2011. Per Catherine era ovviamente un'esperienza totalmente inedita, per Sua Maestà un'occasione per verificare nel primo viaggio ufficiale della giovane che il nipote avesse fatto la scelta giusta.

Non dovette pentirsi. In giro per nove giorni in ogni angolo del Canada, la coppia fece indubbia impressione sulle folle che l'accoglievano ovunque. Tra occasioni formali come la visita al Parlamento di Ottawa per le celebrazioni del Canada Day e sagre popolari come il rodeo di Calgary o le regate di dragon boat all'isola Prince Edward, i duchi assolsero al meglio al loro compito di ambasciatori reali. Il tour era tale da sfinire un elefante ma, a quanto pare, non Catherine, che riusciva a mantenere costantemente il sorriso e a mostrare sempre un sincero interesse per le persone con cui si fermava a parlare. Nonostante fosse soprattutto lei il focus della curiosità e dell'entusiasmo, sapeva muoversi con accortezza per non rubare la scena al marito, dal quale anzi spesso cercava aiuto e incoraggiamento. William non le fece mancare né l'uno né l'altro, anzi infranse a ripetizione il protocollo reale con segni pubblici di amore che mandavano in visibilio gli spettatori. Teneva per mano la moglie, la abbracciava teneramente davanti a tutti: mai viste simili manifestazioni di affetto in una coppia Windsor, vuoi per le regole dell'etichetta vuoi perché semplicemente non c'era.

I canadesi testimoni della visita di Carlo e Diana nel 1983 potevano misurare la distanza tra le scene odierne e quelle di trent'anni prima. Per la giovanissima principessa, all'epoca ventiduenne, era stato il secondo viaggio ufficiale dopo l'esordio in Australia nella primavera dello stesso anno. Sulla folla in attesa a Ottawa la coppia aveva proiettato un'immagine tutt'altro che felice. Non si guardavano e non si parlavano. Lei era nervosa e incerta, sempre sull'orlo di una crisi di nervi, fino a uno svenimento in pubblico. In quei mesi cercava di venire a patti con il precoce fallimento del suo matrimonio, già in crisi dopo appena due anni. E al pubblico appariva evidente la freddezza, ai limiti dell'ostilità, tra i due coniugi. Trent'anni dopo, era chiaro che fortunatamente l'unione del loro primogenito era invece benedetta da quel che a loro era sempre mancato. L'amore.

Il calore della relazione tra i freschi sposi si trasmise all'accoglienza riservata dai canadesi. Negli ultimi sondaggi metà dei cittadini dell'enorme Paese mostrava indifferenza o avversione nei confronti della monarchia, considerata una superflua reliquia del passato coloniale. Ma le folle che li aspettavano a ogni tappa del loro viaggio sembravano raccontare una storia diversa. Nei commenti consegnati dai fan ai cronisti quello che spicca è sempre l'ammirazione per Kate, «umile e bella», e l'apprezzamento «per una coppia che sembra molto innamorata». Nell'organizzazione della visita si tenne evidentemente conto di questo aspetto e ai due furono concessi almeno alcuni momenti privati. Finiti gli incontri ufficiali a Ottawa, i duchi restarono finalmente soli nella tenuta del lago Harrington, dove il premier Stephen Harper aveva una residenza privata.

Su una barca a remi raggiunsero un'isoletta e poterono godersi qualche ora di romantica solitudine, a distanza pure dagli agenti dello Special Branch, in un minuscolo cottage in legno degli anni Venti. Poi il viaggio riprese in un turbine di eventi attraverso l'intero immenso Paese. Dal Canada atlantico e francofono, Montréal e Québec, ai remoti e selvaggi Territori del Nord-Ovest e poi ancora più a nord, ai confini della tundra artica, in mezzo ai popoli aborigeni, inuit e chippewa. Salivano e scendevano da aerei, barche, idrovolanti, passavano dagli abiti di gala ai jeans e sneakers per sfidarsi nella corsa o nelle regate, e chiusero infine a Calgary, nell'Alberta, con un'apparizione in Stetson (il mitico cappello dei cowboy) bianchi e camicie a scacchi nel famoso rodeo locale. Il messaggio per il pubblico era chiaro: c'era una nuova famiglia reale al lavoro, giovane e piena d'energia, ansiosa di trovarsi in sintonia con il mondo contemporaneo.

I canadesi, o almeno i loro giornali, sembrarono innamorarsi della duchessa, al punto da ribattezzarla in qualche titolo «Caterina la Grande». Sembravano colpiti soprattutto dalla sua umanità e mancanza di spocchia, che inducevano immediati paragoni con la venerata Diana. In realtà non era lo sforzo di imitare un modello a dettare il comportamento di Kate ma i suoi autentici tratti caratteriali, come apparve chiaro dalla visita che compì con William al Sainte-Justine University Hospital di Montréal, principale nosocomio canadese per mamme e bambini.

Nella stanza dei giochi incontrarono Jack Kilow, appena due anni, e fu decisamente toccante osservarli chiacchierare con il piccolo paziente accovacciati per terra al suo livello. Certo, era questo ormai il «lavoro» principale dei reali, consolazione e filantropia. Ma il pubblico poteva percepire la compassione autentica che muoveva Kate. Lì, tra quei giovanissimi ammalati, la fresca duchessa dissipò subito il legittimo sospetto che si trattasse della solita visita di prammatica, per mostrare invece un interesse autentico, per trasmettere un sentimento di partecipazione. Lo avrebbe testimoniato in seguito Laurence Yelle, un'artista appena quattordicenne in cura per un tumore al cervello. Kate, disse, era rimasta a parlare con lei molto più a lungo di quanto si aspettasse, le aveva chiesto della malattia e delle opere a cui stava lavorando, soprattutto «parlare con lei è stato più facile di quanto mi aspettassi, si è comportata come una persona qualunque». Certo nessuno al mondo, e la duchessa per prima, poteva immaginare che il destino tenesse in serbo anche per lei l'incontro con il cancro.

L'esito del viaggio fu decisamente trionfale, «un'esperienza al di sopra delle nostre aspettative», nelle esultanti parole dello stesso William. Non c'era dubbio che i Windsor offrissero al mondo una nuova star, e questo status di celebrità globale fu immediatamente consacrato dal trasferimento diretto negli States, in California. A Hollywood, la più grande fabbrica di idoli del pianeta, Catherine fu entusiasticamente promossa come icona *glamour*. E chi poteva dubitarne, quando apparve al gran gala dei BAFTA (l'Oscar britannico) nel teatro Belasco zeppo di stelle del cinema, da Jennifer Lopez a Tom Hanks, fasciata in uno sbalorditivo abito color lavanda di Alexander McQueen? Al suo fianco William, in un elegantissimo smoking doppiopetto, era la perfetta incarnazione di un principe. Ma era lei che il mondo guardava e ammirava, la borghese di bellezza mozzafiato capace di restituire alla monarchia britannica lo smalto di freschezza e attrattività perduto da tempo.

E se gli abiti indossati da Catherine nelle serate di gala erano pezzi unici da migliaia di sterline, il suo abbigliamento quotidiano era studiatamente quello di una donna ordinaria della *middle class*, segnato non dal cartellino del prezzo ma dal buon gusto, dall'armonia, dall'accorta scelta dei colori. La moda britannica aveva trovato la sua nuova gallina dalle uova d'oro.

Al ritorno a Londra, lei si era ormai trasformata dalla dileggiata *Waity Katie* in uno dei personaggi mediatici più riconosciuti della scena internazionale. Senza fretta, il Palazzo cominciò a inserirla nei delicati ingranaggi della vita di Corte e delle attività filantropiche dei reali. Era evidentemente un asset di straordinario valore e «gli uomini in grigio», come li chiamava Diana – ovvero gli alti dignitari che governano la «macchina» della monarchia –, stavolta erano decisi a evitare gli errori compiuti con Lady Di. Lei era stata gettata in pasto a pubblico e stampa senza alcuna esperienza o rodaggio. La scelta adesso era di procedere con i piedi di piombo. Il 5 ottobre 2011 l'ufficio stampa comunicò che la duchessa aveva assunto il suo primo incarico in ambito benefico come patrona della Royal Foundation, l'organizzazione filantropica creata congiuntamente da William e Harry per riunire sotto un unico cappello finanziario e burocratico le loro molteplici attività filantropiche. Presto gli impegni di Kate si moltiplicarono, in linea con le centinaia di patrocini che i membri più in vista della famiglia reale esercitano per le più svariate organizzazioni, dai musei alle università agli enti caritatevoli e di volontariato (solo il defunto duca di Edimburgo ne contava oltre settecento).

Nel gennaio 2012, allo scoccare del trentesimo compleanno, la nuova stella dei Windsor accettò la nomina onoraria a patrona reale dell'Art Room e dell'East Anglia's Children's Hospices, nonché dell'Action on Addiction. La scelta di questi enti indicava chiaramente i settori di particolare interesse della duchessa: l'appoggio alle arti e ai talenti come naturale sbocco dell'impegno accademico in Storia dell'arte, la cura dell'infanzia e del suo benessere fisico e mentale, la lotta alle dipendenze. Nel novembre precedente Kate aveva anche fatto il suo esordio a uno dei principali appuntamenti annuali della Corona, che è anche uno dei più sentiti dalla nazione: la sobria, triste commemorazione dei caduti nel Remembrance Day, il Giorno del Ricordo che commemora l'11 novembre la fine della Prima guerra mondiale. Alle 11 in punto, l'ora dell'armistizio, l'Inghilterra si ferma per due minuti. E il sovrano, attorniato dagli altri reali in lutto stretto, guida le più alte autorità civili e militari nella deposizione delle corone di fiori sul cenotafio del Milite ignoto, a Whitehall.

A parte la regina, le donne della famiglia seguono la cerimonia affacciate al balcone del ministero degli Esteri, proprio di fronte al monumento. Accanto a Camilla duchessa di Cornovaglia e a Sophie contessa di Wessex, la nuova arrivata Kate attirava fatalmente l'attenzione di tutti, elegantissima nell'abito nero di Diane von Fürstenberg su cui spiccavano due spille a forma di papavero. È il fiore che ricorda il sacrificio di oltre quattrocentomila giovani inglesi nelle trincee tra i campi di papaveri delle Fiandre.

Nei giorni di Natale, invece, prima delle festività trascorse con la famiglia acquisita nella tenuta di Sandringham, Catherine era accanto al marito in una visita a Centrepoint, l'organizzazione a sostegno dei senzatetto che aveva goduto dell'appoggio appassionato di Diana. Questo legame aveva reso la causa molto vicina al cuore di William, che aveva accompagnato la madre in una visita agli homeless quando aveva appena dieci anni.

Il 2012 sarebbe stato un anno di grande spolvero per la monarchia, e per l'intera Inghilterra. Elisabetta II si preparava a celebrare a giugno il Giubileo di Diamante, ovvero i sessant'anni di regno, un record che la metteva alla pari di Giorgio III e della trisavola Vittoria. E Londra stava per accogliere un'altra volta, dopo il lontano 1948, i Giochi Olimpici. L'apprendistato di Kate doveva necessariamente subire almeno una modesta accelerazione. Anzitutto il marito-pigmalione sarebbe stato assente dall'isola per un mese e mezzo. Inquadrato nella RAF con il titolo di Flight Lieutenant Wales, Sua Altezza il duca di Cambridge fu trasferito in servizio per sei settimane nelle remote Falkland, l'arcipelago a tredicimila chilometri da casa, in qualità di copilota di un elicottero Sea King destinato a operazioni di ricerca e salvataggio. Per la prima volta dal matrimonio Catherine rimaneva *all by herself*, del tutto sola a cavarsela con la vita dei reali.

Non mise un piede in fallo. L'8 febbraio affrontò brillantemente il suo primo «assolo» in pubblico inaugurando una mostra organizzata alla National Portrait Gallery, uno dei musei di cui aveva accettato con entusiasmo il patrocinio. Il San Valentino senza l'innamorato in mezzo all'oceano lo passò in una visita a Liverpool per le abituali attività filantropiche, seguita pochi giorni dopo da un'apparizione a Oxford. L'accoglienza della gente, sempre eccitata e calorosa, era confortante per lei e per i reali parenti acquisiti. Fu un successo anche l'esordio in ambito militare, quando per la festa di St Patrick si presentò in completo verde alla caserma di Aldershot per passare in rassegna il I battaglione delle Irish Guards, di cui era destinata a diventare colonnello onorario. I britannici amano le loro tradizioni militari e ne sono orgogliosi, e la duchessa si mostrò a suo agio nella consegna dei trifogli agli ufficiali, senza tralasciare di infilarne un ramoscello nel collare della mascotte del reggimento, un levriero irlandese chiamato Conmael. E infine arrivò il momento del suo primo discorso pubblico.

La macchina comunicativa del Palazzo aveva ovviamente ben scelto luogo e occasione. Catherine era già diventata patrona reale dell'East Anglia's Children's Hospice di Ipswich, e fu deciso che in occasione della sua visita alla sede di Milton avrebbe rivolto un saluto e un ringraziamento ai volontari dell'assistenza ai bambini. Per qualcuno che non aveva mai preso la parola di fronte a una platea era certo un'esperienza impegnativa. Figurarsi poi se la platea era anche l'audience televisiva, visto che l'evento sarebbe stato trasmesso in diretta tv. Lei se la cavò benissimo. Evitò accortamente di andare a braccio ma lesse il discorso in modo chiaro, calmo e convincente. Dopo, confidò a un invitato le sue emozioni, definendo «snervante» l'esercizio di parlare in pubblico.

Nell'indirizzo di saluto non aveva comunque dimenticato di citare il marito, assente giustificato (ancora alle Falkland): «Mi dispiace soltanto che William non possa essere qui oggi, gli sarebbe piaciuto molto». In effetti anche lei era rimasta assai colpita da ciò che aveva visto a Milton. Non un triste reparto d'ospedale per l'infanzia ma «una casa accogliente, un posto felice che offre stabilità, sostegno e cura. Un luogo in cui divertirsi». L'esperienza servì molto a rafforzare la decisione di orientare la sua attività filantropica soprattutto verso il benessere, fisico e mentale, dei bambini. Non si trattava di una scelta dettata da calcoli di comunicazione. Da ragazzina cresciuta in una famiglia piena d'affetto e di cura reciproca, Kate era in grado di apprezzare pienamente l'influenza di un'infanzia serena sulla formazione delle nuove generazioni. E su un piano più personale, questa sarebbe stata anche la stella polare del comportamento suo e di William verso i figli che sarebbero venuti.

Dopo undici mesi di apprendistato, a marzo arrivò il vero battesimo reale. Alla duchessa di Cambridge fu riservato il privilegio di accompagnare Sua Maestà la regina negli eventi d'apertura del Giubileo di Diamante. La prima occasione fu una visita ai grandi magazzini Fortnum & Mason, non solo i più eleganti ma un autentico pezzo della storia di Londra. Ricordo le meravigliose vetrine affacciate su Piccadilly allestite per l'arrivo di Elisabetta: una sontuosa celebrazione dei sessant'anni di regno ma pure della strabiliante ricchezza di prodotti offerti alla clientela. Per quasi tutti gli articoli c'era una versione speciale intitolata al Giubileo. E la sovrana, con al seguito la nuora Camilla oltre a Kate, passò coscienziosamente in rassegna tutta la vasta gamma di *memorabilia* prima di inaugurare una targa commemorativa.

Qualche giorno dopo, l'8 marzo, la duchessa di Cambridge – e stavolta solo lei – era di nuovo accanto alla regina sul treno per Leicester, dove erano attese per inaugurare una mostra studentesca alla De Monfort University. Il *walkabout*, come abbiamo detto si definisce in gergo la passeggiata reale in mezzo alla folla, fu l'ormai abituale successo, e look e comportamento di Catherine furono ancora una volta impeccabili. Indossava un completo giacca e gonna color foglia di tè che rendeva omaggio a una firma inglese, L.K. Bennett, alla portata di tutte le tasche nei negozi *high streets*. Più ricercato certamente il minicopricapo *pillbox* firmato da James Lock, celebre cappellaio londinese. L'insieme non era costoso ma elegante e pieno di stile. Ciò che vedeva sarà certamente piaciuto a Elisabetta II. E d'altro canto, prima di scegliere l'abito più adatto la nipote acquisita si era preoccupata di consultarsi con l'ufficio della regina, a conferma della sua intenzione di attenersi alle regole di abbigliamento e di comportamento stabilite dalla matriarca.

Per Elisabetta niente avrebbe potuto essere più rassicurante, dopo aver patito per anni l'implicita sfida di Diana anche sul piano della moda. Non aveva mai dimenticato che l'arrivo della nuora sulla scena pubblica aveva di colpo oscurato il ruolo di paragone d'eleganza che lei aveva rappresentato per le suddite nell'arco di decenni. La gioventù, la bellezza e lo stile di Lady Di, frutto anche dei grandi sarti italiani, avevano reso antiquata agli occhi del pubblico l'immagine della sovrana. Non era un rischio che correva più, ora che ultraottantenne si era trasformata in un'autentica icona globale. Ma era felice di costatare che la giovane donna destinata un giorno a salire sul «suo» trono era ansiosa di apprendere la lezione e di seguire in tutto il suo modello di regalità. Da buona suddita sbalzata dall'amore verso la Corona, Catherine venerava l'istituzione che un giorno avrebbe guidato con il marito, e non avrebbe mai nemmeno immaginato di sfidarla come sarebbe accaduto, pochi anni dopo, con la «cognata americana» Meghan. Si tratta, al fondo di tutto, di una profonda differenza di culture.

Quella visita a Leicester accanto alla regina sarebbe rimasta, per sua stessa ammissione, «memorabile» per Kate: «William non c'era e io ero piuttosto agitata». Ma aveva già capito che la sempre prudente Elisabetta l'aveva ormai promossa e presa a benvolere. Il primo impatto non era stato così favorevole. La fidanzata del nipote era stata presentata ufficialmente a Sua Maestà il 17 maggio 2008, in occasione del matrimonio di un altro nipote, Peter Phillips (figlio della principessa Anna), con Autumn Kelly, ma si era trattato solo di una stretta di mano, con la ragazza impacciata e la sovrana accigliata. Quel che le avevano riferito non le piaceva. Teneva a William e non voleva interferire con le sue scelte, sapeva che lui la considerava una relazione seria ma era preoccupata per questa sconosciuta che non faceva nulla, non aveva un lavoro e stando ai tabloid passava il tempo in vacanza oppure ad aspettare il fidanzato.

La svolta era arrivata con l'invito di Miss Middleton a Balmoral nell'estate 2009. Lì, a tu per tu, senza la presenza di altri membri della famiglia, Elisabetta – che raramente sbaglia nel *leggere* gli interlocutori – impara a conoscere la futura nipote. Chiacchierano a lungo da sole, pranzano insieme, passeggiano per la brughiera che amano entrambe. E la regina permette addirittura a Kate, appassionata di fotografia, di riprendere a piacimento ogni angolo della tenuta di cui è così gelosa. È il momento in cui si convince che, a differenza delle nuore che le sono toccate (con la sola eccezione di Sophie, amatissima moglie dell'ultimogenito Edoardo), questa ragazza tipicamente *middle class* è davvero per i Windsor quel che un'orribile espressione definisce «materiale matrimoniabile». È intelligente e sensibile, ansiosa di imparare e disponibile a lasciarsi guidare, moderna ma non rivoluzionaria. E questo spinge la monarca ad accettare novità fino ad allora semplicemente impensabili.

Per la prima volta nelle storie delle unioni reali, William e Kate ottengono il beneplacito della sovrana ad andare a vivere insieme prima del matrimonio. E non in modo semiclandestino ma addirittura nella residenza ufficiale del principe del Galles, Clarence House, dove abitano a Londra Carlo e Camilla. In parecchi sull'isola si stropicciano gli occhi. Ma non era la stessa regina che rifiutava di trovarsi nella stessa stanza con l'amante del figlio anche quando ormai il legame era dichiarato e riconosciuto? La stessa che aveva osteggiato il matrimonio della sorella Margaret con il divorziato Peter Townsend per non mancare di rispetto alla Chiesa anglicana dottrinalmente contraria? Anche stavolta, in verità, le gerarchie ecclesiastiche mugugnano ma Elisabetta, che della Chiesa anglicana è capo supremo, fa finta di niente. Sembra una cosa da poco, eppure è il segno che la morale dei reali si adegua a quella corrente, allo stile di vita di milioni di inglesi comuni.

Elisabetta è mente politica troppo fine per non comprendere come questo avvantaggi la monarchia, le tolga di dosso la polvere dell'anacronismo. E questo vale anche per il matrimonio. La sposa sarà libera di arrivare a Westminster Abbey in auto anziché in carrozza come da tradizione (pure la mamma di Kate era arrivata così alle sue nozze), e la coppia avrà il potere di stracciare la lista ufficiale degli invitati per metterci più amici e meno dignitari. Infine, il regalo più grande son proprio quei due anni di vita coniugale senza pensieri e senza impegni ufficiali che gli sposini potranno godersi tra il cottage sull'isola gallese di Anglesey e la residenza londinese. Servirà a offrire a Catherine la serenità mentale con cui affrontare il gran tuffo nei molteplici impegni della sua nuova vita. Così, quando arriva il momento, fissato per coincidere con le celebrazioni del Giubileo di Diamante, Kate appare pronta all'appuntamento.

18
La duchessa in topless

Il lungo e prudente apprendistato reale di Catherine le era pure tornato utile per inserirsi senza scosse nella rete famigliare dei Windsor. Impresa tutt'altro che semplice, nell'intrico di protocollo, etichetta e sotterranea gara di popolarità che ingessa i rapporti tra i reali senior. La nuova arrivata sta ben attenta a non rubare la scena a nessuno. E si guadagna presto le simpatie che più contano. Il suocero Carlo dichiara di sentirla come la figlia che ha sempre desiderato e il cognato Harry come la sorellina che gli è sempre mancata. Naturalmente Kate non si aspetta simili dichiarazioni d'affetto da Elisabetta. Ma sa bene che con una donna così poco espansiva come la sovrana, sono i piccoli segni a contare. La neoduchessa è ben attrezzata per coglierli.

Il Natale 2011, per esempio, che era pure il suo primo con i Windsor nel castello di Sandringham, si era scervellata per portare alla regina un regalo simpatico e non costoso, secondo le regole di famiglia. Alla fine, lo sappiamo, era arrivata con un vasetto di *chutney*, salsina di origine indiana assai popolare nella cucina inglese, che aveva fatto lei stessa seguendo la ricetta della nonna. «Ero piuttosto preoccupata» ha confessato qualche anno dopo in un documentario trasmesso da ITV per il novantesimo compleanno della sovrana, «ma poi il giorno dopo ho notato che era stato messo in tavola. È stato un gesto semplice che però ha contato molto per me, e l'ho notato perché [la regina (*N.d.A.*)]

lo ha fatto in molte occasioni.» Questa osservazione di Kate, dichiaratamente grata per la «premura dimostrata da Elisabetta, e la cura con cui si occupa di tutti», è certo sincera. Ma pur senza volerlo testimonia la difficoltà di rapporti famigliari estremamente formali, a tal punto da rendere preziosi segni di ordinaria normalità. E in fin dei conti, per un'estranea alla Corte come la giovane sposa, assicurarsi il favore e il sostegno della matriarca poteva essere relativamente semplice, dal momento che nessuna competizione era concepibile su nessun piano.

La relazione con Camilla si muoveva invece su un terreno molto più accidentato. Sin dall'inizio la seconda consorte di Carlo non aveva nascosto una certa antipatia per la «borghesuccia» che aveva conquistato il cuore del figliastro. Le ragioni erano molteplici. In primo luogo, i non semplici rapporti tra William e la duchessa di Cornovaglia, perfettamente consapevole che lui l'aveva accettata solo in nome della felicità del padre, ma in cuor suo non le aveva mai perdonato, né mai l'avrebbe fatto, la sofferenza patita dalla madre a causa dell'amante. Camilla aveva dunque tutto da temere dall'arrivo di una sposa in apparenza fin troppo devota al marito, quindi candidata a condividerne i sentimenti ostili.

In secondo luogo, pesava lo snobismo, veleno sempre in circolo nella società inglese. Gli unici forse immuni sono proprio i reali, per la semplice ragione che per loro chiunque non abbia il loro sangue speciale è dopotutto un *commoner*, un comune essere umano, che sia conte o netturbino. Ma per l'*upper class*, da cui proviene Camilla, l'antica divisione castale è ancora un articolo di fede. E soprattutto coloro che in un modo o nell'altro ruotano nell'orbita reale, tendono a valutare come volgari arrampicatori sociali quanti vorrebbero a loro volta entrare in questo mondo esclusivo. Era precisamente questa l'idea che l'ex signora Parker Bowles si era fatta di Miss Middleton ed esprimeva senza remore ai figli: «Una furba arrampicatrice, molto furba». Del resto, gli otto anni di attesa di *Waity Katie* erano niente rispetto ai trenta che ci aveva messo lei a sposare Carlo.

Infine, la «seconda moglie» era profondamente irritata per l'eccitazione con cui tutti i media avevano accolto Kate come «la prima borghese» destinata a salire sul trono. Al momento della successione a Elisabetta era a lei invece che sarebbe toccato il titolo di regina consorte, dunque il primato sarebbe stato suo, rivendicava Camilla, visto che anche lei era nata in una famiglia altoborghese. Ma era appunto questa la sostanziale differenza: lei non aveva nonni commessi o falegnami o minatori, bensì membri della *gentry*, i proprietari terrieri non titolati, o dell'aristocrazia minore da sempre ben inseriti nei circuiti della Corte, e nel caso della bisnonna Alice Keppel addirittura dentro il letto del re (fu l'amante più famosa di Edoardo VII). Tutto insomma, tranne che gente del popolo. Aggiungete che Catherine aveva dalla sua giovinezza, bellezza e popolarità, tutte doti di cui la duchessa di Cornovaglia si trovava al presente a corto, e capirete perché potesse essere tutt'altro che entusiasta.

Ma era pure una donna pragmatica e realista. Una volta che William aveva fatto la sua scelta matrimoniale, a lei non restava che accogliere di buon grado la nuova arrivata. O almeno, mostrare di farlo, soprattutto di fronte alla crescente popolarità della giovane che già temeva come possibile rivale. Così, una settimana prima delle nozze si era premurata di invitare a colazione Kate, avendo cura di avvertire giornalisti e fotografi, nello scicchissimo ristorante Koffmann's, a Knightsbridge. Quando le due arrivarono all'albergo The Berkeley, che all'epoca ospitava lo stellatissimo chef, trovarono schierati paparazzi e reporter pronti a raccontare l'evento come se la *royal* più anziana avesse voluto offrire qualche dritta alla più giovane. Gli osservatori meno creduloni capivano benissimo che, al contrario, era Camilla a volersi bagnare nella luce di consenso e benvolere attorno a Kate. Era insomma, da parte sua, né più né meno che una trovata pubblicitaria.

Non fu simpatico nemmeno il suo volersi immischiare nell'organizzazione del matrimonio, e in primo luogo nella scelta degli invitati. Se la regina aveva rinunciato a intervenire, lei invece ne approfittò per regolare i conti con vecchie amiche di Diana fieramente leali ai suoi figli. A Westminster Abbey non trovarono posto Rosa Monckton, intimissima di Lady Di che era stata madrina della figlia, così come lei era rimasta vicina a William e Harry. Né lady Annabel Goldsmith, gran dama della società londinese colpevole di essere stata, benché molto più anziana della principessa o forse proprio per questo, tra le sue principali confidenti. Per la stessa ragione fu esclusa la figlia Jemima, moglie divorziata dell'ex premier pakistano Imran Khan. E perfino una delle amiche di gioventù di Carlo, Lúcia Flecha de Lima, che nel sanguinoso divorzio dei Galles aveva preso le parti della moglie tradita. Jemima non rinunciò a vendicarsi seduta stante su Twitter, quando a conclusione della cerimonia Camilla ebbe il cattivo gusto di firmare il registro di nozze di William e Kate. «Senza offesa» scrisse sul suo account Jemima «avrei preferito che nessuno firmasse lo spazio riservato alla madre dello sposo. In questo giorno non posso fare altro che pensare alla mia amica Diana.»

Punzecchiature e manovre di corridoio non si esaurirono il giorno del matrimonio. Un anno dopo, davanti al pancino di Catherine sempre ultrapiatto come quello di una top model, un filo di apprensione cominciò a insinuarsi a Corte e sui tabloid. Come mai ancora nessuna notizia di gravidanza? In realtà, alla maggior parte della gente comune sembrava del tutto normale che due giovani sposi volessero ancora godersi spensierati la vita prima di assumersi le gravose responsabilità famigliari. Ma questo cozzava con la pratica di casa Windsor di spadellare l'erede con considerevole celerità, sempre entro l'anno dalle nozze. Così era accaduto con Elisabetta per Carlo, così con Diana per William. Che cosa aspettava Kate? O non poteva? Erano solo voci sussurrate, finché un sito web americano «specializzato» in reali non riportò voci raccolte – così dichiarava – nel circolo degli intimi della duchessa di Cornovaglia. Secondo questi «amici», Camilla avrebbe confidato che la nuora non poteva concepire a seguito di un incidente patito nell'adolescenza. Nessuno giustamente si prese la briga di smentire un sito privo di ogni credibilità. Ma è difficile non ricordare le accuse di Harry alla matrigna, nel suo libro *Spare*, di pilotare attraverso i collaboratori la pubblicazione di indiscrezioni a suo vantaggio e a danno di altri membri della famiglia.

Catherine, per quanto istintivamente portata a cercare sempre un'intesa, ha però un carattere determinato. E sa come rispondere, anche a distanza di tempo. A molti sembrò che certe ruggini del passato riaffiorassero quel giorno dell'incoronazione, il 3 maggio 2023, quando notarono il profondo inchino della principessa del Galles al monarca fresco dell'unzione ma non al passaggio della regina consorte, anche lei appena cinta della corona. Il portentoso potere di guarigione del tempo sembra comunque aver sanato le iniziali diffidenze e incomprensioni tra la duchessa divenuta regina e la coppia che aspetta il suo turno per la porpora reale.

Naturalmente è venuta meno anche la ragione essenziale di tensione nel terzetto. Se Camilla temeva che la popolarità del figlio di Diana e della sua bella moglie potesse compromettere la successione di Carlo e soprattutto il suo posto accanto a lui sul trono, il timore si è rivelato infondato. Al tempo stesso, la fuga oltreoceano di Harry e Meghan ha privato i Cambridge (era il loro titolo all'epoca) di una sponda preziosa, e li ha spinti invece a riavvicinarsi a padre e matrigna. Da ultimo, la malattia contemporanea del re e della nuora ha reso più calorosa la relazione. Proiettata da sola sulla scena pubblica, Queen Camilla ha mostrato lati sconosciuti del suo carattere. Descritta sempre come pigra, concentrata sui propri piaceri, la regina ha invece dato prova di senso di responsabilità e abnegazione nel rappresentare la famiglia quando era rimasta praticamente sola a farlo. William, da erede al trono, ha molti motivi per esserle grato.

Tutto questo era ancora assai lontano in quell'anno 2012 che segnò l'apogeo della «seconda età elisabettiana», e per Catherine l'esordio nella «carriera» reale. Tanto lei che i suoi «mentori» a Palazzo potevano considerarsi pienamente soddisfatti del successo dell'operazione, se non avessero trascurato un pernicioso effetto collaterale della crescente popolarità della duchessa di Cambridge: la curiosità invadente e senza limiti della stampa popolare. Una «distrazione» che sarebbe costata cara all'immagine di Kate.

Chissà, forse William, come i suoi consiglieri a Corte, pensava che lo scandalo delle intercettazioni illegali dei giornali del gruppo Murdoch avesse impartito una lezione definitiva a un giornalismo sensazionalistico e senza scrupoli. C'erano state condanne pesanti per i reporter colpevoli delle pratiche abusive, il settimanale *News of the World* – al centro della bufera – aveva dovuto chiudere i battenti dopo una storia più che secolare, e il proprietario Rupert Murdoch era stato costretto a versare in via riservata oltre un milione di sterline a William, che era stato con il fratello tra le vittime più illustri. La reazione del principe aveva messo in chiaro che c'era un limite all'ingerenza dei media, e lui non avrebbe permesso che fosse oltrepassato, non solo per sé stesso ma anche e soprattutto per la moglie.

Gli ammonimenti risultarono vani. Nel settembre di quell'anno, i Cambridge erano in visita in Malesia per rappresentare la regina nelle cerimonie del Giubileo di Diamante, quando il settimanale francese *Closer* pubblicò una serie di foto di Kate in topless. Gli scatti erano stati effettuati pochi giorni prima con un teleobiettivo ultrapotente a distanza di un chilometro buono, mentre la coppia prendeva il sole a bordo piscina dello Château d'Autet, in Provenza, proprietà del cugino visconte Linley (figlio di Margaret e Tony Armstrong-Jones). Le immagini, alquanto nebulose, sembravano riprese dalla strada che corre accanto alla tenuta. I duchi furono informati dell'imminente pubblicazione nella residenza dell'ambasciatore britannico a Kuala Lumpur. La duchessa ne fu scossa ma non fece una piega, William invece reagì con uno dei suoi tipici scatti d'ira. Non avrebbe lasciato correre.

Per lui, come per il fratello Harry, il rapporto con la stampa restava fonte di ansia e dolore. Nessuno dei due aveva mai smesso di ritenere i paparazzi, e la loro caccia spietata, responsabili della morte della madre. E ogni volta che l'invadenza dei media rompeva gli argini nei loro confronti o delle persone che amavano, si rinnovava l'angoscia della tragica estate 1997. William informò padre e nonna dell'intenzione di reagire e fece diffondere un comunicato stampa per denunciare la «mostruosa violazione della privacy» compiuta dal settimanale. Lui e sua moglie – disse ancora – si sentivano profanati durante quello che avevano il diritto di credere un momento di assoluta intimità.

In modo decisamente straordinario, perfino il comunicato ufficiale di St James's Palace, ufficio del principe del Galles, evocò come sinistro ammonimento la tragedia dell'Alma: «Questo incidente ricorda i peggiori eccessi della stampa durante la vita di Diana principessa del Galles. È impensabile che qualcuno possa aver scattato e pubblicato queste foto». William non intendeva fermarsi alle parole. Perciò incaricò i legali di Palazzo di intentare causa al fotografo del quotidiano locale *La Provence*, che aveva realizzato il servizio, e all'editore del settimanale che l'aveva pubblicato, con una richiesta di danni di un milione e mezzo di euro.

Lo scopo era soprattutto evitare che le immagini fossero vendute e pubblicate da altre testate in giro per il mondo. Ma a dispetto della denuncia presentata ai magistrati francesi, la mossa mancò clamorosamente l'obiettivo. Gli unici ad astenersi dalla pubblicazione furono i media inglesi, però l'autocensura era chiaramente inefficace, visto che le foto erano disponibili sui siti giornalistici e non dell'intero pianeta. Pure nelle isole britanniche ci fu chi ruppe l'embargo, dal momento che il *Daily Star* ne permise l'uscita nella sua edizione irlandese. Intendiamoci, le foto in sé non rappresentavano altro che un'immagine comune su qualsiasi spiaggia francese o del resto d'Europa. Ma il punto è che la coppia ritratta non era affatto comune e non aveva scelto di spogliarsi in un luogo pubblico, bensì in un angolo solitario e riservato di mondo. Né si poteva sostenere con un minimo di fondatezza che la diffusione delle fotografie fosse di pubblico interesse, a meno che questo non venga fatto coincidere con una pruriginosa curiosità sull'intimità dei reali. Qualcosa insomma di più vicino al voyeurismo che al diritto-dovere di libera informazione.

Davanti al Tribunal de grande instance di Nanterre l'avvocato dei

Cambridge, Aurélien Hamelle, sostenne a ragione che la futura regina d'Inghilterra «è una giovane donna, non un oggetto», e ricordò che le foto erano state scattate a pochi giorni dal quindicesimo anniversario della morte della madre del principe, provocata principalmente «dall'inutile, morbosa e spietata caccia dei paparazzi». Di conseguenza, il legale chiese alla corte il ritiro dal commercio di tutte le copie del settimanale e un'ingiunzione a impedire l'ulteriore diffusione degli scatti incriminati. Ma fu un futile tentativo di richiudere il vaso di Pandora. Le immagini furono vendute e pubblicate in tutto il vecchio continente, anzi la furia censoria dei reali servì solo ad alimentare l'interesse e la curiosità. Molti media le pubblicarono in nome della nobile causa della libertà di stampa, anche se le ragioni effettive erano forse meno nobili. In Italia, il settimanale *Chi* produsse addirittura un'edizione speciale con un supplemento fotografico di ventisei pagine, in pratica l'intero servizio realizzato da Valerie Suau, che continuava peraltro a definirlo «molto decoroso».

I giudici del tribunale di Nanterre furono di diverso avviso, e la condannarono in solido con un altro paparazzo e la rivista *Closer* a pagare ai Cambridge un risarcimento di 100.000 euro, mentre direttore e editore del settimanale furono costretti a versarne altri 45.000, il massimo previsto dalla legge. Era appena un decimo di quanto richiesto dagli avvocati dei duchi, ma almeno la sentenza riconosceva che le foto rappresentavano un'ingiustificata violazione della privacy della giovane coppia reale, e loro se ne dichiararono soddisfatti. Tutto questo, però, sarebbe arrivato solo cinque anni dopo, nel 2017. Nel frattempo, la caccia a Kate si era ormai aperta.

Quando *Closer* uscì in edicola, William e consorte si trovavano in visita a Kuala Lumpur, come abbiamo visto, e per quanto dispiaciuti furono comunque in grado di seguire il loro programma come se nulla fosse accaduto. Proprio quel giorno era prevista una tappa alla moschea di Asy-Syakirin, cuore di un Paese a larga maggioranza musulmana. L'imbarazzo di Kate è facilmente immaginabile quando arriva nel centro religioso con velo, braccia coperte e a piedi nudi come richiesto dalla pratica del culto. Lei si sforza di sorridere, lui ha la faccia scura come una tempesta e non rivolge né un sorriso né uno sguardo ai fotografi al seguito. Si illudono che l'ingiunzione dei giudici francesi a *Closer* a non ripubblicare le foto e a consegnare i negativi agli interessati metta finalmente il coperchio all'intera vicenda. Non sanno che la stampa di mezzo mondo si accinge a riprendere le immagini, e che quelle già apparse non sono nemmeno le peggiori. Mentre proseguono la loro prima missione in Asia e nel Pacifico, facendo scalo alle Isole Salomone e infine nel minuscolo arcipelago di Tuvalu, il più piccolo Stato del Commonwealth, dalla vecchia Europa sta per arrivare un secondo knock-out.

Stavolta è il periodico danese *Se og Hør* a uscirsene con un supplemento speciale di sedici pagine zeppe di sessanta foto veramente hot di Catherine. La duchessa, sempre ripresa da grandissima distanza con un teleobiettivo, appare completamente nuda sulla terrazza del castello di Autet mentre si cambia il bikini, o mentre il marito le spalma di protezione solare anche il fondoschiena. Sono immagini già proposte e scartate dagli altri media che pure hanno pubblicato tutto il resto. E si capisce perché. Se questo non è guardonismo, non si sa come altro definirlo. Imperterrito, il direttore della rivista danese risponde per le rime al collega del *Sun* (vedi un po' da che pulpito viene la predica...) che gli chiede provocatoriamente cosa avrebbe fatto se avesse avuto davanti la «sua» principessa, Mary, anziché Kate: «Mary sa come si comporta un membro della famiglia reale e non apparirebbe mai in foto come queste».

Difficile immaginare una risposta più adulatrice e cortigiana. Ma non è il solo a rovesciare le carte in tavola. Il presunto passo falso di Catherine, colpevole solo di aver sottovalutato la capacità di reificazione del business mediatico, offre anche in patria il destro a chi la ritiene inadeguata al suo ruolo. Perché poi, al fondo, di questo si tratta. Diamine, sarà la futura regina, non poteva cambiarsi il costume in stanza? A questa fiera dell'ipocrisia si iscrive anche chi meno ti aspetti. Donald Trump, all'epoca ancora solo un palazzinaro di New York, twittò: «Kate Middleton è meravigliosa, ma non dovrebbe prendere il sole nuda. La colpa è sua. Chi non le scatterebbe delle foto mentre prende il sole nuda per farci un sacco di soldi? Dai, Kate!» E questo è l'uomo che si vantava pubblicamente di «afferrare le donne per la f...»

La verità è che anche questa è un'occasione buona per affondare il colpo contro l'intrusa. Solo moralisti farisei potrebbero vedere una macchia negli scatti in topless della futura sovrana consorte. Certo, la regina Elisabetta impediva che la fotografassero perfino quando era in pantaloncini al ginocchio a bordo del panfilo *Britannia*. Però era nata nel 1926, cinquantasei anni prima di Catherine, in un'Inghilterra ancora vittoriana in cui la pubblicazione dello scandaloso *L'amante di Lady Chatterley* sarebbe stata vietata fino al 1968. Nel frattempo c'erano stati il femminismo, la liberazione sessuale, la riconosciuta parità dei sessi, il diritto di una donna a essere sexy... E Kate lo era, e a parte qualche bigotto era popolare anche per questo, come lo era stata Diana. Ma per chi nei circoli aristocratici continuava a vederla come una pericolosa outsider, era proprio la sua normalità a essere considerata offensiva.

Questa ostilità non si sarebbe mai placata, nemmeno negli anni successivi, nemmeno – come si è visto – con il *Photogate* nel momento drammatico della malattia. Qualche anno prima, nel 2020, fu *Tatler*, il periodico snob dell'*upper class*, a fare a pezzi non solo l'ex Miss Middleton ma tutt'intera la sua famiglia. Nel servizio di copertina, intitolato ironicamente «Caterina la Grande», Kate prossima ai quarant'anni non è più la pin-up criticata per il nudo otto anni prima ma una donna «circondata da un'aura di insipidezza». Cosa vi aspettate da una *parvenu* – è l'implicita domanda dell'autrice Anna Pasternak – che solo dopo l'incontro con William ha cominciato a mimare l'accento della «gente con la U», come la celeberrima snob Nancy Mitford chiamava i privilegiati dell'*upper class*?

Anna Pasternak è la biografa molto chiacchierata che aveva rivelato la storia d'amore di Diana con il maggiore Hewitt. Il bersaglio adesso è la nuora: troppo magra (sarà mica anoressica come Lady

Di?), troppo facile a stancarsi, incapace di resistere alla pressione del ruolo, troppo legata alla famiglia d'origine. In realtà tutti sanno e riconoscono l'impatto positivo dei Middleton nella vita della giovane coppia reale, peraltro ben accetti da William. Ma per Pasternak, mamma Carole non è altro che un'arrampicatrice che interferisce su tutto, e la sorella Pippa una buona a nulla con troppe arie da parente reale. Anche in questo caso il Palazzo reagirà chiedendo rettifiche e cancellazioni, ma con scarsi effetti.

A settembre 2012, di ritorno a Londra dalla missione in Asia, Catherine dovette affrontare per la prima volta l'irritazione della regina per la crisi del topless. In verità somigliava molto a uno scandalo di panna montata. E di lì a poco il disappunto di Sua Maestà sarebbe svanito a fronte del molto di cui rallegrarsi. In autunno l'ufficio stampa della reggia annunciò che con l'anno nuovo la coppia dei Cambridge avrebbe occupato il vasto appartamento 1A di Kensington Palace, un tempo residenza della principessa Margaret e ora – dopo un costoso restauro di quasi un milione di sterline – pronto ad accogliere la nuova famiglia che si sarebbe formata. Non sapevano quanto presto.

Il 4 dicembre una nota di St James's Palace informava che la duchessa Catherine era stata ricoverata per forti nausee mattutine, anzi usava proprio il termine medico *Hyperemesis gravidarum*. Dopo svariati falsi annunci giornalistici, stavolta era vero. Un erede era finalmente in arrivo, maschio o femmina comunque terzo in linea di successione al trono. Elisabetta era al settimo cielo, il nipote e la moglie avevano adempiuto al compito fondamentale di un principe ereditario: produrre il successore, assicurare la durata della dinastia. La gravidanza era ancora all'inizio, specificavano i medici del King Edward VII's Hospital a Londra, «non supera le dodici settimane». Probabilmente non lo sapremo mai, però forse i due giorni di vacanza estiva al castello d'Autet non produssero solo lo scandalo del topless, ma anche un futuro re d'Inghilterra.

19

La classe operaia va sul trono

Il principe George Alexander Louis, primogenito di William Mountbatten-Windsor e Catherine Middleton, sarà a tutti gli effetti il primo sovrano britannico dei tempi moderni. Con la sua nascita, alle 16.24 del 22 luglio 2013, la lunga transizione dalla monarchia di stampo ancora ottocentesco si è finalmente conclusa. Sarebbe forse terminata prima se il regno di Elisabetta II, l'ultima vittoriana, non fosse durato tre quarti di secolo. Ma ora eccolo lì Baby George, come lo battezza immediatamente la stampa popolare del pianeta, ansiosa di impadronirsi del nuovo personaggio nella plurisecolare «commedia umana» dei Windsor. Eccolo offerto all'occhio avido degli obiettivi, avvolto nella candida copertina tra le braccia di mamma e poi di papà, già poche ore dopo la nascita, sui gradini dell'ospedale St Mary's a Paddington dove è venuto alla luce. Quanto farà discutere, quella foto. Ma ce ne occuperemo dopo. Ora torniamo a lui, il futuro Giorgio VII.

La prima ragione che lo rende diverso da tutti i suoi predecessori sta nei cromosomi. È buffo che proprio lui sia diventato protagonista del divertente blog che due irriverenti autori italiani hanno titolato *Baby George ti disprezza*, prendendo a pretesto l'apparente smorfia di disgusto nelle prime foto del bimbo a poco più di un anno. Buffo e paradossale perché George sarà il primo re d'Inghilterra a discendere da minatori oltre che da sovrani. Il primo, di fatto, a vantare già nel sangue un'autentica rappresentanza della nazione nella sua interezza, e non solo quella delle classi dominanti. Con lui la *working class*, la classe operaia, è arrivata sui gradini del trono ed è difficile immaginare una migliore garanzia di sopravvivenza per la Corona inglese.

Nella storia isolana c'è un solo precedente di monarchi partoriti da una madre *commoner*, non aristocratica o reale, e risale a trecento anni fa. Sono le due sorelle regine, prima Mary II e poi Anne, nate dall'unione molto osteggiata di Giacomo II con la borghese Anne Hyde. Ma il padre di Anne, Edward Hyde, apparteneva comunque alla *gentry* e sarebbe diventato Cancelliere del re, oltre che conte di Clarendon. E c'è infine un'ultima circostanza che situa pienamente Baby George nello spirito della contemporaneità. Per la prima volta nella storia inglese, il primogenito di William e Kate avrebbe comunque portato la corona a prescindere dal suo sesso. Nel 2011, due anni prima della nascita di George, Elisabetta II aveva finalmente cancellato le antiche leggi di successione che assegnavano il trono al primo maschio, qualunque fosse il suo ordine di precedenza nella venuta al mondo. Nel tempo della riconosciuta parità di genere, era forse l'aspetto più appariscente e insopportabile dell'anacronismo monarchico, tanto più ingiustificabile per l'esemplare condotta di grandi regine come Elisabetta o l'antenata Vittoria.

Per non lasciare nulla al caso o all'incertezza, Sua Maestà si era pure preoccupata di stabilire quale dignità spettasse ai figli dei Cambridge. Con Lettere Patenti (ovvero reali decreti di nomina) confermate dal Gran Sigillo del Regno, in data 31 dicembre 2012, la sovrana stabiliva che «tutti i figli del figlio maggiore [William (*N.d.A.*)] del principe del Galles [Carlo (*N.d.A.*)] dovranno avere e godere gli onori, il titolo e l'attributo di Altezza Reale con la dignità titolare di Principe o Principessa premessa al loro nome di battesimo o con altri tali titoli d'onore». Da parte di Elisabetta era un segno di affetto verso i bisnipoti in arrivo ma pure un timbro indelebile sul loro futuro. Contava poco che William e Catherine desiderassero un'esistenza la più normale possibile per i loro figli, almeno fino all'adolescenza.

La Corona reclamava i suoi diritti, e rendeva queste creature speciali sin dal momento della venuta al mondo. Restava solo da vedere se il primo sarebbe stato maschio o femmina, ma dal punto di vista della successione non avrebbe fatto differenza. Tre mesi prima della nascita del bimbo, il 25 aprile 2013, il Parlamento britannico approvò con l'aperto sostegno della sovrana la nuova legge che aboliva la primogenitura maschile. Anche per i Windsor era evidentemente l'alba di una nuova era.

Era invece sera, sebbene ancora immersa nella piena luce estiva del Nord, quando un'esausta ma raggiante duchessa di Cambridge fece la sua apparizione fuori dalla Lindo Wing, il reparto natalità privato dell'ospedale di Paddington. C'ero anch'io in mezzo alla folla di reporter pressati come sardine dietro il plotone di telecamere da tutto il mondo puntate sulla madre e il neonato tra le braccia. Con il riflesso automatico del cronista controllai l'orologio, ed erano precisamente le 19.14, appena ventisette ore dopo la nascita del bambino che al momento non aveva ancora un nome, se non quello di Baby Cambridge. Era una scena allegra e gioiosa, come è sempre l'arrivo di una nuova vita. Questa però aveva ovviamente qualcosa in più, perché non era solo una famiglia a far festa ma un intero Paese.

La strada d'accesso all'ospedale era invasa da centinaia di sudditi benauguranti che accolsero l'apparizione di mamma e bebè con un'ovazione da stadio mentre le finestre del St Mary's erano inzeppate di medici, infermieri e pazienti che si godevano lo spettacolo dall'alto. Sui gradini accanto alla moglie, William era in tutto e per tutto il giovane padre innamorato e orgoglioso. Non staccava un secondo gli occhi adoranti dalla sua Babykins e dal fagottello che lei stringeva tra le braccia, e in verità pesava un bel po': 8 libbre e 6 once, in misure decimali 3 chili e 900 grammi, insomma un maschietto bello robusto. Si era fatto aspettare a lungo. Il Palazzo non aveva comunicato nessuna previsione di data per la conclusione della gravidanza, e i media tenevano per buona l'informazione che la stessa duchessa di Cambridge si era lasciata sfuggire qualche mese prima in una delle abituali passeggiate reali tra i sudditi: aspettava il bambino «per la metà di luglio».

Nelle redazioni dei giornali molti si convinsero che l'indizio era in realtà un depistaggio, e il nascituro sarebbe arrivato prima. Avaro di notizie, Kensington Palace aveva avvertito che i media sarebbero stati informati solo al momento del ricovero di Catherine in ospedale. Sicuri di aver mangiato la foglia, i primi paparazzi si piazzarono già a fine giugno davanti alla Lindo Wing con teleobiettivi e scalette, per garantirsi la visione migliore al momento fatidico dello scatto. Nel giro di poche ore, le scalette erano diventate ottanta e Scotland Yard fu costretta non solo a contenere il *press pack* dietro solide transenne d'acciaio sul marciapiede di fronte alla clinica, ma pure a distaccare otto agenti di guardia con turni di dodici ore. Richiamati dal trambusto e dai fotografi, arrivarono subito anche i fan più sfegatati della famiglia reale, abbigliati in fantastici completini kitsch stampati con l'Union Jack, e naturalmente provvisti di sacchi a pelo, tende e thermos.

Erano tutti convinti che l'evento fosse imminente. In realtà si era solo all'inizio. E i giornali che al tempo del fidanzamento avevano coniato l'infame nomignolo *Waity Katie*, presto battezzarono questo lungo periodo sospeso rovesciando i termini: *The Great Kate Wait*, la grande attesa di Kate.

Ma i giorni passavano, l'estate londinese si faceva bollente (una delle più calde mai registrate) e del parto non c'erano segni. La mia troupe Rai occupava il suo fazzoletto di marciapiede assieme a decine d'altre da tutto il mondo, e in mancanza di notizie era diventato di moda tra i corrispondenti intervistarsi l'un l'altro.

La Lindo Wing si era ormai guadagnata il nomignolo di *Limbo Wing*, e gli unici contenti erano i bookmaker che facevano affari d'oro. Le scommesse sulla data di nascita, oltre che su sesso e nome del nascituro, erano diventate frenetiche. Il *royal baby* doveva ancora venire alla luce e già proiettava sugli affari il ben noto, e positivo, «effetto Windsor». Le puntate raggiunsero e superarono il milione di sterline, segnando un record assoluto tra gli eventi non sportivi.

Una delle agenzie più note, William Hill, aveva registrato più di 100.000 sterline da persone di tutto il mondo, ma il big del settore, Coral, ne aveva raccolte cinque volte tante. A un certo punto dovette sospendere le scommesse davanti a un massiccio e sospetto afflusso di puntate sul nome Alexander.

Se l'attesa nel Paese si era fatta febbrile, anche tra i reali, abituati a ostentare imperturbabilità, arrivati a metà luglio affiorava un certo nervosismo. A spasso in mezzo ai sudditi in Cornovaglia con Camilla, per l'abituale visita annuale nel West Country, il futuro nonno Carlo fu avvicinato da una mamma. Gli presentò la sua bambina di appena tre settimane e commentò: «Anche lei ne ha uno in arrivo presto!» «Speriamo!» fu la risposta del principe, laconica ma rivelatrice di una certa frustrazione. Negli stessi giorni Camilla sembrò finalmente offrire una confidenza a cui i giornali, disperati, si aggrapparono come «*the first big clue*», il primo grande indizio. «Siamo tutti attaccati al telefono» confessò la duchessa. «Siamo speranzosi che per la fine della settimana lui o lei sarà qui.» Solo l'ennesimo falso allarme.

Arrivati al 17 luglio, perfino la regina, notoriamente parca di parole ed emozioni, lasciò trapelare la sua impazienza. Durante un incontro con il pubblico, una scolaretta di dieci anni si fece coraggio e le chiese: «Vuole che il bimbo di Kate sia maschio o femmina?»

«Non penso che importi» rispose all'istante Elisabetta, e dopo una breve pausa: «Vorrei moltissimo che arrivasse perché presto andrò in vacanza... Vorrei che si sbrigasse». Poi, muovendosi per allontanarsi, aggiunse con uno dei suoi rari sorrisi: «Ma ancora nessun segno».

La piccola folla nella scuola di Wiggonby, in Cumbria, scoppiò in una risata.

L'unica tranquilla sembrava la diretta interessata. Catherine aveva lasciato la caldissima Londra per passare le ultime settimane d'attesa in casa dei genitori, nella più fresca campagna del Berkshire, ovviamente assieme a William in congedo parentale dalla RAF. A metà luglio i regolamentari nove mesi erano certamente scaduti, ma i medici non sembravano preoccupati. Le linee guida imponevano di non indurre le doglie se non almeno una settimana dopo la scadenza prevista. Non ce ne fu bisogno. Il 22 luglio il principino ritardatario fece finalmente la sua apparizione, alla fine di un lunghissimo travaglio di dodici ore. Papà William non si era mai staccato dalla moglie, era stato presente durante il parto e aveva passato la notte in clinica con la puerpera e il bebè.

L'apparizione in pubblico del neonato il giorno dopo ne fece istantaneamente una star globale. Le dirette televisive trasmisero le sue immagini in mondovisione, in braccio prima a mamma e poi a papà, e centinaia di milioni di persone in giro per il pianeta si trovarono sotto gli occhi il quadretto ideale della «Nuova Famiglia Reale». Sembrava disegnata su misura dai creativi di un'agenzia pubblicitaria per proiettare la sospirata immagine di una famiglia «normale». Oddio, proprio normale non era una mammina che appena ventisette ore dopo il travaglio di un parto decisamente lungo e complicato si presentava davanti ai fotografi fresca come una rosa, perfettamente pettinata e con un delizioso abitino di crêpe de Chine azzurro fiordaliso, firmato Jenny Packham. Una tale inappuntabile apparizione avrebbe fruttato a Kate, come vedremo, una nuova bordata di critiche dalle femministe più intransigenti. All'opposto, le prime battute sue e di William sulle emozioni del momento non avevano niente in comune con lo *stiff upper lip* tipico non solo dei reali ma dell'aristocrazia britannica in generale.

Dopo i primi forsennati scatti dei reporter la duchessa affidò il neonato, avvolto in uno scialle di lana merino dei grandi magazzini, alle braccia sicure del marito e si avvicinò alle transenne della stampa. Era l'immagine della felicità. «È la prima volta che lo vediamo veramente, la prima occasione di recuperare. È molto commovente. È un momento talmente speciale...»

«È molto speciale» le fece eco William, sempre accanto protettivo, mentre lei finiva la frase: «Penso che ogni genitore conosca questa sensazione». Lui aggiunse un dettaglio sul neonato che avrebbe fatto i titoli dei quotidiani il giorno seguente: «Ha un bel paio di polmoni, questo è sicuro» disse alludendo agli strilli del piccolo. «È un bimbo grande, è abbastanza pesante.»

Un'altra battuta del principe sembrò confermare che era effettivamente venuto al mondo oltre i termini della gravidanza: «Gli ricorderò il suo ritardo quando sarà un po' più grande» disse, aggiungendo una considerazione che sembrava chiedere un po' di respiro alla stampa: «So quanto a lungo siete rimasti qui fuori, perciò adesso spero che l'ospedale e voi ragazzi possiate tutti tornare alla normalità, e noi possiamo andare a occuparci di lui».

Prima del congedo ci fu tempo per qualche altra domanda. Su precisa richiesta, Kate confermò che il marito aveva già eseguito «il suo primo cambio di pannolino». E come se l'è cavata? insistette un reporter. «Bene» rispose lui, subito corretto dalla moglie con un: «Molto, molto bene».

Naturalmente, niente del genere era mai venuto in mente a Carlo quando si era trovato su quegli stessi gradini trentuno anni prima, con William in braccio a Diana. E del resto a nessun giornalista dell'epoca sarebbe mai venuto in mente di chiederglielo. Ma il fresco papà confermava semplicemente di appartenere alla generazione dei padri attenti e coinvolti nell'accudimento della prole, nell'epoca in cui l'educazione dei figli e il loro benessere è compito congiunto dei genitori e non più peso esclusivo delle madri.

Poiché la sola identità nota del bimbo era Baby Cambridge, la questione del nome sembrava alquanto urgente ai giornalisti. Soprattutto ai più anziani, che ricordavano come nel caso del principe William il mistero del nome fosse stato svelato solo una settimana dopo la nascita (e per Carlo un mese dopo). Ai tempi l'attesa aveva alimentato un circo mediatico che William era ben deciso a evitare, ma bisognava prima presentare ufficialmente il piccolo alla bisnonna sovrana. Perciò restò diplomaticamente evasivo quando il *royal watcher* della BBC, Peter Hunt, gli chiese se avrebbe chiamato il figlio George in accordo con le previsioni dei bookmaker (lo davano largamente favorito su James, Alexander, Henry e Louis).

Il duca scoppiò a ridere: «Ci stiamo ancora lavorando, lo decideremo presto». E per cambiare discorso, offrì un vago accenno alle sembianze del figlioletto, del quale lo scialle lasciava intravedere soltanto un ciuffo di capelli. «Ne ha un bel po' più di me, grazie a Dio» scherzò il principe ormai alle prese con la calvizie. Dopo uno sguardo adorante al primogenito sempre addormentato, aggiunse con l'abituale autoironia: «Somiglia a lei, per fortuna».

«No, no, non ne sono affatto sicura» cinguettò subito Kate.

In mezzo a una mitragliata di scatti, la coppia rientrò infine in ospedale per riuscirne poco dopo e montare con il piccolo sulla loro Range Rover nera. William si esibì magistralmente nell'assicurare il neonato nell'apposito seggiolino sul sedile posteriore. Mostrò tale destrezza davanti alle telecamere da rendere evidente che si era esercitato parecchio. La puerpera si sistemò anche lei accanto al piccolo, ben saldo nel suo trono provvisorio marca Britax da 99,99 sterline, come informarono puntigliosamente i tabloid. Il marito si mise alla guida, e accompagnati soltanto da un agente della Protection Squad di Scotland Yard sul sedile del passeggero, si diressero verso Kensington Palace. Al completamento del restauro del loro appartamento 1A mancava ancora qualche giorno, così la famigliola si sistemò provvisoriamente nel Nottingham Cottage, un villino con due camere da letto nei giardini della vecchia reggia.

L'arrivo del bimbo destinato a diventare il quarantatreesimo re d'Inghilterra dai giorni di Guglielmo il Conquistatore nel 1066, suscitò tra i sudditi l'ondata di entusiasmo abituale nelle circostanze. L'annuncio della nascita, alle 16.24, era stato ritardato di quattro ore – fino alle 20.29 – per più ragioni, ufficiali e private. William doveva in primo luogo informare al telefono la nonna regina a Windsor e il padre in visita nello Yorkshire. E soprattutto la coppia desiderava, come avrebbe spiegato lo stesso comunicato di Buckingham Palace, «avere un po' di tempo assieme [con il neonato (*N.d.A.*)] per stabilire i vincoli di una famiglia». Volevano insomma assaporare in privato la gioia di freschi genitori prima che il loro bambino diventasse – inevitabilmente per ciò che rappresentava – anche proprietà del pubblico. Che non tardò a circondare festante Buckingham Palace appena si diffuse la notizia che *The Great Kate Wait* era finita.

Elisabetta era tornata a Palazzo già nel pomeriggio, dopo il week-end nell'amato castello di Windsor. Il suo rientro nella reggia era comunque previsto per il ricevimento che avrebbe ospitato in serata. Quando si presentò agli invitati inusualmente sorridente, tutti ne conoscevano già la ragione. E lei si dichiarò subito «*thrilled*», entusiasta per l'arrivo del bisnipote. Ne aveva ampie ragioni. Per la prima volta da centoventi anni, insomma dai tempi dell'antenata Vittoria, il trono inglese poteva contare su ben tre generazioni di successori. Il principino appena venuto al mondo aveva tutte le probabilità, stando alle attuali statistiche di longevità, di traghettare la dinastia ben dentro il ventiduesimo secolo.

In ossequio alle regole della comunicazione contemporanea, l'annuncio del Palazzo era arrivato sugli odierni canali Internet e telefonici. Ma per la folla di fan radunatasi in men che non si dica fuori dalla reggia, il momento solenne era quello dell'ostensione del comunicato sul cavalletto dietro la ringhiera di Buckingham Palace, secondo il rito ripetuto immutato da più di un secolo per ogni evento famigliare dei Windsor. Già l'apparizione di un valletto che metteva in posizione il sostegno si guadagnò l'entusiastica accoglienza della folla. Tra gli urrà e i clacson delle auto che suonavano all'impazzata, fece infine la sua comparsa la *press secretary* di Sua Maestà, Mrs Ailsa Anderson, accompagnata da un giovane lacchè, Badar Azim, che reggeva solennemente sulle braccia l'annuncio incorniciato. Su carta intestata di Buckingham Palace, la secca comunicazione del team medico recitava: «Sua Altezza Reale la Duchessa di Cambridge ha partorito felicemente un figlio oggi alle 4.24 p.m. Sua Altezza Reale e il suo bambino stanno entrambi bene».

I festeggiamenti proseguirono l'indomani, 23 luglio, con un diluvio di auguri e congratulazioni dal mondo intero, e in particolare dai leader di quel Commonwealth così caro a Elisabetta. A Londra furono le forze armate a guidare le celebrazioni. La Royal Horse Artillery del reggimento The King's Troop, assieme alla Honourable Artillery Company, eseguirono il tradizionale saluto reale a colpi di cannone che accompagna la nascita di ogni principe o principessa. L'ultima volta che i londinesi avevano sentito le salve era stato per la nascita della figlia di Andrea e cugina di William, Eugenie, ventitré anni prima. Dalla sua caserma su Birdcage Walk, vicino alla reggia, la King's Troop sfilò accanto a Buckingham per piazzare dentro Green Park i sei cannoni della Prima guerra mondiale trainati da settantuno cavalli. E alle due in punto del pomeriggio attaccò a sparare le previste quarantuno salve, a intervalli regolari di dieci secondi. In contemporanea, la Honourable Artillery Company prese a sparare i suoi colpi dal Gun Wharf (il Molo del cannone) della Torre di Londra: sessantadue salve, ventuno in più per conto dei sudditi della City of London, che intendono sottolineare in questo modo la loro lealtà alla Corona.

Più o meno alla stessa ora Amanda Cook Tucker, parrucchiera della duchessa, riuscì a sgattaiolare senza essere notata dentro la Lindo Wing a Paddington, per preparare Kate al primo incontro con i giornalisti, qualche ora dopo. Non passò invece inosservato l'arrivo in un semplice *black cab*, verso le 15, di Michael e Carole Middleton. Pensavano probabilmente di essere ormai allenati ai caroselli della stampa, ma non si aspettavano di trovarsi di fronte a una baraonda di quella portata. I nonni materni restarono in visita un'oretta, e all'uscita erano ovviamente estatici. Michael lasciò che fosse la moglie a interloquire con i reporter. E lei disse ciò che dicono più o meno tutti i nonni. Come ha trovato il suo primo nipotino, e futuro re? «Assolutamente bello.» Come se la cavano i genitori? «Favolosamente.» Ma alla domanda se avessero suggerito qualche nome per il neonato, lei scoppiò a ridere: «Assolutamente no!» E c'era senz'altro da crederle, mentre il marito Michael sorridente ma silenzioso la sospingeva gentilmente verso il taxi in attesa.

Alle 17.30 arrivò pure il nonno paterno Carlo con la moglie

Camilla. Erano appena tornati dalla visita nello Yorkshire, dove al mattino un abitante del villaggio di Bugthorpe lo aveva allegramente salutato: «Buongiorno nonno». Il principe del Galles era scoppiato a ridere e si era detto «entusiasta ed eccitato». Camilla, che di nipotini ne aveva già cinque, aggiunse che «è un momento meravigliosamente incoraggiante per il Paese, e meraviglioso per il nonno. Lui è bravo coi bambini». Forse non altrettanto coi giornalisti. All'arrivo in ospedale non seppe trattenersi dal prendere in giro i cronisti che erano rimasti davanti al St Mary's quasi tre settimane: «Siete qui da molto?» Nella generale atmosfera augurale lo sfottò passò senza conseguenze. Del resto, dieci minuti dopo lui e Camilla erano già fuori e Carlo disse che il bambino era «meraviglioso», aggiungendo: «Lo vedrete a minuti». Senza volerlo, aveva bruciato la sorpresa dell'apparizione di mamma e neonato.

L'ultima a incontrare l'erede fu la parente più importante. La bisnonna Elisabetta, che due giorni dopo sarebbe partita per l'usuale vacanza estiva a Balmoral, arrivò nella provvisoria residenza dei Cambridge a Kensington Palace il mattino del 24 alle 11. Restò in visita per trentaquattro minuti esatti e ripartì senza commenti, fedele alla sua fama di essere di poche parole in pubblico. Che in privato avesse espresso tutta la sua felicità, c'è invece poco da dubitare. Fredda in gioventù coi figli, la cifra emotiva della regina si era molto addolcita coi nipoti, e particolarmente coi pronipoti. Con loro si permetteva un'affettuosità che la sua educazione vittoriana le aveva sempre imposto di controllare, e ora invece affiorava con sorrisi più frequenti e più larghi. Sembrava non pensarla più come quando aveva risposto severamente al premier MacMillan che la esortava a sorridere più spesso di fronte ai sudditi: «Non mi pagano per vedermi ridere».

La mezz'ora di colloquio mattutino con la sovrana aveva anche permesso ai Cambridge di concludere il «lavoro» sul nome del neonato. In realtà avevano già da tempo deciso per George, e non tanto come omaggio alla dinastia per la quale era diventato quasi un eponimo, da quel primo Giorgio arrivato nel 1714 da Hannover al sesto che era stato padre di Elisabetta, per non parlare dell'aggettivo «georgiano» che definisce cultura e architettura del Settecento inglese. No, semplicemente era un nome che piaceva ai neogenitori, ma prima di renderlo pubblico bisognava assicurarsi che incontrasse anche il gradimento della matriarca. La regina si atteneva alle regole di non ingerenza tanto in politica quanto negli affari dei suoi famigliari, ma se qualcosa non le andava bene sapeva come farlo notare. Lo avrebbero sperimentato anni dopo i Sussex, quando convinti di farle piacere avevano chiamato Lilibet la loro bambina, come il vezzeggiativo usato per la sovrana in famiglia. Ma non avevano informato la diretta interessata e, in chiaro segno di disapprovazione, il suo ufficio stampa lo rese noto al pubblico. Nel caso di George è invece facile supporre che la scelta dei Cambridge trovasse il suo pieno consenso, visto il profondo attaccamento al padre Giorgio VI e alla sua memoria.

Così il pomeriggio dello stesso giorno, il 24 luglio alle 18.18, Kensington Palace diffuse il comunicato finale sull'arrivo del *royal baby*, sotto il titolo «*The Duke and Duchess of Cambridge name their baby*». Nell'ampolloso linguaggio di Corte, il testo recitava: «Il Duca e la Duchessa di Cambridge sono felici di annunciare che hanno chiamato loro figlio George Alexander Louis. Il bambino sarà conosciuto come Sua Altezza Reale Principe George di Cambridge».

Quando la notizia planò sulle scrivanie delle redazioni, tutti e tre i protagonisti si erano già trasferiti da qualche ora nell'ospitale magione dei Middleton, nel villaggio di Bucklebury. Alle 13 William e Catherine erano saliti sulla loro Range Rover col piccolo saldamente assicurato nel seggiolino e un'ora dopo erano già nel maniero (guarda un po', georgiano) che i Middleton avevano recentemente acquistato per 4,8 milioni di sterline. Non era una reggia ma comunque una dimora importante al centro di una tenuta di oltre 7 ettari, dotata di campo da tennis, piscina e biblioteca.

Carole aveva immediatamente aggiunto una camera-nursery per il suo primo nipotino. Sapeva che non sarebbe rimasto solo a lungo, perché Kate aveva detto già nell'intervista rilasciata in occasione del fidanzamento che desiderava «una grande famiglia», e lo avrebbe presto provato. Ma intanto i freschi genitori volevano unicamente, come spiegarono i loro collaboratori, passare tempo assieme in privato, come qualsiasi nuova famiglia, e imparare a conoscere il loro bambino. Che per realizzare questo desiderio avessero scelto la casa di lei, ovvero un ambiente molto confortevole ma informale e senza plotoni di domestici, la dice lunga sull'affetto e la fiducia di William verso i suoceri e sull'influenza dei Middleton in questo modello inedito di *royal family*.

Agli *insiders*, a conoscenza dall'interno dell'andamento dei fatti, l'intera gestione dell'«evento nascita», cruciale per la nuova immagine di monarchia che l'erede voleva offrire, testimoniava la determinazione del futuro re a fare a modo suo. Wills, come lo chiamano in famiglia, è sempre stato noto per una certa caparbietà. Se si mette in testa qualcosa, non cambia facilmente idea. Talvolta questo è un limite, ma segnala anche che non è uomo da lasciarsi abbindolare o manipolare dai cortigiani. Tra le tante lezioni che pensa di avere appreso da mamma Diana, quella di difendere testardamente le proprie idee gli appare forse la principale. Lui ascolta, e poi decide, e la sola persona con cui si consulta è Catherine: amica, confidente, consigliera. Certo, sa bene che il ruolo gli impone vincoli di cui tenere conto, ma pure gli obblighi vanno temperati alla luce delle sue convinzioni. Al momento del parto del primogenito, che per la monarchia è sicuramente un evento pubblico di massimo rilievo, le priorità di William erano però altre: garantire la tranquillità e la privacy della moglie che ama, assicurarsi per sé e per lei l'opportunità di assaporare privatamente almeno per qualche ora la gioia della nascita.

Fu dunque il principe a organizzare nella massima segretezza, e con successo, il ricovero di Kate alle 6 del mattino, il 22 luglio, eludendo le centinaia di fotografi appostati fuori dalla Lindo Wing. Lui a imporre il ritardo dell'annuncio ufficiale, arrivato quattro ore e dieci minuti dopo il parto. Sempre lui a rifiutare di apparire da solo sui gradini della clinica per offrire la notizia al mondo. Suo padre, trentun anni prima, aveva fatto il contrario. Nel suo solito modo un po' impacciato, appena due ore dopo l'arrivo del primogenito Carlo si era presentato di fronte a una folla esultante per informarla che il neonato era biondo con gli occhi blu. William invece decise che la curiosità del pubblico poteva ben aspettare ventisette ore, e che la presentazione del bambino l'avrebbero fatta assieme, come famiglia. Quando arrivò il momento, ebbe cura di ricordare che la sua adorabile moglie perfettamente pettinata e truccata, all'apparenza fresca e rilassata, aveva in realtà appena superato un'autentica ordalia. Perciò non solo si preoccupò che avesse tutto il tempo necessario a prepararsi, ma una volta fuori fu abilissimo a prendere lui la guida della conversazione con la stampa, lui a scherzare e fornire ai media le battute che servivano ai titoli.

Perfettamente coreografata per servire allo scopo che William si era prefissato fu anche la partenza dal St Mary's Hospital. Fu lui a mettersi alla guida dell'auto, riportandosi a casa moglie e neonato proprio come avrebbe fatto un qualsiasi ordinario giovane padre. Lui evidentemente non lo era, come testimoniava la guardia del corpo seduta accanto. Ma questa inevitabile presenza atteneva al suo «lavoro», mentre in famiglia il principe voleva almeno apparire (anche se non lo era) il normale vicino della porta accanto. Niente chauffeur alle viste, né *nurses* o domestici. Un chiaro segno che lui e la moglie intendevano godersi il momento di pura felicità solo tra loro, come ogni comune coppia appena «graziata» dall'arrivo di un figlio. Non ha scritto Tolstoj che tutte le famiglie felici si somigliano?

L'esperienza dell'adolescenza, segnata dalla dissoluzione dell'unione famigliare e dalla morte tragica della madre, ha segnato profondamente William. Ne ha tratto due insegnamenti fondamentali. Primo, il diritto alla privacy di qualsiasi individuo, anche quando ha un ruolo pubblico. Secondo, ma anche più importante, il valore della famiglia come base solida e amorevole per la formazione di qualsiasi essere umano. Il futuro re è perfettamente consapevole che la tradizione impone certi modelli, che la regalità ha le sue regole.

Ha molto stimato e ammirato il senso del dovere che ha animato l'intera esistenza della nonna. Ma lui farà le cose in modo diverso. Non sacrificherà moglie e figli al culto della Corona. Non negherà né a lei né a loro la dolcezza di manifestazioni pubbliche d'affetto. A differenza di Elisabetta, lui non abrogherà le emozioni. Sente chiaramente che un moderno sovrano non ha bisogno di apparire una divinità olimpica. Al contrario, è un punto di riferimento per la loro umanità che i sudditi cercano.

È questo probabilmente che Diana voleva dire suggerendo una monarchia *in touch*, cioè aperta all'ascolto e inclusiva. E William è deciso a realizzare questo lascito. Per questo, e non solo per i moti del cuore, ha abbracciato con entusiasmo sincero la famiglia della moglie, ha imparato ad amarla come la sua e accoglie con gratitudine il pieno coinvolgimento dei Middleton nella sua vita con Catherine e i bambini. L'aiuto dei suoceri nell'anno terribile della malattia della figlia è stato chiaramente inestimabile. Ma non si tratta soltanto di cura e assistenza. Per il primogenito destinato al trono, crescere con la presenza amorevole e discreta dei nonni materni è una lezione di misura e di decoro, nonché un promemoria costante del doppio ceppo della «sua» Corona. Le sue radici non affondano solo nella più alta aristocrazia dei principi e dei re, ma pure nella classe lavoratrice e nella borghesia. È una consapevolezza che William non intende affatto spegnere nel figlio, ma piuttosto esaltare. Lo aiuterà ad arricchire di umanità la dignità regale con una sana iniezione di stile informale *middle class*.

Sfortunatamente non molti commentatori furono in grado di cogliere queste *nuances* nell'evento che si svolgeva sotto i loro occhi. Tra i pochi ci fu sulla rivista *Time* lo scrittore Andrew Ferguson, che nella nascita di George intravide «una mobilità sociale verso l'alto quasi di stile americano, con una sfumatura *british*: se lavori sodo e giochi secondo le regole, anche tu, senza distinzione di razza, colore o religione, puoi dare in sposa tua figlia perché diventi la madre di un re. [...] L'espressione *commoner King* [re borghese (*N.d.A.*)] è un ossimoro» osservava Ferguson, e tuttavia «proprio un *commoner King* è la cosa che è scoppiata su di noi, e su Kate Middleton [...] la madre che è senza una goccia di sangue aristocratico». Non ci vuole un maestro di sillogismi per ricavare la logica conclusione che proprio quella mamma rappresenta la rivoluzione dietro il trono. Senza clamori, gesti di ribellione o manifesta insofferenza, la semplice presenza di questa donna nel cuore dell'istituzione monarchica basta a cambiarla in profondità, in virtù della forza dei suoi affetti e della benefica influenza che esercita sul marito.

Eppure, è proprio in occasione della nascita del primogenito, e un paio d'anni dopo della piccola Charlotte Elizabeth Diana, che Catherine si ritrova bersaglio degli attacchi più velenosi. Sono, di nuovo, scrittrici ed esponenti di punta del movimento femminista che non le perdonano di essersi sottoposta, a poche ore dal parto, al rito dell'ostensione del futuro re. Che l'*intellighenzia* antimonarchica la giudichi una tradizione anacronistica è ovviamente del tutto legittimo. Ma colpisce l'incomprensione di ciò che appariva già chiaro nell'Ottocento al già citato Walter Bagehot: gran parte del fascino della famiglia reale deriva dalla sua capacità di trasmutare i banali fatti di un'esistenza umana – nascita, matrimonio e morte – in eventi di natura universale, e come tali in grado di richiamare l'attenzione e il sostegno delle masse. La colpa di Catherine, agli occhi delle militanti femministe più accese, sembra essere quella di fare con serietà il mestiere che ha consapevolmente accettato. Ma impressiona, in quante glielo rimproverano, la ferocia totalmente sorda alle istanze retoriche della «sorellanza».

Dopo la nascita di George, è Amy Joyce a cannoneggiare dalle colonne del *Washington Post*. «Pensateci bene, vorreste essere nei panni di questa giovane donna? Chi ha voglia di vestirsi dopo aver partorito? O di lasciare che il parrucchiere e il *make-up artist* ti preparino, quando tutto quello che vorresti è sederti sopra un secchio di ghiaccio? Per tante persone Catherine che sorride fuori dal St Mary's è solo un esempio di come la nostra cultura idealizzi il parto.» Boh...

Quando arriva la secondogenita Charlotte Elizabeth Diana, il 2 maggio 2015, è invece l'attrice britannica Keira Knightley a impartire una dura lezione alla malcapitata puerpera. In un saggio per una raccolta di scritti femministi, dichiara che «la duchessa, fuori dall'ospedale sette ore dopo aver dato alla luce sua figlia, con il volto truccato e i tacchi alti, è un'immagine irrealistica e impossibile da imitare per tantissime donne». Si potrebbe obiettare che non tutte sono destinate a diventare regine consorti. Non tutte hanno identica riserva di energia. E non tutte hanno la fortuna di partorire in appena due ore, come succede a Kate con la seconda figlia. Non importa. La bella Keira si scaglia indignata contro la madre, accusata di nascondere dietro la sua «perfezione» il campo di battaglia che è il corpo della donna durante il parto: «Sette ore dopo che il tuo corpo si è aperto e la vita sanguinante e urlante è uscita, non mostrare, non raccontare. Stai lì con la tua bambina e fatti riprendere da un branco di fotografi maschi».

Sicuramente non fu una circostanza priva di stress, come avrebbe ammesso qualche anno dopo la stessa Catherine nel podcast *Happy Mum, Happy Baby* firmato da Giovanna Fletcher, una delle più apprezzate autrici britanniche di fiction: «È stato terrificante posare di fronte ai fotografi, sono onesta». Ma la confessione non prescinde dalla consapevolezza di ciò che i sudditi, prima ancora dei Windsor, si aspettavano da lei: «Io e William eravamo davvero consapevoli che si trattasse di qualcosa di cui tutti erano entusiasti e, sapete, siamo enormemente grati per il sostegno che le persone ci hanno mostrato. Per noi poter condividere la nostra gioia con il pubblico era davvero importante. Al tempo stesso avevamo un bambino appena nato, eravamo genitori inesperti e incerti su cosa sarebbe successo».

Beh, quanto a questo potevano contare sul decisivo sostegno del principe Harry... Dopo aver visto per la prima volta il nipotino la mattina del 24, il ventottenne cadetto si presentò la sera davanti alle telecamere in occasione di un evento per la sua fondazione benefica Sentebale, all'opera tra i bambini del Lesotho. Fedele alla sua fama di giocherellone e anima di ogni festa, cominciò scherzando. Lo aveva almeno preso in braccio, il piccolo? Certo, replicò: «È fantastico avere un'aggiunta alla famiglia. Spero solo che mio fratello sappia quanto sono caro come baby-sitter». Ma la sua missione come zio quale sarebbe stata? «Accertarmi che abbia una buona educazione, tenerlo lontano dai guai e assicurarmi che si diverta.» Quest'ultimo compito sembrava quello per cui era più qualificato. Peccato che sette anni dopo, con la fuga in America, avrebbe rinunciato anche a questo.

20
Noi cinque

IL baby principe George cominciò la sua carriera ufficiale a otto mesi. Gatton gattoni sulla moquette blu della Blundell Room, nella residenza ufficiale del governatore generale della Nuova Zelanda, a Wellington, il futuro re giocava in compagnia di altri dieci bambini della sua stessa età davanti a un ristretto gruppo di telecamere e fotografi accuratamente selezionati. Era l'aprile 2014 e sostanzialmente si trattava del primo sguardo pubblico sul bambino a parte la fugace apparizione in occasione del battesimo, il 23 ottobre 2013. Ma anche quello era stato un evento estremamente *low-key*, in linea con la ferrea determinazione dei Cambridge a proteggere il più possibile l'erede dall'attenzione vorace dei media.

Per la cerimonia era stata scelta appositamente la Royal Chapel di St James's Palace, che può contenere meno di cinquanta persone. Di conseguenza, il numero di invitati era necessariamente limitatissimo. Non si era mai visto a memoria di vivente un battesimo reale tanto privato. Solo cinque membri di primo rango della famiglia reale erano presenti, ovvero Elisabetta e Filippo, Carlo e Camilla e il principe Harry. C'era anche la cugina Zara, figlia della principessa Anna, ma in quanto scelta come madrina. La madre invece, come gli altri figli della regina Andrea ed Edoardo, non erano stati invitati, in modo da lasciare più spazio agli amici intimi della coppia e ai famigliari di Kate, presenti al completo. Il contrasto con il battesimo di William, avvenuto in coincidenza con l'ottantaduesimo compleanno della Regina Madre, non poteva essere più netto. Allora, prima della cerimonia, una larga folla si era radunata sotto la reggia per salutare l'apparizione dal balcone dell'amatissima Queen Mum.

Stavolta non ci furono clamori, sebbene la foto ricordo scattata da Jason Bell nel salotto di Clarence House sia di quelle che meritano di entrare nei libri di storia. Elisabetta II, all'epoca ottantasettenne, vi appare ritratta accanto ai suoi tre eredi diretti, Carlo di sessantaquattro anni, William di trentuno e George di tre mesi. Per ritrovare un'immagine analoga bisogna tornare al 1899, quando l'ottantenne regina Vittoria viene immortalata con i futuri Edoardo VII, Giorgio V e Edoardo VIII.

La dimensione tutta privata del battesimo era stata imposta, come si è visto, dal desiderio di William di proteggere da un'eccessiva (e a suo avviso ingiustificata) invadenza la vita della sua giovane famiglia. Questa scelta non era stata esente da malumori e brontolii, non solo della stampa ma anche di cortigiani preoccupati delle possibili ripercussioni negative di tanta riservatezza. Niente aveva scalfito la testarda decisione del principe. E quando la primavera successiva arrivò il momento di riprendere il «lavoro» per la Ditta, fu sempre lui a dettare le condizioni. George avrebbe viaggiato con papà e mamma nella cruciale missione diplomatica in Nuova Zelanda e Australia.

L'esordio in pubblico del piccolo principe ricalcava precisamente quello di suo padre trentuno anni prima, sebbene William avesse qualche mese in più quando aveva accompagnato Carlo e Diana nel viaggio *Down Under*, «giù sotto», come gli inglesi chiamano il continente australiano. In quell'occasione Lady Di aveva imposto un cambio radicale del protocollo di Corte portandosi dietro l'infante. Anche i Cambridge avevano dovuto tener testa alla regina per infrangere la regola che vieta a due eredi al trono di viaggiare insieme. Su questo punto la coppia era irremovibile. E dal punto di vista della comunicazione la mossa si rivelò semplicemente trionfale.

Come il padre qualche decennio prima, anche George entrò di balzo nello *stardom* planetario, un'autentica stella dei media che, almeno nella circostanza, spostarono la loro frenetica attenzione dalla mamma al figlio. I giornali, mai dimentichi di Diana, tirarono fuori le foto di Baby William – che la madre proprio lì cominciò a chiamare affettuosamente *Wombat* perché era soffice e pestifero come il piccolo mammifero –, paragonandole a quelle di suo figlio. Sono la quintessenza della tenerezza infantile, e si capisce che entrambi i bebè ispirassero l'entusiasmo delle folle. Tuttavia la differenza è evidente, come ha rilevato il più attento biografo dei Cambridge, Robert Jobson. Il piccolo Wills è sempre ritratto solo con la madre o coi genitori, le sue immagini non lo mostrano mai interagire con i suoi coetanei. In modo eloquente sottolineano una distanza, un «noi e loro» che corrisponde all'idea di regalità del 1983. Baby George, al contrario, è ripreso in mezzo a bambini che provengono da ogni fascia sociale e da ogni genere di relazione amorosa, compresa la piccola Isabella figlia della coppia gay Jared Mulle e Ryan McRae, scelti a rappresentare il crescente numero di coppie dello stesso sesso in Australia.

Le foto dichiarano in modo esplicito il programma «politico» di William e Catherine. Per sopravvivere nel mondo contemporaneo la monarchia ha una strada obbligata, segnata da due paletti: inclusione e relazioni sincere. Tutte e due balzano agli occhi da quelle immagini, per quanto la *photo op* fosse stata accuratamente coreografata dagli addetti stampa. Ma era schietta l'informalità con cui la coppia reale interloquiva con le altre coppie invitate coi loro bambini. «Siamo tutti genitori primipari come loro» aveva detto prima dell'incontro la ventinovenne Kate Bainbridge, mamma di Sophie, nata l'11 luglio. «Dovrebbe essere abbastanza facile chiacchierare con loro.» E così fu, in effetti. Come non c'era da sbagliarsi sulla pura gioia che si dipingeva sul volto di Kate quando giocava con il suo piccolo, lo aiutava a reggersi in piedi o se lo prendeva in braccio bilanciandolo di volta in volta sull'una o l'altra gamba, visto il peso considerevole. Al momento di partire, era chiaro che George – come avevano previsto gli organizzatori reali del tour – aveva conquistato la Nuova Zelanda. Come sarebbe andata nella vicina ma riottosa Australia?

Questa era la tappa che preoccupava seriamente i dignitari di Corte. La regina restava capo nominale dello Stato ma i sentimenti repubblicani erano sempre più radicati, e convinti di rappresentare la maggioranza dell'ex colonia. In trent'anni gli effetti benefici della visita di Carlo e Diana (lei, soprattutto) erano svaniti e i governi di Bob Hawke e Paul Keating avevano attivamente lavorato contro la Corona. È vero che il referendum del 1999 aveva confermato la lealtà al trono dei sudditi australiani, ma gli umori nel frattempo erano nuovamente cambiati. Come avrebbero accolto adesso gli *Aussie* i loro futuri sovrani, ammesso che un giorno lo diventino davvero? Bastò l'apparizione di Baby George nel famoso Taronga Zoo di Sydney per restituire sonni tranquilli alla bisnonna a Londra.

La direzione dello zoo aveva invitato i Cambridge a inaugurare la mostra intitolata *The Prince George Bilby Exhibit* proprio in onore del loro erede. Il bilby è un piccolo marsupiale simile a un coniglio, tanto che è noto anche come coniglietto pasquale d'Australia. Ma quando presentarono al principino l'esemplare a cui avevano dato il suo nome, Catherine fu costretta ad avvertire il guardiano della micidiale presa d'acciaio del figlio, che in effetti aveva subito afferrato le lunghe orecchie della curiosa creatura e minacciava di strappargliele. La vista della folla tutto attorno, lungi dall'intimidire l'erede, sembrò piuttosto eccitarlo, provocando un'amichevole agitazione di braccia e gambe, nonché ripetuti gorgoglii e gridolini. I genitori si adoperarono per sostenerlo mentre lui si afferrava alla ringhierina di plastica attorno alla tana dell'animale, che comprensibilmente si ritraeva di fronte a tanto entusiasmo. Invece del vero bilby, qualcuno allora gli porse una riproduzione di peluche, che il piccolo scaraventò per terra senza tanti complimenti. Imbarazzo di mamma e papà davanti al giocattolo scartato ma folla in visibilio. Ripresa dalle tv australiane, e rilanciata in tutto il mondo, la scena consacrò George come star mediatica, con una ricaduta politica di cui lui era felicemente ignaro.

Nel programma mattutino del principale network australiano, una commentatrice sentenziò che il *royal baby* era semplicemente «*a republican slayer*», un assassino di repubblicani: «È così tenero, e William e Kate sono una coppia talmente bella». Le foto di George il principe assieme a George il bilby fecero ovviamente il giro del mondo, ma fu l'Australian Republican Movement a pagarne il conto. Uno dei suoi maggiori esponenti, Geoff Gallop, dopo aver verificato che ogni incontro con la coppia si confermava un trionfo di folla, ammise a denti stretti che la macchina di pubbliche relazioni della famiglia reale era «molto buona». A Sydney, davanti al monumento simbolo della città, l'Opera House affacciata sull'Harbour Bridge, c'erano migliaia di persone ad aspettare i duchi. Mentre salivano i gradoni verso l'edificio la folla prese a invocare Catherine perché si girasse per offrirsi alle foto. William fu svelto ad accorgersene e le toccò la mano per spingerla a voltarsi. Lei eseguì con uno dei suoi sorrisi smaglianti, che mandò l'entusiasmo alle stelle.

I sondaggi furono pronti a registrare i cambiamenti d'umore con la precisione di un sismografo. Non era sfuggito agli osservatori che, a differenza di altre occasioni, stavolta il pubblico che accoglieva entusiasta la nuova famiglia reale era gremito di giovani. A quanto pareva, l'ultima generazione di australiani, ancora bambini alla morte di Diana nel 1997, desiderava mantenere la monarchia al vertice dello Stato. O meglio: il 60 per cento della sezione più giovane della popolazione, tra i diciotto e i ventiquattro anni, voleva William e Catherine come futuri sovrani. Questo confermava che all'epoca la successione di Carlo e Camilla era ancora un problema per i sudditi del continente *Down Under*. Ma dieci anni dopo, la visita dell'anziana coppia ormai sul trono (e lui impegnato nella terapia anticancro) avrebbe sancito un successo e un sostegno tutt'altro che scontati.

Il tour dei Cambridge nei due Paesi australi fu il primo decisivo assaggio del nuovo modello di monarchia che intendevano proporre alla Gran Bretagna *in primis* e di conseguenza alle altre nazioni del Commonwealth. Se si trattava, come sembra, di un progetto chiaramente delineato anche coi consiglieri più stretti del principe, si potrebbe assimilarlo a un tentativo di mediare tra le spinte opposte rappresentate da un lato dalla nonna Elisabetta e dall'altro da mamma Diana. Come la regina, William e Catherine erano gelosi custodi della loro intimità domestica, ma come Lady Di erano aperti, disponibili, pronti al contatto anche fisico con la gente comune. Certo, gli eventi accuratamente coreografati sempre a favore di camera indicavano l'adozione di uno stile che i politologi definirebbero populista, in sintonia del resto con lo spirito dei tempi. Ma seguendo l'esempio della matriarca, i Cambridge si tenevano alla larga dalle esternazioni estemporanee alla stampa o alle tv. Quel che avevano da dire, lo affidavano ai discorsi ufficiali, mantenendo un'impronta di formalità molto differente dall'abitudine di Carlo di dire la sua su tutto (da qui l'appellativo di *meddling*, impiccione) o dallo stile fin troppo rilassato e giullaresco di Harry.

Il contributo di Catherine alla costruzione di questa nuova immagine di famiglia reale non sfuggiva ai commentatori più attenti. Quando arrivò in Australia, la duchessa portava già con sé in valigia il prestigioso riconoscimento che le aveva tributato la rivista americana *Time*: nel numero speciale di fine anno l'aveva inserita tra le cento persone più influenti del pianeta nel 2013. L'editoriale ne forniva le motivazioni in termini che non potevano essere più lusinghieri: «In un'epoca di declino della celebrità e di autodistruzione pubblica, l'etica del progresso della famiglia Middleton, ottenuto tramite l'impegno e il rispetto verso gli altri, è una ventata di aria fresca. [...] La duchessa di Cambridge è una donna indipendente dei nostri tempi, che ha assunto un ruolo difficile con grazia e sangue freddo, un ruolo che sta portando avanti con la sua tipica pacatezza. La sua capacità di mantenere un contegno pur sotto la luce costante dei riflettori, mentre prosegue le attività benefiche e rappresenta la famiglia reale, la rende una delle figure più influenti di oggi».

La calorosa accoglienza degli australiani aveva confermato il valore di questo nuovo *asset* acquistato dai Windsor, e qualche settimana dopo il ritorno in patria i duchi erano di nuovo in viaggio, sebbene stavolta molto più breve e in compagnia della regina e altri parenti reali. Quel giugno ricorreva non solo il settantesimo anniversario dello sbarco degli Alleati in Normandia, ma anche il centenario della Prima guerra mondiale. E il *party* reale celebrò entrambi gli avvenimenti in Francia assieme all'allora presidente François Hollande. Il fascino della duchessa non risparmiò il gruppetto di anziani veterani dello sbarco che incontrarono i Cambridge. Uno di loro, Arthur Jones, le chiese: «È permesso baciare una principessa?» Lei replicò ridendo: «Certamente» e gli porse la guancia.

Infine, l'anno di successi sulla scena internazionale si chiuse con la missione americana. Prima a New York, dove i duchi incontrarono il sindaco Bill de Blasio e la moglie o celebrità come Beyoncé e i Clinton. Poi a Washington, per rivedere gli Obama, con i quali avevano preso un tè a Buckingham Palace nell'anno del matrimonio.

Anche negli States folle di fan seguivano la giovane coppia a ogni spostamento e nella Grande Mela assediavano l'hotel Carlyle che li ospitava. Tuttavia, nell'entusiasmo che li accoglieva c'era una nota che rischiava di apparire stonata. Questo era il Paese che venerava Diana, e la tentazione di un continuo paragone tra la principessa scomparsa e la nuora rappresentava un rischio e un'ipoteca. Kate mise subito in chiaro che rispettava e ammirava la memoria della suocera mai incontrata ma lei non era una replica e non intendeva esserlo. Era una donna con una sua forte personalità, come dimostrava l'assunzione di responsabilità che aveva accettato, e avrebbe condotto la vita a modo suo. Non tutte le femministe, del resto, giudicavano antiquata la sua scelta, un'implicita sottomissione alle regole superate del patriarcato. Hillary Clinton, all'epoca segretario di Stato, dichiarò di «ammirare molto» Kate e di ritenere che «in pubblico si comporti con grande dignità e compostezza». L'attivista americana Chirlane McCray, tra l'altro ex moglie del sindaco Bill de Blasio, la giudicò «una donna fantastica. Insomma, che cosa le si può dire? Ha dignità, è una donna elegante e impegnata. È tutto quello che puoi chiedere a una figura pubblica».

Nel frattempo George aveva appena compiuto un anno e i genitori diffusero due nuove foto del piccolo scattate da John Stillwell, della Press Association. La stampa popolare, tenuta a stecchetto di immagini del *baby prince*, andò in sollucchero. Ma era ormai chiaro che avrebbe dovuto rassegnarsi alle norme stabilite dal futuro erede per assicurare che ci fosse una rigida separazione tra la vita pubblica e quella privata della sua famigliola. Quando, a ottobre, la tata Maria Teresa Turrion Borrallo gli riferì che un paparazzo la seguiva mentre portava il bambino al parco, William non perse tempo ad avviare un'azione legale per impedire che l'episodio potesse ripetersi. L'infanzia del figlio, e degli altri che sarebbero venuti, doveva restare *off limits* per la curiosità della gente. Quei bambini, benché reali, avevano diritto di crescere sereni e senza molestie. Un giorno sarebbero diventati personaggi pubblici, ma fino ad allora sarebbero stati i loro genitori ad avere il controllo della loro immagine, non un branco di paparazzi a caccia di soldi.

Per quanto gelosi custodi della loro privacy, presto i Cambridge furono costretti dalle circostanze a scendere a patti. L'8 settembre 2014, su indicazione del duca, l'ufficio stampa di Kensington Palace comunicò che Catherine era di nuovo incinta e la nascita era prevista in primavera. In realtà la coppia avrebbe voluto mantenere ancora riservata la notizia, visto che la gravidanza non era nemmeno a dodici settimane, ma nausee violentissime costringevano la duchessa a cancellare tutti gli impegni ufficiali, e non c'era modo di nasconderne la ragione. Non appena si sentì un po' meglio, si trasferì con il primogenito ad Anmer Hall, la sontuosa residenza georgiana nella tenuta di Sandringham che Elisabetta aveva donato alla coppia, ed era ancora parzialmente in ristrutturazione.

William invece, che aveva terminato il servizio presso la RAF come pilota di elicotteri di soccorso, chiese e ottenne dalla regina di poter estendere il periodo di limitati impegni pubblici per continuare a godersi una tranquilla vita di famiglia, da dividere solo con un normale lavoro. Nel marzo 2015 venne infatti assunto come pilota di elicotteri-ambulanza dalla Bond Air Services, per un salario annuo di 40.000 sterline. Era la prima volta che un futuro re d'Inghilterra riceveva una busta paga regolarmente tassata (scaglione al 30 per cento). Lo stipendio comunque venne destinato in beneficenza.

La principessina Charlotte Elizabeth Diana venne alla luce, in meno di due ore, alle 8.34 di sabato 2 maggio 2015. Stavolta il Palazzo aveva organizzato le cose per bene e non ci sarebbe stato il folle circo mediatico scatenato dalla nascita del primogenito. I giornalisti furono avvertiti del ricovero di Kate nella solita Lindo Wing due minuti prima dell'annuncio ufficiale, e la stampa sarebbe stata informata con mezz'ora di anticipo dell'uscita della duchessa dall'ospedale con il nuovo bebè. Che risultò essere una bella femminuccia di 3 chili e 360 grammi. William fece un salto a casa a prendere George per portarlo a conoscere la sorellina. Quando arrivò davanti al muro di fotografi tenuto per mano dal padre, tutti e due in abito blu, il piccolo sembrò piuttosto stupito e confuso, ma aveva già imparato cosa fa un reale: sollevò la manina e salutò la folla. Tripudio degli spettatori. «Bravo» gli sorrise papà prima di varcare con lui la soglia della clinica.

Rispetto a due anni prima, la sorpresa stava per arrivare. Se dopo il parto di George, Kate si era materializzata sui gradini dell'ospedale la sera del giorno dopo, stavolta bruciò tutti i record. Apparve fuori dalla Lindo Wing, Charlotte in braccio, lo stesso pomeriggio del 2, insomma poche ore dopo il faticoso evento. Un prodigio reso possibile, oltre che dalla fibra della puerpera, dall'opera di «restauro» effettuata anche stavolta dalla solita parrucchiera Amanda. Delle critiche femministe abbiamo già detto nel capitolo precedente ma in realtà la duchessa, entrata nel reparto maternità alle sei del mattino, e dopo un travaglio assai veloce, non vedeva l'ora di tornarsene a casa.

In famiglia erano tutti esultanti. La regina perché era arrivata una femmina, Carlo addirittura commosso perché le avevano dato il suo nome. E William forse non era mai stato così felice. «È fantastico» aveva detto pochi giorni prima dell'arrivo della bimba «avere una piccola, adorabile famiglia. Sono emozionato.» Catherine condivise la sua gioia solo qualche giorno dopo, una volta ripresa: «È straordinario accogliere una nuova bambina. Sono contenta che George abbia una sorellina». Tutti e quattro si trasferirono ad Anmer Hall, nel Norfolk, completata al costo di un milione e mezzo di sterline provenienti da fondi privati. La residenza di campagna presentava due grossi vantaggi. Anzitutto permetteva di far crescere i bambini all'aria aperta come volevano i genitori. E in secondo luogo garantiva che facessero la loro vita protetti da sgradite intrusioni.

Trascorsa in parte l'estate a Balmoral con la regina, al rientro Kate si ritrovò come molte altre madri a praticare un difficile equilibrio tra cura dei piccoli e attività pubblica. È ovvio, aveva incalcolabili vantaggi rispetto a qualsiasi famigliola del ceto medio. C'era un intero staff a sua disposizione per gli impegni pubblici e personale domestico per la vita famigliare. Ma è pur vero che i Cambridge non avevano mai voluto troppa gente attorno per le faccende di casa. Ai tempi di Anglesey, Kate provvedeva da sola a tenere in ordine il cottage e a cucinare, e una volta a Kensington Palace se l'erano cavata con la tata spagnola Maria Teresa e la governante italiana Antonella Fresolone. Adesso era più complicato.

La duchessa, che a settembre aveva ripreso l'attività filantropica con una visita all'Anna Freud Centre, una struttura per la salute mentale dell'infanzia, si ritrovò presto a sostenere anche tre impegni pubblici a settimana. E a casa non era il tipo di madre aristocratica che ai figli dava solo il bacio della buonanotte. Lei e William volevano tirarli su in prima persona, i loro bambini. Volevano educarli allo sport, all'amore per la natura, volevano soprattutto che i piccoli si sentissero amati e protetti, nella convinzione che questa fosse la condizione essenziale per una crescita armoniosa. Su questo la pensavano all'unisono. Catherine l'aveva detto pubblicamente: «La famiglia non è solo qualcosa d'importante. È tutto». E William, alle critiche sussurrate di essere «un principe dalle 9 alle 16» per correre poi a casa come un travet qualunque, replicava con il suo mantra: «Cosa c'è di più importante che educare l'erede al trono?»

21
Ritorno al futuro

Le critiche, velate o esplicite, non tardarono a farsi sentire per le scelte fin troppo «normali» dei Cambridge. Per un Paese abituato dai settant'anni di abnegazione di Elisabetta all'idea del monarca che mette il trono innanzi a tutto, il primato assegnato invece dai duchi alle necessità della loro giovane famiglia era senz'altro uno choc. Loro non cambiavano idea. Ma il persistente rigagnolo di ostilità sotterranea verso la borghese diventata *royal* trovava un fresco pretesto per riaffiorare.

Stavolta Sarah Vine, giornalista dell'arciconservatore *Daily Mail*, si trasformò in una Marianna femminista per descrivere una duchessa intrappolata nel «baby tunnel». Il commento nasceva da alcune foto di Kate che faceva acquisti mostrando effettivamente un'aria stanca. Per Vine era tutta colpa dello scarso aiuto che le prestavano a Corte mentre lei era «costantemente impegnata in un esercizio di equilibrismo che consiste nel riprendere gli impegni reali e cercare di essere una madre presente. Sono eventi di per sé estenuanti – tutto quel costante buonumore e quell'essere presentati a persone che dovresti conoscere ma di cui continui a dimenticare il nome – anche senza doversi occupare di due bambini piccoli». Catherine in verità faceva solo ciò che fa la maggior parte delle donne di oggi impegnate in una carriera, ma la faccenda evidentemente era fumo negli occhi per il tradizionalista *Mail*.

Il fatto è che la scelta dei Cambridge, così «normale» per i criteri della contemporaneità, era in effetti una rottura radicale rispetto al costume reale, e più in generale alla tradizione aristocratica. Nella famiglia Windsor come in quelle dei grandi titolati, il compito genitoriale non andava molto oltre la produzione degli eredi. Una volta nati, se ne occupavano personale di servizio e istitutori. L'infanzia di Elisabetta II aveva potuto godere di maggior calore famigliare perché il padre non era destinato al trono. Ma lei in compenso era sempre stata troppo impegnata per occuparsi dei figli. Li amava però non aveva tempo per loro, come le rimproverò apertamente Carlo nella sua biografia ufficiale. Il modello dei Cambridge era invece radicalmente diverso. *Family first*, si potrebbe dire. Come per tutta la gente comune. Questo del resto aveva imparato Kate in una famiglia felice, e il marito che invece non l'aveva avuta la desiderava per i suoi figli. E anche questa comunanza di ansie, preoccupazioni e speranze serviva ad avvicinarli ai «normali» sudditi.

A dire il vero, questa «nuova famiglia reale» somigliava molto più di quanto forse immaginasse al prototipo che aveva inaugurato nell'Ottocento un nuovo tipo di monarchia, dopo il secolo di dissolutezza dei primi Hannover. È la regina Vittoria assieme al marito Alberto di Sassonia-Coburgo-Gotha a mettere il timbro sulla «monarchia borghese» che incarna i valori della nuova classe dominante. L'essenza sta proprio nella nuova apparente «normalità» della famiglia reale, che prima ancora di diventare un programma politico consapevolmente offerto ai sudditi dal principe consorte, è il risultato di un forte legame amoroso. La giovane sovrana è così innamorata del cugino da decidere di sposarlo dopo appena cinque giorni dal loro incontro. Alto, bello, dagli occhi cerulei, Alberto le sembra l'incarnazione di un dio greco. I nove figli non rappresentano il compimento di un dovere riproduttivo dinastico ma il frutto di una passione fortemente sensuale: «Beatitudine oltre ogni immaginazione» annota Vittoria nel suo diario all'indomani della prima notte di nozze. E quando dopo il parto dell'ultima figlia, il medico le vieta ulteriori gravidanze, lei si allarma: «Vuol dire che dovrò rinunciare alle gioie coniugali?»

Ciò che cambia l'immagine e la percezione della famiglia reale è proprio il rapporto che la coppia stabilisce con la numerosa prole. Alberto è un padre appassionato e attento come raramente se ne incontrano nella storia del trono. Da uomo di interessi e cultura vastissimi, si preoccupa di trasmetterli ai figli. Stravede per la primogenita Vicky (futura moglie dell'imperatore tedesco Federico III e madre di Guglielmo II), che giudica intelligente e curiosa come lui. Ma vuole che tutti gli eredi, maschi e femmine, crescano con una buona base di conoscenze. E soprattutto un capitale di solidi affetti che si sviluppano nelle tante serate passate in famiglia, a Windsor o a Balmoral o nel nuovo castello sull'isola di Wight. Il principe e i suoi ragazzi si alternano al pianoforte, che lui suona meravigliosamente. Ed è felice quando gli si stringono attorno e intonano assieme cori e canzoni della sua amata Germania.

Gli aristocratici mugugnano. La vita a Corte è diventata una noia. Ai ricevimenti e ai gran balli la coppia reale preferisce di gran lunga la serenità della routine famigliare, favorita oltretutto dalle frequenti gravidanze della regina. Nobili e cortigiani trovano particolarmente disdicevole, addirittura scandaloso, ciò che giudicano un eccesso di attenzioni genitoriali (più o meno come il *Mail* nel caso di Kate due secoli dopo...). Nella tradizione inglese, dei figli infanti si occupano le *nannies*, per quelli più grandicelli ci sono i precettori, e per gli adolescenti e giovanetti le grandi *boarding schools*. Non si sono mai visti sovrani perdere tempo a giocare con i figli o a occuparsi della loro educazione. Che razza di rivoluzione è questa?

Proprio quella che più piace alla gente comune. Spopola il ritratto eseguito da Franz Xaver Winterhalter dei giovani sovrani non ancora trentenni circondati dai loro primi cinque adorabili marmocchi. Riprodotto a stampa in milioni di esemplari, lo si trova appeso nelle case di altrettanti leali sudditi, come accadrà per quelli successivi di Edwin Landseer. Nell'epoca ruggente della prima industrializzazione e della produzione di massa, le immagini del piccolo clan reale, mai così unito e così popolare, finiscono dappertutto, perfino sui coperchi delle scatole di biscotti e di bonbon. Il principe consorte promuove questa esaltazione degli affetti e dei valori famigliari, che esibisce come incarnati in primo luogo nella sua stessa famiglia. Ciò non toglie nulla all'autenticità dei sentimenti, ma al tempo stesso ne fa il cemento di un vincolo più stretto tra la maestà della Corona e il grande pubblico immerso nella quotidianità dei suoi problemi.

È lo stesso meccanismo attivato da William e Kate alla nascita della loro famigliola, con indubbia spontaneità ma pure indiscutibile consapevolezza comunicativa. Le analogie non si fermano qui. Come William, anche i lontani antenati Alberto e Vittoria uscivano da infanzie e adolescenze infelici, segnate dalla mancanza di una vera famiglia. La regina, rimasta orfana di padre appena nata, era cresciuta con una madre distratta dai problemi economici e dalla relazione clandestina con l'amministratore tuttofare, quel Conway odiato dalla bambina. Alberto, probabilmente frutto del noto adulterio della duchessa di Sassonia-Coburgo con il barone Alexander von Hanstein, era anche lui stato allevato senza la madre, condannata all'esilio dal coniuge tradito e avaro di affetti verso il figlio «sospetto». È facile capire come la ricerca di una famiglia «vera» abbia orientato le loro scelte, al pari di quelle del loro discendente due secoli dopo. E quanto avessero a cuore, come accade anche a William, di offrire ai figli l'ambiente sereno e amorevole che loro non avevano potuto sperimentare.

Il modello famigliare di Alberto e Vittoria non fu mai più replicato dai Windsor per l'intero Novecento. Quando fu il suo turno di salire al trono, dopo un'attesa di sessant'anni, il figlio Edoardo VII fu il creatore della nuova «monarchia cerimoniale». Nell'era della democrazia, si convinse che il solo modo di salvare il trono ormai privato di ogni potere politico fosse ricoprirlo di *pomp and circumstances*. Ovvero, di un fasto e uno splendore capaci di presentarlo sempre in pompa magna, su un piano remoto e inattingibile ai comuni mortali. Un rigido protocollo avrebbe costantemente guidato l'accesso al sovrano trasformato in semidio, e avrebbe guidato perfino i rapporti personali tra i membri della famiglia reale, tra genitori e figli, tra fratelli e sorelle.

L'arrivo di Elisabetta II avrebbe forse potuto cambiare le cose, se lei avesse voluto seguire l'esempio dell'antenata Vittoria e delegare almeno in parte le proprie funzioni al marito per occuparsi maggiormente della famiglia. Era questo che si attendeva Filippo al momento della successione della moglie a Giorgio VI. Ma la sua speranza di ottenere il titolo di principe consorte fu presto spenta dalla resistenza di governo e cortigiani. Il carattere della regina fece il resto. Non aveva grande istinto materno e la dedizione al dovere le fornì l'alibi ideale per consegnare i figli all'abituale, distante educazione aristocratica, per di più sotto la supervisione della teutonica mentalità del marito. Nel frattempo lei ascendeva al ruolo di matriarca della nazione, un'icona planetaria che non riusciva nemmeno a capire che cosa volesse dire Diana con l'espressione *in touch*.

Forse cominciò a intenderlo quando William e Catherine, infine genitori, presero a fare le cose di testa loro. Il ritorno all'esempio di Alberto e Vittoria fu sancito dalla seconda visita ufficiale in Canada, nel settembre 2016. Ancora una volta, il divieto reale di viaggiare con gli eredi fu ignorato senza clamore. Se in Australia i Cambridge si erano già portati il primogenito, ora che era arrivata Charlotte decisero di tenere con sé tutti e due i bambini, sfidando gli incerti del viaggio. Era in primo luogo una questione di cuore, perché la duchessa si rifiutava di lasciare i piccoli così a lungo senza mamma e papà, però si rivelò presto anche un nuovo colpo da maestri della comunicazione. Non solo i canadesi ma, grazie ai media, il mondo intero fu testimone dell'amore e della dolcezza dei genitori reali verso i loro figli.

Nella festa per bambini organizzata nel giardino della residenza del governatore della Columbia Britannica, l'attenzione generale era concentrata sul timido principe George e l'estroversa principessina Charlotte. Raramente i due piccoli si erano visti insieme, anche se fu lei a dominare la scena con la prima parola pronunciata in pubblico: «*Pop*». Difficilmente qualcosa di storico, ma il contesto raccontava un mondo. Si sentì William chiedere alla figlia: «Vogliamo fare *pop?*» prima di aggiungere: «Vorresti un palloncino, Charlotte?» Il «*pop*» di risposta rese evidente che la bimba era già esperta in fatto di forare i palloncini.

Ma soprattutto confermò, a chi ben ricordava le vicende dei Windsor, che questa famigliola offriva la stessa immagine di affetto e coesione che era appartenuta a quella di Giorgio VI prima che l'abdicazione del fratello Edoardo VIII gli calasse in testa una corona non voluta. Il timido e balbuziente duca di York era innamorato delle figlie Elizabeth e Margaret, e non lo nascondeva, ricambiato da un profondo affetto filiale. Erano così uniti da definirsi, con la Regina Madre, «*us four*», noi quattro, una monade affettiva decisa ad affrontare insieme tutte le incognite del mondo. Era chiaro che anche i Cambridge si sentivano «noi quattro». E presto sarebbero diventati «noi cinque».

Un anno e mezzo dopo, il 23 aprile 2018, nasceva il terzo figlio, Louis Arthur Charles, che a tempo debito avrebbe riempito di boccacce (non più aspramente castigate) tutte le principali apparizioni ufficiali della famiglia, comprese quelle sul balcone di Buckingham Palace. Per il momento, si limitò a mostrarsi brevemente, con i suoi notevoli 3 chili e 900 grammi, tra le braccia di Catherine, ora ribattezzata dai giornali *Supermum*. Stavolta però si sentiva fragile e stanca, e tagliò corta l'ormai abituale apparizione sui gradini della Lindo Wing per tornarsene a Palazzo con il bebè. L'auspicio del giorno delle nozze sembrava compiuto. Come ricorderete, al momento del taglio della torta gli sposi avevano messo da parte un numero di fette corrispondente al numero dei figli desiderati. Erano tre, e tre bambini erano arrivati.

Louis era venuto al mondo sei giorni prima del settimo anniversario del matrimonio, ma erano già passati quindici anni da quando i suoi genitori avevano cominciato a condividere il loro percorso di vita. Un lungo periodo nel quale la radicale trasformazione da Miss Kate Middleton a Sua Altezza Reale Catherine duchessa di Cambridge si era del tutto compiuta. Più lentamente e cautamente all'inizio per conoscere poi una forte accelerazione dopo le nozze, e soprattutto negli ultimi anni coincidenti con l'età sempre più avanzata di Elisabetta II. Sua Maestà non aveva abdicato al compimento dei novant'anni come auspicato o forse sperato da qualcuno (e non l'avrebbe fatto nemmeno a novantacinque), ma aveva delegato sempre più funzioni all'erede Carlo – re quasi in tutto tranne che nel nome – e affidato il compito di rappresentarla all'estero alle nuove e fresche generazioni di Windsor. Il ruolo e l'importanza di Catherine erano cresciuti di pari passo.

La giovane donna che un tempo affrontava con preoccupazione e impaccio l'incontro con il pubblico ora si presentava sicura e disinvolta, sempre più determinata nel difendere i propri punti di vista e nel promuovere le cause a cui teneva. I viaggi all'estero erano ormai diventati una routine. Soprattutto dopo la sciagurata Brexit votata dagli inglesi (e dai gallesi, ma non da scozzesi e nord-irlandesi) nel referendum del giugno 2016, i giovani Cambridge con la loro carica umana e disponibilità all'incontro sembrarono al Foreign Office britannico «l'arma segreta» per i rapporti con gli ex partner continentali. Così, appena una settimana dopo il ritorno dal Canada, l'11 ottobre 2016 la duchessa si imbarcò su un aereo di linea della British Airways per la sua prima visita all'estero «in solitaria» nei dirimpettai Paesi Bassi, nazione chiave dell'UE. Re Willem-Alexander, salito al trono dopo l'abdicazione della madre Beatrice nel 2013, la accolse con molta cordialità nella sua residenza privata di villa Eikenhorst, a Wassenaar, nei pressi dell'Aia.

Elegantissima nel suo tailleur azzurrino firmato Catherine Walker, Catherine aveva acquisito il passo disinvolto e accorto richiesto dalla diplomazia. Nonostante si trattasse di un esordio, non mise mai il piede in fallo. Il viaggio ufficiale era la prova della crescente fiducia della regina nei confronti della nipote acquisita. E lei d'altronde aveva già da tempo dimostrato di essere molto più dell'affascinante mannequin alla quale tentava spesso di ridurla una parte dei media internazionali. Lo dimostrò la visita alla Mauritshuis dell'Aia, per la mostra dei quadri di Johannes Vermeer e dei suoi contemporanei prestati dalla Collezione Reale britannica.

Sotto l'abito della futura regina c'era ancora la giovane e appassionata laureata in Storia dell'arte, che mostrò subito alla direttrice del museo di aver l'occhio esperto e perspicace. Oltre a un senso sviluppatissimo per l'occasione e la comunicazione. Sapeva che il pezzo forte della mostra era la strafamosa *Ragazza con l'orecchino di perla* di Vermeer, e si premurò di indossare un paio di orecchini di perle. I fotografi impazzirono per riuscire a riprendere nella stessa inquadratura l'orecchino della duchessa con quello del quadro, ma l'unico ad avere successo fu l'inviato del *Sun*, quell'Arthur Edwards che le vicende di Diana avevano reso una leggenda tra i paparazzi reali. Prima di riprendere il volo per Londra con l'aereo British Airways delle 19.15 da Rotterdam, Kate riuscì pure a organizzare una tavola rotonda con due delle *charities* da lei sostenute, la Fondazione Anna Freud per la salute mentale dei bambini e Action in Addiction per la lotta alla tossicodipendenza e all'alcolismo.

La missione fu un evidente successo. Ciononostante, la versione on line del *Mail* non seppe trattenere un commento che puzzava di snobismo lontano un miglio. Osservò che la duchessa «ha voluto imitare la madre Carole, un tempo assistente di volo, sfoggiando un tailleur da hostess in stile vintage mentre prendeva posto tra i sorpresi passeggeri di un volo commerciale». Se avesse viaggiato su un aereo di Stato, sicuramente le avrebbero rinfacciato lo spreco a spese dei contribuenti. Ma è probabile che al *Mail*, fieramente antiUE, non andasse giù soprattutto la nomea di filoeuropeisti dei giovani Windsor, la stessa ragione per cui invece il concorrente *Mirror* lodava la visita di Catherine come un tentativo di «rimpolpare» le relazioni con i Paesi dell'Unione dopo l'uscita del Regno Unito.

L'«assolo» olandese fu seguito nel maggio successivo da un altro in Lussemburgo, mentre la coppia dei Cambridge era tornata a riunirsi per l'importante visita ufficiale a Parigi, dove il presidente François Hollande li accolse il 17 marzo 2017. Per William il viaggio comportava anche un indubbio impatto emotivo. Era la prima volta che metteva ufficialmente piede nella capitale francese da quando la madre ci aveva perso la vita, vent'anni prima, nel tunnel dell'Alma. Se era turbato, era troppo allenato per lasciarlo trapelare mentre sorrideva con la moglie accanto al presidente francese. Il colloquio fu molto positivo, e il principe si sforzò di assicurare che, a dispetto della Brexit, «la nostra profonda amicizia e la nostra forte cooperazione non verranno intaccate».

Il successo della visita spinse il Foreign Office a un impiego intensivo della coppia. Quella stessa estate William e Kate furono spediti in Polonia – a Varsavia e Danzica – e in Germania, a Berlino e Amburgo. Si fecero accompagnare dai due figli che, come previsto, a ogni apparizione rubavano la scena. George veramente aveva la sua solita aria alquanto annoiata o impermalita, salvo quando il padre ad Amburgo lo lasciò salire su un elicottero. Catherine a sua volta fece i titoli quando, in un evento a Varsavia, le regalarono un orsacchiotto di peluche: «Dovremo fare altri figli» scherzò lei, che in realtà si era già portata avanti. Di tutt'altro tono, ovviamente, la reazione della coppia quando visitò il campo di sterminio nazista di Stutthof. Il messaggio congiunto che i due lasciarono nel libro dei visitatori racconta lo smarrimento suscitato dalle testimonianze dell'orrore vissuto in quel luogo: «Ci ha molto commosso questa visita a Stutthof, scenario tanto orribile di dolore, sofferenza e morte».

Al di là delle parole, a colpire le folle entusiastiche che li aspettavano ovunque era soprattutto l'atteggiamento semplice e alla mano dei duchi. Certo nessuno aveva mai visto prima, né pensato di poter vedere, Elisabetta e Filippo o Carlo e Camilla sfidarsi in una gara di canottaggio, come fecero loro sul fiume Neckar, a Heidelberg. Oppure in Svezia nel gennaio successivo, quando Kate era già incinta di sei mesi, scendere su una pista di ghiaccio all'aperto per cimentarsi in uno sport popolarissimo da quelle parti, il *bandy*, formando squadra con l'erede al trono Vittoria e il consorte Daniel, un altro borghese divenuto principe. Il *glamour* di Catherine restava un costante polo di attrazione. A Varsavia, durante uno degli abituali bagni di folla, incontrò un gruppo di studenti che avevano addirittura creato una pagina Facebook intitolata al suo stile: «Lo amiamo» le disse una ragazza. «Come il suo modo di interagire con le persone.» E lei ne diede subito un saggio, replicando con modestia a un'altra giovane che la definiva «bellissima e perfetta»: «Non è vero, è semplicemente merito del trucco».

Da questo diario di viaggio che si faceva sempre più fitto, Catherine traeva ricordi e lezioni che giudicava preziosi. La vita all'interno della famiglia reale non era certo rose e fiori, adattarsi era tutt'altro che semplice, imparare il «mestiere» tutt'altro che facile. Ma a differenza di Diana, o di Meghan di lì a breve, Kate non se ne lamentava, al contrario. Era qualcosa che aveva scelto consapevolmente, e per quanto faticoso e sfibrante potesse risultare, dava comunque un senso preciso alla sua vita. Per anni si era sforzata di osservare, studiare e apprendere, e alla fine era riuscita a identificarsi con il suo destino di membro della famiglia reale. Non solo non si sentiva soffocata ma ne era grata, come spiegò in un'intervista a ITV per il ventesimo anniversario della morte di Lady Di: «Ho imparato molto su di me e sul mondo. Mi ha reso molto più empatica».

Il sigillo sull'incolmabile differenza tra questa nuova principessa del Galles (lo sarebbe diventata nel 2022, al momento della successione di Carlo sul trono) e l'ultima che l'aveva preceduta era stato già messo dalla foto scattata ad Agra, durante il viaggio dei Cambridge in India nel 2016. L'immagine probabilmente più famosa dell'infelicità di Diana è quella che la ritrae, nel 1992, su una panchina con il Taj Mahal alle spalle. Davanti a quel monumento universale all'amore, eretto da un sovrano disperato per la perdita della moglie, Lady Di siede sola e triste alla vigilia della pubblica dichiarazione di fallimento del suo matrimonio. Ventiquattro anni dopo, suo figlio siede sorridente sulla stessa panchina accanto alla sua Catherine, certi del loro amore coniugale, raggianti di felicità.

Quando avrà visto la foto, Elisabetta II deve aver pensato sollevata che il futuro della famiglia, dopo angoscia e tragedia e lutti, era finalmente in mani sicure. Ma il fato si riservava di renderle amari anche gli ultimi anni di vita.

22
L'incidente delle calze

Il 9 luglio 2018 il neonato Louis Arthur Charles, ultimogenito dei duchi di Cambridge, fu battezzato nella cappella reale di St James's Palace. Anche per lui cerimonia tra pochi intimi. I fratellini, i nonni paterni e materni, i fratelli di Kate, gli amici più cari di entrambi i genitori. E – sembra un secolo da oggi – lo zio Harry con la freschissima moglie Meghan, sposati il 19 maggio. Anche a loro la nonna monarca aveva donato il giorno delle nozze il titolo di duchi di Sussex. Nessuno sapeva del violento litigio tra cognate proprio alla vigilia del matrimonio.

La Storia, com'è noto, è piena di dispute irrilevanti o modeste scaramucce che innescano conflitti sanguinosi, a partire dalla contesa per il pomo di Paride che finì con la distruzione di Troia. L'incidente di Ual Ual, insignificante fortino coloniale, fu provocato dall'Italia fascista per aggredire l'Etiopia, e i nazisti ne inscenarono uno simile ai confini con la Polonia per invadere il Paese con il conseguente scoppio della Seconda guerra mondiale. Per carità, al cospetto di queste tragedie l'ultima *querelle* di casa Windsor richiama al massimo una batracomiomachia, l'epica lotta tra rane e topi che fa il verso comico all'*Iliade*. Niente di nemmeno lontanamente cruento fu prodotto alla Corte inglese dall'incidente delle calze, come sarebbe stato chiamato in seguito, e tuttavia la conseguenza sarebbe stata uno dei più violenti conflitti intestini nella storia della famiglia reale. Sono cinque anni che i due figli di Diana non si rivolgono la parola (tranne una sola volta per litigare ancora), e lo stesso vale per le loro mogli.

Le calze, come è ormai ampiamente noto, erano quelle della principessina Charlotte che, a tre anni appena, fu scelta come una delle damigelle d'onore della sposa nel matrimonio di zio Harry. Solo che la nubenda era l'americana Meghan Markle, già nota a Buckingham Palace per l'imperioso editto che il suo promesso aveva reso pubblico: «*What Meghan wants, Meghan gets*». E quello che nello specifico Meghan voleva dalle sue piccole damigelle era che sfilassero senza calze. Senza calze? Inaudito per una donna a Corte, anche sotto i cinque anni. Kate da buona inglese lo fece presente alla forestiera, forse con un eccesso di rigidità aristocratica. L'altra probabilmente rispose che il matrimonio era il suo e si faceva a modo suo, la discussione si riscaldò, le voci si alzarono, e alla fine una delle due scoppiò in lacrime. Chi fece piangere chi resta un mistero irrisolto, giacché le versioni divergono radicalmente. Quello che i testimoni diretti delle nozze, compreso il vostro cronista, ricordano nitidamente è il sarcastico sorrisetto di superiorità che le donne Windsor si scambiavano (regina esclusa) durante tutta la cerimonia sotto le volte gotiche della cappella di St George.

Per essere chiari, non c'era niente di razzista – come in seguito avrebbe insinuato Meghan – in questa evidente collisione di mondi. Anzi, i Windsor erano manifestamente entusiasti di presentarsi ai sudditi di un Paese largamente multietnico e multiculturale vantando infine anche in famiglia un simbolo di diversità e inclusione. Dov'era allora il problema? In tutto il resto. Tanto gli americani sono *touchy*, tattili, quanto i britannici restii al contatto fisico. Tanto i primi si mostrano subito amiconi quanto gli altri riservati. E tanto questi ultimi adorano la forma, nel linguaggio come nell'abbigliamento, quanto gli altri esaltano l'informalità. All'americana Meghan sembrava tanto buffo eseguire l'inchino alla regina che mimò sarcasticamente il *curtsey* davanti alle telecamere nel famigerato documentario Netflix. A nessun inglese, nemmeno repubblicano, sarebbe mai venuto in mente di trasformare in uno sfottò il tradizionale gesto di rispetto verso il capo dello Stato.

È in questa incomunicabilità che è maturata la frattura tra i due fratelli e le due coppie. Sulle sue modalità e il suo dietro le quinte è stato ormai detto tutto e di più, anche per bocca dei protagonisti o di autori loro intimi, com'è il caso del giornalista Omid Scobie per i Sussex. Ai fini di questo libro non serve dunque ripercorrere una storia ampiamente nota, se non per cercare di valutare quale ruolo Catherine abbia avuto in tutto questo e che impatto può produrre sul suo futuro reale.

Dopo che la rottura si è consumata, è innegabile che sia stata proprio lei (subito dopo Camilla) il bersaglio degli attacchi più feroci dei due autoesiliati californiani. Come si ricorderà, l'intervista dei Sussex a Oprah Winfrey nel marzo 2021, che segnò l'apertura delle ostilità contro i parenti reali, indicava nel presunto razzismo dei Windsor il capo d'imputazione più grave. Né Meghan né Harry vollero allora fare i nomi dei due membri della famiglia che accusavano di espressioni discriminatorie verso l'eventuale colore della pelle del bimbo in grembo alla duchessa. Circolarono svariati «sospetti» – la principessa Anna, i Cambridge, i duchi di Kent –, ma l'unica cautela di Harry fu di escludere esplicitamente dalla «rosa» la nonna sovrana e il marito Filippo, peraltro in quel momento ricoverato in ospedale per disturbi cardiaci (poi fatali).

Buckingham Palace sulle prime tentò di ignorare l'attacco che però montava sui media internazionali, e soprattutto minacciava di produrre un danno irreparabile al buon nome della dinastia. Elisabetta, che si era battuta in prima persona contro l'apartheid in Sud Africa, e Carlo impegnatissimo contro ogni discriminazione in patria ne furono profondamente amareggiati. Era evidente che bisognava rispondere. Il Palazzo diffuse una dichiarazione ferma ma diplomatica della regina, che riduceva le insinuazioni dei Sussex a ricordi personali suscettibili di errore o interpretazioni sbagliate: «*Recollections may vary*», i ricordi possono differire, osservava concisa Sua Maestà. Colpì invece negli stessi giorni il netto distacco di William dalla linea prudente dei parenti, quando lui e la moglie furono intercettati dai giornalisti in una cerimonia ufficiale. Un giornalista strillò loro dietro: «Siete una famiglia razzista?» Il principe fece dapprima finta di nulla, poi continuando a camminare replicò aspramente: «*We're very much not a racist family*», non siamo per niente una famiglia razzista.

Molti si stupirono che l'erede fosse venuto meno alla consegna del silenzio. Ma la furia trattenuta della risposta si spiega meglio con quello che accadde due anni dopo, alla pubblicazione del nuovo attacco ai Windsor mosso da Omid Scobie con il libro *Endgame*. Quando le prime copie nella traduzione olandese raggiunsero le librerie dei Paesi Bassi, lì, nero su bianco, figuravano stampati i nomi dei presunti reprobi razzisti: Carlo e Kate. Ne seguì un comico e precipitoso retromarcia. Scobie negò di aver mai scritto quei nomi nella originale versione in inglese, il traduttore olandese negò ovviamente di averli aggiunti, le copie incriminate furono subito ritirate e la colpevole «manina» restò un mistero. Almeno formalmente.

L'accusa di razzismo a carico della cognata era sicuramente la voce più grave nel *cahier de doléances* stilato da Meghan contro i parenti reali. Nessuno dubitava che, se provata, potesse addirittura minare la figura pubblica di Catherine, nel frattempo diventata principessa del Galles dopo la morte di Elisabetta e l'ascesa di Carlo al trono. Ma anche i giudizi che le riservava Harry nel suo *memoir*, pubblicato nel gennaio 2023, erano tutt'altro che una carezza. Cancellato l'affetto dei primi anni, dimenticata l'entusiastica accoglienza di Kate come «la sorellina che ho sempre desiderato avere», ora la cognata era descritta come una fredda arrampicatrice senza sentimenti. E anche senza idee, una conformista che si era lasciata plasmare a piacere dai Windsor nel solito ruolo succube di moglie-madre riservato alle donne della casata.

William e Catherine, che ora come eredi diretti al trono avevano un ruolo ufficiale da proteggere, ostentavano disinteresse e calma olimpica dinanzi a queste bordate. Ma non c'è da dubitare che ne fossero profondamente irritati. E anche consapevoli del danno che arrecavano al loro profilo pubblico. Tutto il lavoro filantropico, tutti gli sforzi che compivano per presentare un'immagine moderna e inclusiva di una «nuova famiglia reale» rischiavano di venire sminuiti o compromessi dal ritratto arcigno e ipocrita che dei futuri sovrani offrivano invece i Sussex. Finché la campagna apertamente diffamatoria non terminò col ritorcersi contro gli stessi promotori. Per quanto benvoluto Harry fosse stato un tempo dagli inglesi, per le sue doti di umanità ma anzitutto perché figlio di Diana, l'attacco senza quartiere contro i suoi stessi parenti più stretti, contro la venerata regina, contro padre e fratello, rovesciarono l'affetto in indignazione. La popolarità dei Sussex sull'isola (e non solo) finì sotto i tacchi, mentre quella dei nuovi e giovani principi del Galles schizzava alle stelle.

Naturalmente William e Catherine erano ben consapevoli che la faida famigliare era nociva per tutti. Sotto il profilo affettivo come sotto quello politico. Per una coppia che mette la famiglia innanzi a tutto, era certo doloroso rinunciare a una relazione fraterna che era apparsa indistruttibile, ed era stata fonte di conforto reciproco nella tragedia come di allegria e gioia negli anni spensierati della giovinezza. Politicamente, l'autoamputazione dei Sussex privava i Galles di un aiuto cruciale nel panorama di una famiglia reale dagli effettivi ridotti per l'età avanzata della generazione precedente e gli anni ancora acerbi di quella successiva. Soprattutto, al fondo del carattere di Catherine c'era sì una determinazione di ferro – anche lei come la Regina Madre era un *marshmallow* d'acciaio – ma pure un'attitudine al compromesso, a smorzare tensioni e conflitti. Era insomma, ed è, una «pacificatrice» istintiva, e come tale si era sforzata da subito di favorire un chiarimento tra i fratelli.

Il primo serio tentativo avvenne al funerale del principe Filippo, il 17 aprile 2021. In piena pandemia di Covid, la cerimonia funebre nella cappella di St George a Windsor Castle segnò uno dei periodi più cupi della recente storia inglese. Il consorte reale era morto il 9 aprile quasi centenario (avrebbe raggiunto il secolo il 10 giugno), dopo due mesi di entra ed esci dall'ospedale. Se ne andò pacificamente, come raccontò la nuora Sophie di Wessex: «È stato come se qualcuno lo prendesse per mano, e lui non c'era più». Ma le sue ultime settimane non erano state affatto serene. I famigliari avevano deciso di risparmiargli i passaggi più scioccanti dell'intervista di Harry e Meghan a Oprah Winfrey, messa in onda l'8 marzo, ma era impossibile nasconderla completamente. Per un uomo intelligente come il duca di Edimburgo quanto gli avevano riferito era più che abbastanza per comprendere la gravità dell'accaduto. Confinato a letto, debolissimo, scosse la testa e sospirò: «Ho detto mille volte di evitare la tv. E se succede, bisognerebbe almeno tenere la bocca chiusa». Ma il nipote prediletto l'aveva aperta proprio per picconare il trono che lui aveva protetto per tutta la vita.

«Ci mancherai moltissimo» scrissero i Sussex sul loro account Instagram alla notizia della morte del duca. Ma il danno ormai era fatto. E si era ritorto anche contro di loro. La messa in onda dell'intervista incriminata mentre Filippo lottava con la morte in ospedale aveva già demolito la popolarità della coppia. Secondo un sondaggio di YouGov, il 48 per cento degli intervistati esprimeva un'opinione negativa sul principe Harry, e il 58 per cento dichiarava diffidenza verso Meghan Markle. Alla gente, a prescindere dai sentimenti filomonarchici o meno, non andava giù una scelta chiaramente dettata dal profitto e totalmente irrispettosa e insensibile verso il duca di Edimburgo. La questione adesso era se i reprobi sarebbero apparsi o meno alle esequie del nonno, organizzate in forma ristrettissima (non più di trenta persone) a causa delle restrizioni imposte dalle misure antiCovid.

Proprio queste limitazioni si rivelarono infine utilissime per risolvere il problema Meghan, senza rinfocolare le liti. In più lei era ormai nell'ultimo mese di gravidanza, e dunque la sua assenza sarebbe apparsa ampiamente giustificata. L'arrivo di Harry in solitaria sembrò anche offrire l'insperata occasione di un chiarimento famigliare al riparo dell'influenza, chiaramente negativa, della consorte americana. Certo, gli auspici non erano buoni. Nel breve corteo dei maschi di famiglia che seguivano il feretro del principe, si ebbe cura di evitare che William e Harry sfilassero l'uno accanto all'altro: tra di loro fu inserito il cugino

Peter Phillips, figlio della principessa Anna. Ma anche in questo gli ottimisti vollero vedere un tentativo di stemperare le tensioni.

Di certo, le immagini televisive mostrarono alla fine della cerimonia i due fratelli accanto, la mascherina nera sul viso come tutti gli altri presenti, sulla soglia della cappella a ricevere le condoglianze del celebrante. Appena fuori, le telecamere ripresero l'alta figura di Catherine in lutto stretto fermarsi a scambiare qualche parola con il cognato, e quindi in qualche modo spingerlo ad aspettare che anche William si unisse a loro. Harry si ritrova in mezzo ai coniugi, accanto al fratello, tutti e due impegnati a guardare dritto davanti a sé, poi la duchessa di Cambridge fa in modo di restare indietro, evidentemente nella speranza che, rimasti soli, i fratelli parlino liberamente. Non succede, se non per lo scambio impacciato di qualche parola. Il chiarimento vero avviene dopo, al riparo degli obiettivi, in un angolo del quadrato verde del cortile di Windsor. È una fortuna che non ci siano telecamere, perché non è un bello spettacolo. C'è un solo testimone, papà Carlo intervenuto nel ruolo di paciere. Il fallimento dei suoi sforzi di riappacificazione è così penoso che lui è costretto a supplicare: «Per favore, ragazzi, non rendete un inferno i miei ultimi anni».

È una preghiera inutile, come confermano gli eventi successivi. La sciagurata intervista a Oprah ha certamente scavato un fossato di diffidenza e incomunicabilità, ma non è ancora avvenuto l'irreparabile. A Buckingham Palace si respira comunque un palpabile clima di apprensione. La conversazione con Winfrey, seguita a quanto pare da una platea planetaria di oltre ottanta milioni di persone, non lascia presagire niente di buono. E sui media internazionali cominciano a trapelare voci sui sontuosi contratti offerti ai Sussex da tv e case editrici per raccontare la loro versione della rottura. Si parla di cifre da capogiro per una serie televisiva della coppia e un libro di memorie di Harry, destinati ovviamente a lavare in pubblico i panni sporchi di famiglia. Non c'è bisogno di essere esperti di comunicazione per capire su che cosa si basi il valore commerciale dei Sussex. Non è una prospettiva rassicurante per la Corona. Già le accuse a mezza bocca di

Meghan, senza che il marito fiatasse per smentirla, hanno intaccato l'immagine pubblica dei reali.

È anche la stagione di Black Lives Matter, il movimento contro la violenza e la discriminazione razziale nato negli Stati Uniti in seguito alla brutalità poliziesca. Negli ex possedimenti inglesi dei Caraibi, ora membri del Commonwealth, questo contribuisce a riaccendere il risentimento e la protesta contro gli ex padroni coloniali. E i presunti atteggiamenti razzisti dei Windsor denunciati da Meghan versano benzina sul fuoco. Non potrebbe esserci peggior momento per il *royal tour* nelle Antille che William e Catherine cominciano il 19 marzo 2022, per celebrare un altro importante Giubileo di Elisabetta, stavolta di Platino, ovvero i settant'anni di regno. Già la prima tappa prevista salta ancor prima dell'arrivo nei Caraibi. In Belize gli abitanti del villaggio di Indian Creek, dove dovrebbe atterrare l'aereo dei duchi di Cambridge, si oppongono allo sbarco. La ragione sta nel conflitto sui diritti di proprietà di certi terreni, contesi tra la comunità locale e l'organizzazione filantropica Fauna and Flora International di cui William è patrono. È una piccola disputa, ma per la popolazione del posto di antica etnia Maya la presenza dei duchi ha tutto il marchio del «colonialismo».

In giro per il piccolo Paese centroamericano né Kate né il marito risparmiano i sorrisi e le battute che hanno conquistato le folle in tanti altri viaggi. Stavolta non funzionano, e nemmeno i ricordi evocati da William della visita della nonna in Belize nel lontano 1994 servono a scaldare i cuori. Se l'obiettivo era quello di rafforzare i legami con la Corona nella nazione decisa a diventare repubblica, è chiaro che è andato a vuoto. Ma è niente rispetto alle spiacevoli sorprese che aspettano i Cambridge nella tappa successiva, la Giamaica. Qui il movimento antimonarchico, che è incarnato dallo stesso governo isolano, si sposa a una fortissima protesta popolare che esige concrete riparazioni economiche per le incalcolabili sofferenze prodotte dallo schiavismo dei coloni.

Nella capitale Kingston l'accoglienza dei principi è affidata a una manifestazione che innalza cartelli tipo: CHIEDETE SCUSA, ORA, O anche RE E REGINA, PRINCIPI E PRINCIPESSE APPARTENGONO ALLE FAVOLE, NON ALLA GIAMAICA. All'*Independent* l'attivista Opal Palmer Adisa spiega: «Kate e William sono in una posizione in cui beneficiano di quanto successo ai nostri antenati. Sono quindi dei complici. Lo stile di vita lussuoso che hanno goduto e continuano a godere è il risultato del sangue, delle lacrime e del sudore dei nostri bisnonni». Una lettera aperta ai Cambridge fissa il prezzo della riconciliazione: scuse pubbliche e risarcimento economico miliardario. William cerca di fare ammenda per quanto può: «La schiavitù è stata ripugnante. [...] Concordo fermamente con mio padre, il principe del Galles, che lo scorso anno a Barbados disse che la terribile atrocità della schiavitù macchia per sempre la nostra storia».

Non è abbastanza, come conferma ai duchi il successivo burrascoso incontro con gli abitanti delle Bahamas, che chiedono pure loro «giustizia e risarcimenti», con parole perfino più veementi. «Perché dobbiamo pagare ancora» domanda una lettera aperta del Comitato nazionale per le riparazioni «per una "grandezza" fondata sulla schiavitù e il degrado del popolo?» Ad ammorbidire gli animi non giova nemmeno «la diplomazia del guardaroba» messa in campo con tutto il suo fascino da Catherine. La duchessa cerca al suo meglio di incarnare la transizione della monarchia nella modernità. E di manifestare rispetto e ammirazione per i simboli delle nazioni visitate. In Giamaica si appunta al petto una spilla a forma della specie di colibrì tipico dell'isola. E alla partenza veste di verde in ossequio alla bandiera del Paese. In Belize invece, per far capire che lei e il marito sono decisi a staccarsi dalla parte più ammuffita del protocollo, indossa i sandali e – udite udite! – mette lo smalto rosso ai piedi, autentico anatema agli occhi della regina. I sorrisi, nonostante le proteste, sono radiosi. E il *glamour* innegabile. Ma non funziona.

Appare chiaro che chi a Londra ha organizzato il viaggio ha compiuto un serio errore di prospettiva e ha esposto i futuri sovrani a una *débâcle* diplomatica. Il principe almeno ne prende atto con dignità. E alle giovani nazioni caraibiche che festeggiano l'indipendenza sostanziale raggiunta cinquanta o sessant'anni prima, dice con franchezza: «Sosteniamo con orgoglio e rispetto le vostre decisioni sul futuro. Le relazioni si evolvono. L'amicizia rimane». Il futuro re William V sa già che il suo regno è destinato a restringersi, e quando il suo tempo verrà potrebbe forse ridursi alla sola Gran Bretagna.

Per i Cambridge è il primo fiasco, presagio di tempi difficili. Ma per la famiglia reale nel complesso quel 2022 è anche l'anno della svolta storica. Elisabetta, non solo molto anziana ma anche gravemente malata, l'8 settembre si spegne repentinamente. È una scomparsa che sembra suggellare il triste declino della dinastia, privata della sua icona proprio quando le sfide della modernità si fanno più incalzanti. In quel momento molti dubitano (a torto, come i fatti dimostreranno) che Carlo, o dopo di lui William, abbiano la capacità di mantenere la navicella monarchica in linea di galleggiamento. La lite coi Sussex è un'altra zavorra che minaccia di portarla a fondo. Eppure, proprio la morte della matriarca sembra offrire ancora un'occasione propizia alla composizione della lite, al recupero di un'unità magari di facciata ma politicamente preziosa.

Il caso vuole che i Sussex si trovino già su suolo inglese quando arriva la notizia della fine imminente della regina. Meghan vorrebbe accompagnare il marito che vola a Balmoral dalla nonna, arrivando comunque troppo tardi. Ma Carlo mette il veto alla presenza della nuora al letto di morte della regina. Per evitare che il dissidio diventi pubblico, proprio in un momento tanto solenne, a Catherine viene chiesto il sacrificio di rinunciare anche lei al viaggio in Scozia. Rimane a casa, ufficialmente ad aiutare i bambini a superare il dolore per la scomparsa di *Gran-Gran*, come chiamano la bisnonna.

Le premesse evidentemente non sono buone. E il seguito le conferma. Se Harry si illude che papà diventato re gli restituisca divisa e dignità militari di cui è stato spogliato dalla defunta sovrana quando è fuggito dai suoi doveri reali, si sbaglia. In tutti i passaggi cerimoniali, nella camera ardente di Elisabetta a Westminster Hall come nelle esequie nella vicina abbazia, il cadetto sarà l'unico dei maschi Windsor

– assieme al «reietto» principe Andrea – a presentarsi in tight, sia pure con le decorazioni militari sul petto, anziché nell'uniforme del suo ex reggimento di appartenenza. Ma è un diritto che ha perso quando ha rinunciato a essere un *working royal*, e nemmeno il nuovo sovrano intende venir meno alla regola. Eppure, c'era stato un momento in quei giorni che aveva fatto di nuovo sperare in un disgelo. L'iniziativa era venuta da William, sebbene in risposta a un nuovo appello del padre.

È l'11 settembre, tre giorni dopo la scomparsa della regina, che i giornalisti vengono improvvisamente allertati di quel che sta per accadere fuori dal castello di Windsor. Ed ecco un po' prima del crepuscolo materializzarsi sul viale d'accesso la Land Rover nera da cui scendono le due coppie dei Cambridge e dei Sussex. Facce serie e compunte ma rieccoli di nuovo tutti assieme, due anni e mezzo dopo l'ultima apparizione comune. Marciano tutti sulla stessa linea, Kate prima a sinistra di chi guarda, un po' staccato il marito, ancora un altro stacco e Harry appiccicato a Meghan, mano nella mano, in spregio del protocollo reale che disapprova i segni di intimità in pubblico. Tutti e quattro guardano dritto avanti, senza scambiarsi parola, e percorrono in silenzio il breve tratto per presentarsi davanti alla folla assiepata sui lati del viale, oltre il mare di fiori portati in omaggio a Elisabetta.

Lì si dividono, William e Catherine piegano sulla loro destra, gli altri sulla loro sinistra. Sui due lati opposti del viale, nel contatto diretto con la gente in lacrime che fa le sue condoglianze, le due coppie ognuna per conto suo sembrano rianimarsi. Meghan come d'abitudine non lascia mai la mano del marito, William e Catherine invece si separano per ringraziare della loro partecipazione il maggior numero di sudditi possibile. Infine i quattro si riuniscono di nuovo solo per risalire sull'auto, dopo una ventina di minuti, distanti come quando sono arrivati. Ed è tutto. È l'ultima volta, a tutt'oggi, che il mondo li ha rivisti insieme. La sera del 19 settembre, appena concluso il funerale di Elisabetta con l'interramento della bara nella cripta famigliare della cappella di St George, Harry e Meghan si affrettarono sull'aereo per tornare dai loro bambini in California. Da allora la duchessa americana non ha mai più rimesso piede a Londra. Non sorprendentemente, visto che appena tre mesi dopo la morte della sovrana il documentario dei Sussex su Netflix, *Harry & Meghan*, fu giudicato dagli inglesi un oltraggio alla memoria della regina e dalla famiglia reale una pugnalata alle spalle, raddoppiata a gennaio 2023 dal *memoir* di Harry, *Spare*. Dopodiché i rapporti toccarono lo zero assoluto.

A Corte i fuggiaschi californiani divennero argomento tabù. E anche loro cominciarono a realizzare che continuare a gettare fango sulla «branca londinese» della Ditta si rifletteva ormai negativamente anche sulla loro popolarità. Il guaio è che, a parte spiattellare i segreti famigliari, non sembravano avere molte altre idee di valore commerciale. E Hollywood sa essere spietata. L'insuccesso dei podcast concepiti dalla duchessa per Spotify spinse uno dei manager a sentenziare che «non basta essere famosi per avere talento». Fu allora, mentre Harry non sapeva bene cosa fare e Meghan si trasformava in *influencer*, che da Londra arrivò la notizia bomba del cancro di re Carlo. Con un gesto di attenzione e affetto, il monarca volle telefonare personalmente al figlio minore prima che la diagnosi fosse resa pubblica. Lui non perse un minuto a saltare sul primo aereo e tornare a casa per vedere il padre. Che non aveva però nemmeno pensato di avvisare, ignorando la fitta agenda del sovrano ora appesantita anche dalla cura. Così quando arrivò a Londra trovò Carlo in partenza per Sandringham, e in grado di dedicargli solo mezz'ora. Finito l'incontro a Buckingham Palace, Harry riprese la macchina per Heathrow, passò la notte in albergo e al mattino presto era di nuovo in volo per l'America.

Anche Catherine, in quel febbraio 2024, era in convalescenza dopo l'intervento subito a gennaio. Forse una telefonata del cognato le avrebbe fatto piacere, l'avrebbe considerata una mano tesa. Non ci fu. Certo, quando il 22 marzo lei stessa rese pubblica la diagnosi di cancro, tra i tanti auguri arrivati da ogni parte del mondo c'erano pure quelli, molto formali, di Harry e Meghan. Su Instagram. Ma a quel punto i rapporti coi Sussex erano proprio l'ultimo dei pensieri nella vita stravolta della nuova principessa del Galles.

23
Metamorfosi a Corte

Il 22 marzo il terribile, angosciante video di Kate che comunica al mondo il suo cancro annuncia i giorni dell'apnea. Non solo per l'illustre ammalata, che nelle immagini riappare dopo quasi tre mesi pallida e smagrita. Non solo per il marito, la famiglia. Sembra che l'intero regno, tramortito, trattenga il respiro. Come l'opinione pubblica planetaria, per la quale la principessa del Galles è ormai diventata un personaggio familiare. Si avverte pure una sorta di incredulità per il destino tragico che sembra accompagnare le donne investite di *quel* titolo. Le reazioni di rammarico e le espressioni di auguri da ogni angolo e ogni ambiente del globo indicano una corrente autentica di simpatia. Colpisce quel cuore di mamma che mentre sa di rischiare la vita si preoccupa anzitutto che i suoi bambini non vengano scioccati dalla notizia. Per questo, spiega, ha aspettato le vacanze di Pasqua per renderla pubblica. Vicini ai genitori nei giorni di festa, nel sereno ambiente di campagna di Anmer Hall, per loro sarà meno traumatico metabolizzare i drammatici cambiamenti domestici.

In verità sarà molto difficile anche per il loro papà. Mesi dopo, quando il clima sembra finalmente rasserenarsi, il principe confesserà durante una visita in Sud Africa: «È stato terribile. Probabilmente è stato l'anno più difficile della mia vita. Cercare di superare tutto il resto e mantenere tutto in carreggiata è stato davvero complicato».

Jason Knauf, che è stato a lungo assistente dei principi del Galles nonché amministratore delegato della loro Royal Foundation, ricorda un anno dopo che quei momenti furono «tremendi, assolutamente orribili. È il punto più basso che abbia mai visto». È la conferma della sensazione diffusa per il regno. Mai dopo la lunga stagione elisabettiana sudditi e osservatori avevano percepito il trono così vacillante. Il carico improvvisamente calato sulle spalle di William appariva a stento sostenibile. Incoraggiare la moglie malata, continuare a sorridere ai bambini, offrire supporto al padre anche lui colpito dal cancro, mantenere il ruolo e gli impegni pubblici. Erano in molti a chiedersi se l'erede al trono avrebbe retto. In verità, tutto si appuntava sull'esito della terapia di Catherine, e niente sembrava tanto incerto in quella plumbea primavera 2024 quanto la salute della principessa.

Poi, quasi all'improvviso, le nuvole cominciarono a diradarsi. Non meteorologicamente, anzi. Ma nessuno fece caso allo scroscio di pioggia che accompagnò il ritorno in pubblico di Kate quel 15 giugno alla parata del *Trooping the Colour*, perché il suo sorriso radioso permetteva finalmente di immaginare giorni di sole. Erano sei mesi, dal 25 dicembre, che la futura regina non si vedeva di persona e fino all'ultimo la sua presenza alla celebrazione ufficiale del compleanno del monarca era apparsa incerta. Anche perché lei sapeva che la sua riapparizione avrebbe rubato la scena all'illustre festeggiato, circostanza che dai tempi di Diana lo fa sempre impermalire. Così chiese al re se desiderava che lei fosse presente, e la risposta di Carlo stavolta fu entusiastica: ne era felice per la nuora ma anche per l'immagine di ritrovata forza e unità della famiglia che l'evento avrebbe proiettato.

Solo il giorno prima della parata un post di Catherine, accompagnato da una foto che la ritraeva pensierosa in un bosco, confermò che ci sarebbe stata. Ma perfino quell'immagine, scattata dal famoso ritrattista Matt Porteous, servì a rilanciare la paranoia dei «teorici della cospirazione», increduli perché Kate appariva bella come sempre e non con l'aspetto di qualcuno che sta facendo la chemioterapia.

Lo sosteneva per esempio un tizio americano di nome Christopher Bouzy, che si presenta come imprenditore tecnologico specializzato nello smascherare la disinformazione on line su quel noto vangelo digitale che è X. Un autentico esperto, come no. Infatti secondo lui la foto non era falsa ma «solo ritoccata».

Purtroppo, né Bouzy né i tanti Sherlock digitali come lui hanno l'abitudine di chiedere scusa. La smentita delle loro folli teorie non può essere più secca quando la principessa scende dalla carrozza coi figli davanti al quartier generale delle Guardie Reali. Splendida, elegante e sorridente, solo dimagrita. Indossa un abito bianco firmato Jenny Packham, con un enorme fiocco bianco e nero sulla spalla destra a fare pendant con il cappello a larga tesa bicolore stile Eliza Doolittle, la fiammiferaia che diventa My Fair Lady nella mitica commedia di G.B. Shaw, *Pigmalione*. Anche Catherine non è nata reale, ma è difficile immaginare un fascino più regale di quello che emana dalla sua figura alta e sottile. Un semplice paio di orecchini di perle le adorna il viso, una spilla sull'abito, i capelli raccolti sotto il copricapo in una lunga treccia che si trasforma in toupet, opera come sempre della hairstylist di fiducia, Amanda Cook Tucker. Solo il trucco appare più pesante del solito, forse nello sforzo di cancellare nella memoria collettiva la pallida immagine del video di marzo.

Del resto, nel post del giorno prima lei lo ha detto a chiare lettere: sebbene abbia deciso di non mancare all'appuntamento con l'annuale parata in onore del re, «non è ancora fuori pericolo». Il trattamento oncologico andrà avanti per qualche mese, e «come saprà chiunque si sottoponga a chemioterapia, ci sono giorni sì e giorni brutti. In quei giorni brutti ci si sente deboli, stanchi e ci si deve arrendere al riposo del corpo. Ma nelle giornate buone, quando ci si sente più forti, si vuole sfruttare al massimo la sensazione di stare bene». La fortuna stavolta l'ha aiutata, perché la principessa del Galles – dice uno dei suoi collaboratori più stretti – «voleva essere accanto alla sua famiglia e partecipare assolutamente all'evento». La sua gioia e il suo sollievo sono manifestamente condivisi dai parenti reali. Re

Carlo si dice «*delighted*», deliziato dalla presenza della nuora, e per una volta si vede che non è geloso di passare in seconda fila mentre tutti gli occhi e le attenzioni si concentrano su di lei.

Quando a fine parata i famigliari stretti (ormai solo loro, per volontà del monarca) si affacciano come d'abitudine attorno al re dal balcone di Buckingham Palace, Carlo manifesta con un gesto esplicito il suo attaccamento e il suo sollievo per Catherine. È lei stavolta, e non il marito come da protocollo, a prendere posto alla destra del re. Lei a essere accolta da lunghissimi applausi, e ad accendere l'entusiasmo dei sudditi che lì in piazza, ai piedi del monumento alla grande Vittoria, scandiscono in coro il nome: «Kate-Kate». Solo adesso appare lampante quanto il regno ha temuto di perdere questa giovane donna e quale fondamentale risorsa rappresenti per la Corona.

Lei è felice ma pure determinata a regolare il proprio calendario ufficiale su quello del suo corpo provato dalla malattia. Ora che sembra reagire bene alla terapia, il Palazzo vorrebbe forse accelerare il suo ritorno agli impegni pubblici. La principessa però non si lascerà forzare la mano. È un'ennesima prova di carattere, che conferma la volontà di ferro dell'ex timida fanciulla della bella campagna del Berkshire. E le parole che fa arrivare al pubblico mostrano un nuovo modo di guardare al mondo, maturato attraverso il prisma della malattia: «Sto imparando a essere paziente, soprattutto con l'incertezza. Prendere ogni giorno come viene, ascoltare il mio corpo, dandomi questo tempo tanto necessario per guarire».

I mesi dell'umida estate britannica offrono ancora qualche confortante sorpresa. A metà luglio Catherine, che ha ereditato dalla regina il ruolo di patrona dell'All England Lawn Tennis and Crocket Club, in una parola Wimbledon, compare sul campo centrale del più famoso torneo di tennis del mondo. Quando fa il suo ingresso nel palco reale, accompagnata dalla figlia Charlotte e dalla sorella Pippa, il catino del mitico Centre Court, con i suoi quindicimila spettatori, esplode in un'ovazione che non accenna a spegnersi. È così intensa e spontanea che vale da sola più di molti sondaggi a dire della forza del legame tra la principessa e il suo popolo.

Nel suo abito viola firmato Safiyaa, omaggio al porpora che è uno dei colori di Wimbledon, i lunghi capelli castani sciolti sulle spalle e meno ondulati del solito, lievemente abbronzata, è Kate a consegnare il trofeo al vincitore Alcaraz. Lei del resto non è solo la patrona del club ma una tifosa, una tennista appassionata e molto competitiva, soprattutto quando affronta in campo il marito. «Probabilmente non siamo mai riusciti a finire un match» ha confessato nel 2023 al podcast *The Good, The Bad & The Rugby* condotto dall'ex campione Mike Tindall, marito di Zara Phillips cugina di William. «L'obiettivo è farci crollare reciprocamente i nervi.»

Non capita solo per il tennis, sembra. Il biografo Robert Jobson riferisce le testimonianze di robuste litigate tra i coniugi, anche ad alto volume di decibel. Gli scatti d'ira del principe, in puro stile Windsor (papà, bisnonno Giorgio VI, e giù per li rami...) sono noti, ma anche lei dà prova di un bel caratterino. Sebbene ai figli sia fatto invece espresso divieto di alzare la voce, soprattutto tra di loro. Se la regola viene violata, il responsabile è fatto accomodare sul *chat sofa*, il divano della chiacchierata, dove si prova a spiegare le ragioni degli urli e soprattutto a capire che non risolvono nulla.

Per una sportiva a tutto tondo come Kate – perfino il marito la prende in giro per la passione delle nuotate in acqua gelida –, rinunciare quell'estate al viaggio a Parigi per le Olimpiadi è un vero sacrificio. Ma aveva preannunciato che avrebbe limitato ancora gli impegni pubblici per privilegiare la guarigione. Così l'agosto dei Giochi Olimpici lo trascorre invece a Balmoral, con William e i tre figli, in relax totale. La sola immagine è una foto rubata della passeggiata verso la chiesetta di Crathie Kirk assieme agli altri Windsor. Però il video indirizzato agli atleti britannici, che alla fine delle gare posta insieme al consorte, testimonia visivamente che la vacanza, la serenità le hanno fatto bene. Abbronzata, capelli lisci schiariti forse dal sole che perfino sulle Highlands scozzesi si fa vedere, la principessa sfoggia il suo sorriso su un volto più tondo, segno che ha ripreso un po' di peso. «Ben fatto Team GB!» si complimentano i Galles con la squadra olimpica britannica. «Che viaggio incredibile!»

Anche quello di Kate lo è stato, ora che sembra volgere felicemente alla fine. È il 9 settembre quando sui social della famiglia reale fa postare un nuovo video. La sua importanza è enfatizzata dalla stessa data di diffusione, che coincide con il giorno in cui due anni prima re Carlo ha investito lei e il marito del titolo di principi del Galles. L'esordio sembra il tappo di una bottiglia di champagne che vola allegro in aria. «Ora che l'estate giunge al termine, non so dirvi con quale sollievo ho finalmente completato il trattamento chemioterapico.»

La gioia che traspira dalle parole è niente rispetto alla felicità quasi estatica trasmessa dalle immagini, che riprendono l'intera famigliola nella luce di una bella giornata estiva in cui si bagna, ingentilita, la natura aspra del Norfolk. È lì che le riprese sono state girate, tra i boschi e sulle dune che orlano la tenuta reale di Sandringham, dove si trova anche Anmer Hall, l'amata residenza di campagna dei Galles. La mano che ha tenuto la cinepresa è quella di un grande professionista, il videomaker Will Warr, ma i sentimenti che racconta sono sinceri, ed è questa narrazione che rappresenta una vera rivoluzione.

Per la prima volta una coppia destinata a sedere sul trono d'Inghilterra e del Regno Unito infrange la cortina del silenzio e della riservatezza dei reali. Ai comuni mortali, che siano sudditi o spettatori, William e Catherine offrono di condividere l'inedito dietro le quinte della loro vita privata, fino ad allora custodita con gelosia ossessiva. Schiettezza e sincerità rappresentano la chiave, ma l'intero racconto è immerso in un'ambientazione di forte valenza simbolica. Serve a sottolineare i due elementi cruciali ai quali la principessa ha attinto per affrontare la malattia e guardare al futuro. Sono la famiglia e la natura, che qui di nuovo trionfa, come nella foto per annunciare la presenza di giugno al *Trooping the Colour*, nella forma del bosco verdeggiante del Norfolk dove Kate sembra trovare rifugio e conforto, nel gioco di chiaroscuri creato dal sole tra i rami e le fronde. Riferendosi alla malattia, la principessa dice che «questo tempo ha soprattutto ricordato a me e a William di riflettere ed essere grati per le cose semplici ma importanti della vita, che molti di noi spesso danno per scontate. Semplicemente, di amare ed essere amati».

È questo il senso profondo, umanissimo e universale del commento di Catherine, che ha vergato di sua mano. La malattia rivoluziona tutto: «La vita come la conosci può cambiare in un istante e dobbiamo trovare un modo per navigare in acque tempestose e metterci su strade sconosciute». Ricordando «i nove mesi difficili per noi, come famiglia» la principessa non nasconde che «il percorso oncologico è complesso, spaventoso e imprevedibile per tutti» ma proprio per questo «con umiltà ti mette di fronte alle tue fragilità in un modo che non hai mai considerato prima, e con questo ti dà una nuova prospettiva su tutto». Sono le priorità che cambiano, e il mutamento di prospettiva ti fa assaporare di nuovo la felicità delle piccole cose. Quelle che il video ci imprime nella retina: una passeggiata nel bosco, l'abbraccio della persona che ami e non ti ha mai abbandonato, le risate dei figli che regalano vita, la corsa in mezzo al grano che matura lentamente come la nostra esistenza.

Non si è mai visto niente del genere nell'iconografia reale. Ogni fotogramma è studiato, il montaggio è magistrale, certe inquadrature cercate per evocare ricordi venerati dalle generazioni più anziane: il gruppo di famiglia dei Galles riporta alla mente i filmini amatoriali girati da Filippo ed Elisabetta nei loro picnic coi figli, Catherine alla guida della Jeep rimanda subito all'immagine dell'amata e compianta sovrana al volante della sua Land Rover per i sentieri di Balmoral. Il messaggio che ne deriva è comunque potentissimo. È un'elegia della quotidianità felice, dell'energia positiva trasmessa da un'unità famigliare dettata non dalla convenienza ma dall'amore.

Per la prima volta William e Kate, sempre così riservati, così attenti a evitare ogni contatto fisico in pubblico, fosse pure tenersi per mano, non ci privano delle immagini del loro amore coniugale. Eccoli mano nella mano mentre osservano i figli giocare, mentre si scambiano le coccole di una qualunque coppia di innamorati, lei chiusa nel suo abbraccio gli posa la testa sulle spalle, lui si china verso di lei per deporre un bacio sulla sua guancia. La cosa più sorprendente è che l'estrema cura della confezione non toglie niente all'autenticità di ogni scena, ed è la ragione della corrente di commozione ed empatia che il filmato sollecita nello spettatore.

L'amore tra di loro, e l'amore per la famiglia. Questo è il centro del mondo dei Galles. E per quanto ai tradizionalisti possa dispiacere, questa è la vera rivoluzione che portano al cuore dell'istituzione monarchica. «La famiglia prima di tutto» non è per loro una frase vuota. È testimoniato in modo inequivocabile dalla clip. Al centro ci sono sempre i bambini, e le loro corse, i loro giochi o capricci sono ognuno una piccola cartolina di felicità. L'irrefrenabile, estroverso Louis, una specie di terremoto come era il padre alla sua età, sfida la legge di gravità mettendosi in piedi sull'altalena o arrampicandosi su una pila di tronchi, o conferma una certa vena esibizionista piazzandosi davanti alla telecamera per dire «Ciao». È sempre lui protagonista con il fratello maggiore George della rincorsa tra le onde del freddo Mare del Nord, mentre Charlotte colpisce per l'aria quieta e posata da signorina, a dispetto dei suoi nove anni appena, quasi una confidente dei genitori. Catherine le sussurra dolcemente qualcosa, William con la tenerezza di tutti i padri le toglie un insetto dai capelli.

Sono questi i momenti che contano – dice la principessa, con le parole e con le immagini –, perché «sebbene abbia finito la chemioterapia, il mio percorso di guarigione e di piena ripresa è lungo e devo continuare a prendere ogni giorno come viene». Con il cuore colmo di gratitudine «per il supporto che William e io abbiamo ricevuto», traendo «grande forza da tutti coloro che ci stanno aiutando in questo momento». In cima alla lista ci sono loro, i nonni Middleton. Le persone più vicine, il sostegno più incrollabile per la figlia in nove lunghi mesi. Ma anche un aiuto preziosissimo per William. Si sono presi cura dei bambini con l'affetto e la disponibilità che solo i nonni (e non tutti) possono avere, e questo ha molto alleggerito il carico di impegni, nonché la tensione emotiva, del genero. Lui non ha mai nascosto di considerarli parte integrante della sua famiglia, e la malattia non ha fatto che rinsaldare il legame. La futura monarchia, attraverso l'affetto e l'esempio riversato sul nipote destinato al trono, porterà fortissima anche la loro impronta.

Ma è pure il rapporto coi sudditi che esce profondamente mutato da una prova esistenziale. Perché – rileva Catherine nel finale del suo messaggio – «la gentilezza, l'empatia e la compassione di tutti ci hanno reso più umili». Non è aggettivo che affiori spesso sulle labbra dei principi o in mezzo alle pompose cerimonie della monarchia. E invece la capacità di provare questo sentimento non solo non sminuisce la dignità della Corona, ma la accresce proprio per lo spessore umano di chi un giorno la porterà. Kate vicina alla fine del tunnel non dimentica «tutti quelli che stanno continuando il loro percorso oncologico: rimango con voi fianco a fianco, mano nella mano». E l'incoraggiamento finale, rivolto agli altri quanto a sé stessa, riecheggia ancora una volta quel «*We'll meet again*», c'incontreremo di nuovo, pronunciato in tv da Elisabetta II nel pieno della tragedia del Covid: «Dall'oscurità può scaturire la luce, quindi lasciate che la luce risplenda».

Mai nella storia secolare della monarchia, malattia, emozioni, sentimenti hanno occupato un simile spazio pubblico. Mai sarebbe stato concepibile ai tempi di Elisabetta, la sovrana che aveva «abrogato le emozioni». E figurarsi ancor prima. Non che i reali non soffrissero o gioissero, non patissero il male o i lutti. Basta leggere i diari privati della leggendaria Vittoria per entrare in un mondo di umanissimo dolore. Ma erano per l'appunto confessioni destinate a restare private, e perfino post mortem sottoposte a pesante censura per non ledere l'immagine monumentale della defunta. I tre minuti del video di Catherine rovesciano il paradigma. Per la prima volta introducono nel racconto reale, da sempre fatto di grandezza e maestà, anche la malattia e la fragilità, la paura e il bisogno degli altri, la comunanza con le sofferenze e le gioie di ogni «normale» essere umano. La gratitudine e, soprattutto e al centro di tutto, l'amore.

Come ha ironicamente osservato la saggista Daniela Elser, tutti sentimenti che «se in qualsiasi altro momento vi fosse capitato di incontrare in un resoconto reale, avreste immaginato che fosse stato hackerato da un istruttore di Pilates di Palm Beach». Perché, non tanto tempo fa, l'idea che la principessa del Galles mostrasse così apertamente il suo più intimo panorama emotivo sarebbe stata senz'altro ridicola. La diffusa aspettativa per un membro della famiglia reale colpito da cancro sarebbe stata «che trasudasse stoicismo, e certo non che desse sfogo a una simile manifestazione di sentimenti, così tremendamente continentale».

Quel video è in realtà molto più di una personale espressione di sollievo e speranza. È un autentico manifesto politico, che trasforma il privato in pubblico e annuncia con chiarezza che la monarchia incarnata a tempo debito da William e Kate scenderà dall'Olimpo. Non è la prima volta che i Windsor pretendono di presentarsi ai sudditi come «la famiglia della porta accanto». Questa era già stata l'intuizione della formidabile regina Mary, moglie di Giorgio V: lei aveva capito che nel Novecento i reali dovevano conquistarsi la fiducia della gente mostrandosi più aperti e disponibili, soprattutto più utili. Ma nonostante i buoni propositi la Corona rimaneva in cima al sistema delle caste della vecchia Inghilterra, più remota e inattingibile che mai. E la nipote Elisabetta era troppo legata a quel passato per adeguare la monarchia allo spirito del nuovo secolo. Questo è il compito a cui si accingono invece il nipote e la moglie. E non è casuale che proprio la *commoner* Kate, senza una goccia di sangue reale o almeno blu, appaia invece agli occhi del mondo l'erede più autentica della sovrana scomparsa. Nonostante sia, o forse proprio perché è capace di rovesciare l'ordine delle priorità.

In cima a tutto per Catherine come per William resteranno sempre la famiglia e i figli. Il loro sviluppo armonioso, la loro formazione come esseri umani perbene e compassionevoli, prima ancora che principi, è la stella polare della loro educazione come la concepiscono i genitori. «Vogliono che George, Charlotte e Louis crescano coi piedi per terra. Le esperienze di vita "normale" in cui possono interagire con la gente comune servono proprio a farli sentire esseri umani come il resto di noi» ha spiegato in un documentario su Channel 5 la psicoterapeuta Lucy Beresford. «Non sono eccelsi, non sono superiori agli altri. Radicarli in questo convincimento servirà sperabilmente a non farli sentire invincibili.»

Per questo i Galles vogliono che i bambini crescano quanto più possibile liberi dalle costrizioni del ruolo, lontani tanto dall'ossequio quanto dall'invadenza del pubblico, capaci di seguire non necessariamente il percorso già segnato per loro dal destino ma anche di scoprire e realizzare i loro sogni. Kate e William non permetteranno mai che George, Charlotte e Louis siano inchiodati al loro futuro semplicemente dalle tradizioni reali o dalle aspettative. Sarà difficile trovare un equilibrio tra le vocazioni personali e i doveri della nascita, ma entrambi i genitori sono stati chiari: non ci sarà un altro caso *Spare*, un'altra storia di cadetti infelici perché condannati al ruolo di «ruota di scorta». Charlotte e Louis avranno la fortuna di poter realizzare i propri desideri, e decidere se vorranno o meno essere parte del futuro plotone di *working royals* o invece costruirsi le loro private carriere.

Qui si realizza una felice coincidenza tra l'esperienza personale del principe e quella della moglie. Kate non ha mai voluto stuoli di servitori nelle residenze di famiglia né le legioni di *nannies* alle quali i reali del passato consegnavano i figli appena venuti al mondo. Anche quando il carico degli impegni pubblici si è fatto più pesante, una sola *nanny* si è mostrata sufficiente per aiutarla nella gestione dei bambini. E in questo, dopotutto, la futura regina non appare granché differente da molte madri della *middle class* impegnate nella carriera come nella cura della famiglia. Quanto a William, lui tanto quanto la moglie non desidera assolutamente che il loro primogenito cresca coccolato, omaggiato e superprotetto, come la sua prossimità al trono renderebbe facile. Al contrario, entrambi vogliono che il bimbo destinato a regnare venga su libero di esprimere compiutamente la propria personalità. Questo era ciò che Diana aveva voluto per il suo primogenito, e per riuscirci si era battuta davvero come una tigre perché tutte le inevitabili costrizioni della vita reale non imprigionassero troppo presto l'esistenza di tutti e due i suoi bambini.

Non a caso aveva molto amato il lavoro giovanile di maestra d'asilo. Aveva un'istintiva capacità di comprendere i bisogni dell'infanzia e di una crescita equilibrata. Ed era questo che voleva per i figli. Si sa che licenziò la prima *nanny* perché, animata da troppo zelo reale, rivendicava la «necessità che i principini fossero trattati diversamente». Non era proprio quello che voleva lei, decisa ad assicurare ai bambini un'infanzia «normale». E a dispetto di tutto il protocollo di Corte, ci era riuscita. Restano nell'iconografia degli anni Ottanta e dei primi Novanta le immagini della principessa con William e Harry a mangiare hamburger in un McDonald's o a divertirsi pazzamente a Disneyland. E nella memoria dello staff rimane invece il permesso di Lady Di a trattare i principini con fermezza e severità quando necessario. Come ricorda la fidata guardia del corpo Ken Wharfe, ci fu un bel numero di occasioni in cui tanto William che Harry rimediarono un ceffone da lui o dalla *nanny*, mentre un'altra governante di costituzione bella robusta, Jessie, usava la pancia per inchiodare al muro il cadetto finché non si calmava.

La somiglianza dei criteri che hanno presieduto all'infanzia di William e a quella di Kate lascia intendere che gli stessi li guidino oggi nell'educazione dei loro figli. In primo luogo c'è l'affetto famigliare. Carlo e Diana erano divisi su tutto ma erano entrambi genitori molto affettuosi. I Middleton, che sono invece l'esempio di una coppia molto unita, hanno anche loro fornito ai figli tanto amore e in più un ambiente famigliare solido e sereno. Questa, come appare evidente agli occhi di tutti, è la stessa fortuna su cui possono contare i piccoli Galles mentre si avvicinano all'adolescenza. Assieme vanno a spasso per i boschi, assieme pasticciano in cucina o lavorano sul serio ai fornelli o si impegnano in altre attività famigliari. E certamente per la prima volta nella storia dei Windsor i futuri sovrani prendono parte alla vita scolastica dei figli proprio come gli altri genitori. Iscriverli tutti e tre alla Lambrook School, vicino al parco di Windsor che ospita l'Adelaide Cottage, rende più facile a mamma o papà accompagnarli a turno alle lezioni. Come raccontano le altre madri, Kate in particolare è sempre molto presente. Appare nelle giornate di gare sportive, non si perde i match speciali, fa perfino parte di un gruppo WhatsApp con altri genitori. E appena possibile si unisce ai figli nei giochi all'aria aperta. Lei e William sono entrambi convinti del valore educativo dello sport, anzitutto perché cresciuti pure loro allo stesso modo.

Dai giorni passati con Diana fuori dalla «gabbia dorata», all'ossessiva ricerca di «normalità», il principe ha derivato anche l'insofferenza per la formalità o l'omaggio. Da qui il desiderio di essere chiamato semplicemente con il suo nome. Ha ripetuto in parecchie occasioni che non vuole ci si rivolga a lui come «Your Royal Highness» e nemmeno come «Sir». Una bella differenza con papà Carlo, che a quanto raccontato dalle fidanzate del tempo voleva essere chiamato Sir anche quando erano a letto. Com'è facile immaginare, la circostanza che la moglie del principe sia una ragazza «ordinaria» cresciuta in una normale famiglia della *middle class* rafforza la comune attitudine verso l'informalità. Del resto, pure Carlo III sembra aver abbandonato la rigidità che un tempo l'etichetta imponeva al comportamento dei reali. Se sfiorare Elisabetta era severamente proibito, lui si lascia invece abbracciare e perfino baciare da suddite entusiaste. E quando il piccolo Louis faceva i capricci durante la parata per il Giubileo di Platino della bisnonna, nel 2022, mamma Kate non trovò di meglio che passarlo tra le braccia del suocero: Carlo si sistemò felice il Gian Burrasca sulle ginocchia come farebbe qualunque nonno. Impensabile ai tempi di Filippo.

Questa riduzione delle distanze tra i reali e il pubblico sembra essersi accentuata con il pieno ritorno di Catherine sulla scena. Dopo il video di settembre, che annunciava la fine della terapia oncologica, lei non ha mancato alcuni dei principali appuntamenti tradizionali.

L'omaggio al cenotafio del Milite ignoto per l'anniversario della fine della Prima guerra mondiale, il 10 novembre 2024, e poi il concerto dei *Carols*, i canti natalizi all'abbazia di Westminster sotto il titolo *Together at Christmas*. Proprio come un anno prima, quando ancora la malattia se ne stava acquattata. Ora che lei sembra averla domata, tutto si stempera nel bel sorriso di una Kate rinata, che guida i figli verso il grande albero di Natale, ognuno con una candelina accesa in mano, e lei in soprabito rosso che usa la sua per accendere quella impugnata da Louis, pure lui con cravatta rosso fiammante e insolitamente serio. All'abete natalizio collocato davanti all'abbazia i bambini appendono i loro bigliettini di auguri per le persone amate. Su quello del più piccolo dei Galles c'è scritto: «Grazie nonni per aver giocato con me». Tutto il mondo li ha visti, Carole e Michael, in quel felice video settembrino, sfidare a un gioco di carte i nipotini allegri ed eccitati assieme a mamma e papà.

Anche Catherine ha scritto una lettera, per tutti gli invitati al concerto – tra i quali molti malati oncologici – e per le famiglie delle tre piccole vittime dell'orribile attentato di luglio in una scuola di danza a Southport. Il contenuto rimane riservato, perché è una missiva privata. Ma chi l'ha letta dice che ha toni molto simili a quelli dei messaggi natalizi di Elisabetta negli ultimi anni di vita. E come quelli è densa di pensieri di fiducia nel futuro, di speranza, di coraggio come quello che lei stessa ha mostrato nella malattia.

Il quieto Natale in famiglia aiuta ancora la netta ripresa di cui la principessa dà prova appena all'inizio dell'anno. Il 14 gennaio 2025 visita il reparto oncologico del Royal Marsden Hospital, nel cuore di Chelsea a Londra, e lei stessa dà l'annuncio sospirato: «Sono in remissione dal cancro» dice sorridendo felice e commossa. Poi, cercando anche di scherzarci su, rompe un altro tabù: «Dopo tante visite private, è piuttosto bello entrare dall'ingresso principale». È così che infrange il segreto sulla terapia conservato per un anno intero. Per la prima volta una futura regina rivela quasi tutti i dettagli della sua cartella clinica, compreso il luogo – un ospedale pubblico all'avanguardia – dove è stata curata. Lei del resto ha voluto fare quella visita – spiega in un comunicato Kensington Palace – proprio «per testimoniare la sua gratitudine verso l'équipe sanitaria ed evidenziare il livello mondiale delle cure che il Marsden offre».

In ospedale, di cui è recentemente diventata madrina, resta un'ora abbondante, a colloquio coi medici ma anche a tu per tu con i pazienti. Le immagini raccontano momenti toccanti. È animata e rassicurante quando parla con una donna al suo primo trattamento chemioterapico, in testa il casco contro la caduta dei capelli che lei stessa ha indossato tante volte. È commossa, e non lo nasconde, quando prima di andar via abbraccia un'altra paziente. «Sono desolata» le dice «vorrei fare di più.» E a tutti i malati ripete parole di incoraggiamento: «Sono felice di questo incontro. Vi auguro buona fortuna, qui siete in buone mani. C'è luce in fondo al tunnel».

Ha ragione chi dice che dopo la malattia Catherine è un'altra persona. Più decisa, determinata, ansiosa di fare e lasciare un segno. A febbraio va addirittura dove mai una principessa reale ha messo piede. In un carcere femminile. Le telecamere la riprendono, con lo stesso lungo cappotto bordeaux scuro a scacchi indossato al Royal Marsden, che esce dal penitenziario di Styal, nel Cheshire. Lì ha visitato la sezione di detenzione di madri con bambini, per sottolineare l'importanza del suo progetto sull'educazione della prima infanzia. La sua stessa presenza nella prigione è un messaggio simbolicamente fortissimo. E politicamente delicato, visto l'atteggiamento di chiusura di una parte dell'opinione pubblica verso i problemi della vita carceraria. La prudente Kate del passato non avrebbe forse infranto la convenzione che impone ai Windsor di tenersi lontano da temi controversi e politicamente sensibili. La nuova Catherine non sembra invece temere sfide che affronta in nome dell'umanità. E vuole che la gente capisca che fa sul serio.

A rischio perfino di scontentare una bella fetta dei media. Quella che parlando delle donne Windsor si occupa soprattutto di quello che indossano. Da quanto tempo è che le *ladies* più in vista della casa reale vengono volenti o nolenti «reclutate» dal mondo della moda? Dai tempi di Diana sicuro, ma in realtà prima che la nuora le rubasse la scena, pure la regina era considerata un modello canonico di eleganza femminile britannica e la sua celebrata bisnonna Alexandra la donna più *glamour* della Belle Époque. Il formidabile guardaroba (in larga parte dei grandi sarti italiani) aveva sancito l'ingresso di Lady Di nel pantheon planetario delle icone di moda, e Kate aveva grazie al suo personalissimo stile guadagnato la stessa rilevanza nell'industria dell'abbigliamento.

In verità non sempre il rapporto con i media su questo terreno era stato idilliaco. Soprattutto, alla ex ragazza borghese dava molto fastidio che spesso i reporter distogliessero l'attenzione da ciò che faceva per concentrarsi invece su come appariva o quel che indossava. Una delle esperienze peggiori per lei fu il viaggio in India e Bhutan nel 2016. La stampa popolare sembrava impegnata più che altro a enumerare i cambi di abiti (diciotto vestiti in sei giorni). E se il locale *Hindustan Times* si affrettò a proclamarla «la duchessa dello stile», le schizzinose inviate di moda britanniche – forse ormai stanche di lodarla – decisero che era più chic attaccarla. Janet Street-Porter la definì «la duchessa scialba», accusandola pure di tradimento: «La principessa Diana aveva i suoi limiti, ma ha sempre capito che il popolo si aspettava il *glamour*, e lei non l'ha mai deluso, promuovendo in modo brillante gli stilisti britannici». La scrittrice e giornalista Shobhaa De rincarò la dose: «L'abito peggiore sfoggiato finora è di gran lunga quello di Alexander McQueen. Insomma, ma cos'è?»

In realtà, a dispetto di (rare) critiche ingenerose, non c'è mai stato un solo capo indossato da Catherine che non abbia registrato un immediato tutto esaurito nelle boutique o nei grandi magazzini. La giornalista Sophia Chabbott, della rivista *Glamour*, del resto le riconosceva proprio quel tocco di stile «in grado di realizzare la magia» quando si parlava di moda. Lo scontato interesse del pubblico e dei media imponeva allo staff di Kensington Palace, come di consuetudine, di comunicare in anticipo con il programma delle visite della principessa anche l'elenco dettagliato di ciò che avrebbe indossato. Dal 1° febbraio 2025, non accade più.

È stata una «fonte vicina alla principessa», insomma qualcuno dei suoi collaboratori, a informare il *Sunday Times* che da Palazzo non usciranno più informazioni sui suoi look, che siano abiti, borse o gioielli. È una decisione – si specifica – che ha preso lei stessa: «Vuole sottolineare che non è importante cosa indossa. Vuole che l'attenzione sia rivolta alle questioni davvero importanti, alle persone e alle cause che sta portando avanti». Ma può una riconosciuta icona planetaria distogliere l'attenzione dal suo aspetto? Kate è perfettamente consapevole che questo non è possibile, e in più che il suo abbigliamento rappresenta una promozione importante per i brand inglesi che si sforza di sostenere. Sa bene dunque che come si veste troverà sempre l'apprezzamento di una parte consistente del pubblico, però non pensa che sia necessario comunicare «ufficialmente» i capi che porta. Come conclude la «fonte»: «Lo stile c'è, ma c'è soprattutto sostanza».

L'anno più turbolento e pericoloso della sua vita ha richiesto non solo un aggiustamento delle priorità ma anche un riesame delle modalità con cui la principessa del Galles affronta il ruolo. Lo scandalo gonfiato del *Photogate* ha spinto i Galles a incrementare drasticamente gli effettivi dell'ufficio comunicazione. Ora che hanno sperimentato sulla loro pelle quanto abrasivo possa essere il mondo dei social, occorre contare su specialisti in grado di gestirlo. Con la sua abituale franchezza, la principessa Anna ha riconosciuto che oggi la pressione sui membri più giovani della famiglia come William e Catherine «è sempre peggiore. Questo è ciò che interessa ai media, e certe volte è davvero difficile farci i conti. Ai miei tempi non c'erano i social, e il loro avvento ha reso tutto più complicato. Essere *in touch*, disponibili, è una cosa, ma la tecnologia on line, beh... non è la stessa cosa. Io non mi avvicinerei a X nemmeno se mi pagassero». Un lusso, questo, che i Galles non possono permettersi.

L'analisi allarmata di Anna non è di natura puramente speculativa ma racchiude interrogativi di fondo sulla tenuta della monarchia.

Da un lato c'è un'istituzione abituata al gioco lungo della storia, attraverso i secoli e le generazioni. E questo le regala un doppio vantaggio, come nota Michael Paterson nel suo profilo della moderna monarchia britannica: «I suoi errori tendono a essere sepolti dal tempo e dimenticati, e in più ha costanti occasioni di correggerli e reinventarsi». Al capo opposto, oggi c'è invece la società del consumo istantaneo di informazioni ed emozioni, pronta a decretare con un like il salto dall'oscurità al trionfo, ma con la stessa velocità pure il percorso inverso. Kate ha sperimentato nell'arco dell'ultimo anno questo passaggio dagli altari alla polvere e viceversa. L'aura della sofferenza ne ha fatto per ora una santa laica, come era toccato per altre ragioni alla suocera Diana. Ma quanto durerà?

Al netto della volatilità dei sondaggi nell'epoca delle fake news e del meteorico passaggio della celebrità, è innegabile che il progetto di ammodernamento della monarchia perseguito dai Galles dell'ultima generazione registri per ora un largo consenso popolare. In primo luogo permette finalmente ai reali di gettarsi alle spalle quell'accusa che li ha a lungo perseguitati, Elisabetta compresa, di essere *out of touch*. La regina scomparsa diceva irritata di non comprendere bene che cosa significasse: per essere *in touch* doveva andare fuori a mangiare una pizza? Prendere l'autobus, saltare in bicicletta? È ovvio che per lei fosse difficile comprendere il significato di questa espressione, perché la sua nozione di regalità si basava precisamente sulla negazione dell'ordinario quotidiano. I figli, la famiglia, gli affetti, insomma le preoccupazioni sul futuro tipiche della gente comune erano fuori dal suo orizzonte, che sublimava nell'idea di servizio il privilegio e lo sfarzo della porpora.

Per William e Kate, al contrario, essere in contatto con le angosce e le speranze dei sudditi è immediato, istintivo. Tutto è cambiato rispetto al mondo della nonna. Da bambina e poi adolescente, la regina non aveva mai messo piede in una scuola né si era mai cercata un lavoro. È precisamente ciò che invece hanno fatto i suoi nipoti e le loro mogli. Da lungo tempo ormai le battute sarcastiche sull'endogamia dei reali, per secoli abituati a sposarsi tra cugini, non hanno più sponda nella realtà. Gli stessi figli di Elisabetta hanno tutti trovato consorti appartenenti alla tipica *middle class* e la loro prole si è data da fare per trovarsi un impiego, visto che la *Civil List* – l'appannaggio reale – non poteva certo bastare a mantenere la tribù dei parenti. William, come abbiamo visto, benché destinato al trono si è impegnato per procurarsi nel frattempo un lavoro altamente specializzato, a elevato livello di rischio e di forte utilità sociale. Nemmeno il più fanatico dei repubblicani potrà mai rimproverare al futuro William V di non aver vissuto in totale prossimità dei suoi sudditi o di non avere toccato con mano i loro problemi.

L'ingresso ai piani più alti della dinastia di una giovane donna non solo senza pedigree nobiliare ma pure senza agganci nella tradizionale *upper class* è una spinta ulteriore verso una monarchia con meno fronzoli e più cuore. Si può discutere se è davvero questo che la gente vuole. È innegabile che almeno una parte dell'opinione pubblica più conservatrice sia tutt'altro che entusiasta dell'informalità della nuova famiglia reale. A molti i protagonisti di questa stagione paiono troppo ordinari, privi dell'alone di «magia» che giustifica la Corona come rappresentante della nazione. La linea di demarcazione tra disponibilità e banalità rischia talvolta di assottigliarsi un po' troppo. Qualche osservatore trovò perfino da ridire sulla prontezza della defunta regina a comparire nel famoso sketch «stile 007» in apertura delle Olimpiadi del 2012, mentre i suoi discendenti si dimenavano come normalissimi tifosi a ogni competizione della squadra inglese. È altrettanto certo che se avessero fatto il contrario non sarebbero mancate le critiche di snobismo e scarso sentimento nazionale.

Nel tempo di Kate Middleton, e grazie alla decisione di Miss Middleton di accettare la proposta di matrimonio del futuro re d'Inghilterra, la popolarizzazione della monarchia ha raggiunto forse in questi anni il suo limite massimo. La barriera di casta che ancora perimetrava i matrimoni reali è crollata nell'arco di una generazione dopo Diana, ultima sposa aristocratica. Il suo biografo Andrew

Morton ha giustamente scritto che il prossimo sovrano suo nipote «sarà il più proletario, e il più inglese, dall'epoca di Alfredo il Grande.* Potrà vantare tra i suoi antenati minatori, proprietari di negozi *fish and chips*, falegnami e fornai». E anche commesse di lingerie e hostess e avvocati... Un intero campionario di tutte le classi sociali si può rintracciare nel sangue del futuro re George come in quello dei suoi fratellini prossimi in linea di successione.

L'accesso di Kate ai gradini del trono vuol dire che dopo di lei la strada per entrare nella famiglia reale è ormai aperta per qualsiasi giovane donna, a prescindere dal suo retroterra sociale. Non solo non è più richiesto che abbia quattro quarti di nobiltà, ma nemmeno che provenga da una famiglia di solida borghesia. Al contrario, quanto più distante si troverà dai fasti della Corona, tanto più il pubblico e i media saranno estasiati dal fiorire di un amore romantico un tempo impensabile nella rarefatta aria di Corte. La provenienza della sposa potrà essere comune ma le doti dovranno essere speciali. Di adattabilità, di resistenza, di pazienza. E anche di devozione all'istituzione. Sono esattamente queste qualità che hanno permesso a Catherine di trionfare nella battaglia da cui Diana è uscita invece tragicamente sconfitta.

Nella primavera 2024, la Corona inglese toccava il nadir della sua orbita, il punto più basso da decenni. In un Paese politicamente smarrito, anche la monarchia in balia della malattia di Carlo e Kate sembrava avere smarrito la bussola. Il coraggio fisico, la forza d'animo, l'amore del marito e della famiglia hanno aiutato la principessa a ritrovare la salute tanto quanto le cure mediche più avanzate. Molti hanno temuto nei lunghi mesi passati che la maledizione dei Galles non risparmiasse nemmeno lei, come tante che l'hanno preceduta nel ruolo, fino alla suocera mai incontrata. Invece il male si è arrestato, forse cancellato, il destino sembra farsi benigno. E se è vero che la

* Il primo sovrano anglosassone a unificare l'Inghilterra sotto un solo scettro, nel IX secolo d.C.

forza della monarchia sta nel trasformare comuni vicende umane in fatti universali, allora nessun messaggio è più universale del successo di Catherine contro il cancro. È di conforto per milioni di persone nel mondo vedere questa giovane madre tornare alla vita e alla speranza. Ed è di conforto per milioni di sudditi inglesi sapere che il futuro del loro Paese potrà contare su una regina esperta non solo di etichetta ma anche di cuore e sentimenti.

Se Elisabetta fosse viva, non potrebbe che essere soddisfatta e orgogliosa di questa nipote acquisita. Ha reso felice l'orfano di Diana, ha regalato ai Windsor tre splendidi discendenti, sa parlare alle nuove generazioni e forse convincerle delle virtù che la monarchia si attribuisce: stabilità, esperienza, credibilità. E soprattutto dedizione al dovere e al servizio. Nulla è più lontano dalla storia augusta incarnata con suprema dignità da Elisabetta II, dell'ordinaria vicenda personale (e origine sociale) della ex Miss Middleton. Eppure nessuno più di lei appare agli occhi dei sudditi l'erede autentica della grande sovrana, capace di ispirare rispetto e ammirazione. Quando il tempo verrà, forse più presto del previsto anche se nessuno lo vuole, Catherine sul trono accanto a William sarà non solo la «regina del popolo» – sovrana come Diana dei cuori della gente – ma anche la prima, vera «regina *dal* popolo». Una rivoluzione, non oltre i cancelli ma all'interno di Buckingham Palace.

Ringraziamenti

COME ogni libro che ho scritto in questi anni, anche questo è fortemente debitore all'aiuto che ho ricevuto da molte persone. Anzitutto, come sempre, dalla mia amatissima famiglia. Perciò il primo grazie va a loro, mia moglie Iolanta, mia sorella Serenella, mia figlia Natasha, che mi riempiono la vita e si curano della mia felicità. E anche naturalmente a Manrico, per l'affetto e la disponibilità a deporre ogni tanto il violino per supplire alle mie carenze tecnologiche.

Il secondo grazie è per la mia «famiglia» di Sperling & Kupfer. Dopo vent'anni di lavoro comune, la stima professionale ha assunto la forza di un autentico legame affettivo, almeno per quanto mi riguarda. Oso pensare che sia ricambiato, a giudicare particolarmente dalla straordinaria disponibilità che mi ha aiutato, a dispetto di impreviste complicazioni personali, a far uscire in tempi strettissimi questo volume. Lasciatemi dunque ringraziare uno per uno Stefano Peccatori, amico sincero prima ancora che amministratore delegato della casa editrice; Virginia Ponciroli e Cecilia Mastrogiovanni, insostituibili editor, e in redazione Mariarosa Milesi e Valentina Castellani; Alice Cairati, spumeggiante guida della comunicazione, e l'intero ufficio stampa con Alessandra Frigerio, vero talento dell'organizzazione, Alessandro Ventura, Gaia Caracciolo e Ludovica Ciocci. Da ultimi ma non per ultimi, Francesco Marangon e Carlo Mascheroni, che anche stavolta hanno «confezionato» una copertina capace di parlare al lettore.

Questo libro è una biografia per così dire «spirituale» dell'ultima principessa del Galles ma pure il racconto delle vite delle donne che l'hanno preceduta nel titolo, nonché la ricostruzione delle vicende storiche che fanno da sfondo alle tragedie personali. Le fonti dunque sono di molteplice natura, comprese quelle orali e quelle d'archivio. Una bibliografia accorciata sarebbe inutile, mentre una completa troppo lunga per non annoiare il lettore. Sento però il dovere di citare (laddove non l'ho fatto nel corpo del volume) alcuni autori contemporanei che si occupano con costanza da molti anni degli eventi in seno alla famiglia reale più famosa del pianeta. Spunti e informazioni preziosi mi sono derivati dalle opere di Robert Jobson, Andrew Morton, Tom Bower, Katie Nicholl, Angela Levin, Tina Brown, Christopher Andersen, Penny Junor, Deborah Ameri, Lady Colin Campbell, Roland Gough, Gyles Brandreth, Michael Paterson. A tutti loro, così come a quanti ho tralasciato di ricordare e ai testimoni diretti che invece non posso nominare per obblighi di riservatezza, resto sinceramente grato. Come lo sono ai tantissimi lettori che mi hanno seguito fin qui, e spero continueranno a farlo.